工程管理丛书

MERGER AND ACQUISITION
FINANCIAL MANAGEMENT

梁学栋　严　洪　李子扬◎主编

并购财务管理

经济管理出版社
ECONOMY & MANAGEMENT PUBLISHING HOUSE

图书在版编目（CIP）数据

并购财务管理 / 梁学栋，严洪，李子扬主编 . --北
京：经济管理出版社，2023. 11
ISBN 978-7-5096-9453-4

Ⅰ . ①并… Ⅱ . ①梁… ②严… ③李… Ⅲ . ①企业合
并—财务管理 Ⅳ . ①F275

中国国家版本馆 CIP 数据核字（2023）第 224785 号

组稿编辑：王光艳
责任编辑：王光艳
责任印制：许 艳
责任校对：徐业霞

出版发行：经济管理出版社
　　　　　（北京市海淀区北蜂窝 8 号中雅大厦 A 座 11 层　100038）
网　　址：www. E-mp. com. cn
电　　话：（010）51915602
印　　刷：北京市海淀区唐家岭福利印刷厂
经　　销：新华书店
开　　本：710mm×1000mm /16
印　　张：19. 5
字　　数：369 千字
版　　次：2025 年 1 月第 1 版　　2025 年 1 月第 1 次印刷
书　　号：ISBN 978-7-5096-9453-4
定　　价：68. 00 元

　　本书是一本关于企业并购的全面指南，旨在为读者提供深入的洞见和实用的知识，以指导和优化并购中的财务决策。本书广泛地汇总了理论框架和实际案例，力求成为学者、学生、财务专业人士及企业决策者在并购财务管理领域的重要参考。

　　写作本书的动机源于对当前企业并购活动中财务管理重要性的认识。并购作为公司战略的重要组成部分，不仅涉及复杂的财务分析和评估，还包括风险管理、价值创造和合规性考量。本书旨在通过全面的分析和丰富的案例研究，使读者加深对并购财务管理领域专业知识的理解。本书特别强调深入的实践案例分析和全面的理论探讨，以满足各类并购活动相关者对质量高、实用性强的专业知识的需求。

　　本书共分为六章，涵盖了并购的基本原理、理论与操作效应、公司价值评估、财务操作，以及会计处理和财务策略与技巧等多个方面的内容。每个章节都通过深入浅出的理论解释和精选案例分析，展现了并购过程中的关键财务问题和最佳实践。第一章讨论了并购的定义、分类和整合策略，通过多个案例展现了并购在不同情境下的经济实质和操作细节。第二章深入探讨并购理论及其在实际操作中的效应，涵盖了并购动因理论、并购过程理论和并购财富效应等关键议题。第三章重点关注公司价值评估的核心问题，构建了包括市场法、成本法和收益法多种评估方法在内的公司价值评估方法体系。第四章则聚焦于并购中的财务操作，详细探讨了不同并购方式的财务利弊、融资方式以及成本与风险因素。第五章介绍了企业并购中的会计处理方法，包括国际和国内的会计标准及其应用。第六章展示了并购中的财务策略与技巧，包括现金收购、换股并购和杠杆收购等不同情境下的财务决策方法。

在本书的撰写过程中，笔者深入研究了国内外众多成功的并购案例，这些案例不仅涵盖从传统制造业到现代服务业的广泛领域，还包括跨国并购的复杂场景。本书案例均源于各公司在并购和重组过程中发布的公告，笔者经过精心整理和改写，并提供了清晰、实用的分析和见解。这些案例的选取和处理旨在展现并购财务管理的实际操作细节和策略应用，从而使读者能够更深入地理解理论在实践中的应用及其效果。

本书适合作为高等院校财务管理、企业管理和会计专业的教材，也适合企业财务决策者、投资者和并购顾问等专业人士阅读。通过阅读本书，读者能够获得关于并购财务管理的全面理解，包括其理论基础、操作实践和案例分析。

本书的撰写深受多位同行、学者和行业专家的启发和指导。在此，要感谢他们的宝贵意见和专业知识，极大地扩展了本书的内容和深度。此外，还要感谢编辑团队，他们的辛勤工作和专业指导使得本书的出版成为可能。

最后，衷心希望本书不仅能为读者提供了实用的知识和指导，更能激发读者对并购财务管理研究的热情和探索，帮助读者深刻理解并购的复杂性，并精准把握其中的机遇与挑战。在这个快速变化的商业环境中，有效的财务管理是企业成功的关键。愿每一位读者在阅读本书时都能收获有价值的见解和灵感！

目 录
CONTENTS

第一章

企业并购基本原理

本章概要

　　根据并购的财务管理学习需求，需要学习大量并购专业术语，并在了解相关专业术语的基础上，进一步掌握并购的分类、整合、意义以及特征等理论知识，这也是后续深入学习并购的财务管理的关键。本章主要对并购的相关概念、分类、整合、意义以及特征进行介绍，为下一步学习并购理论与操作效应奠定基础。

学习目的

1. 了解并购的定义与概念。
2. 了解并购的分类、整合及意义。
3. 了解并购的特征。

第一节　并购定义与实质

一、并购定义

（一）国外的相关定义

企业并购是兼并与收购的简称。在国际上，兼并与收购通常被称为"Merger

and Acquisition",缩写为"M&A"。其中,Merger 又译作"兼并",是指两家以上的公司结合成为一家公司,原公司的权利与义务由存续(或新设)的公司承担;Acquisition 又译作"收购",是指并购企业购买目标企业的资产、营业部门或股票。在英文里,M&A 是一个内涵十分广泛的概念,除了 Merger 和 Acquisition 外,常见的词还有 Consolidation(合并)、Amalgamation(兼并,与 Merger 同义)、Conglomerate(大型联合企业)、Buyout(控股收购,如杠杆收购 Leveraged Buyout,管理层收购 Management Buyout 等)、Takeover(接管)等。这些词都有两个或两个以上独立企业(公司)进行重组合并的含义,统称为"并购",即一家企业以一定的代价或成本(如现金、股权和负债等)来取得另外一家或几家独立企业的经营控制权和全部或部分资产所有权的行为。在企业并购中,通常把买方企业称为并购企业(Acquiring Firms),卖方企业称为被并购企业或目标企业(Target Firms)。

有效的并购活动对于克服企业资产存量效率低下、实现资源优化配置、提高资产利用效率具有重要意义。

并购是一种极为复杂的企业资本运营行为,牵涉到一系列相互关联而又彼此迥异的名词和术语。为帮助理解并购的概念,我们先对这些名词和术语加以解释。

1. 兼并(Merger)

按照《大美百科全书》的解释,兼并是指两个或两个以上的企业组织组合成一个企业组织,一个企业组织继续存在,其他企业组织丧失其独立身份,唯有剩下的企业组织保留其原有名称和章程,并取得其他企业组织的资产。由此可见,兼并行为的结果通常是丧失卖方企业的法人地位,而成为买方企业的一部分。例如,A 企业兼并 B 企业,A 企业的法人地位继续存在,B 企业的法人地位则被取消,表示为 A+B=A。

国外通行的定义是:兼并是指两家或更多不同的、独立的企业合并为一家。我国通行的教材上将兼并定义为:一家企业以现金、证券或其他形式购买取得其他企业的产权,使其他企业丧失法人资格或改变法人实体,并取得对这些企业决策控制权的经济行为。从上面的定义来看,兼并实质上是企业资产的重新组合,而通过兼并进行的资产重组一般是以市场机制为载体实现的,结果是使社会可支配资源向高效企业集中。

2. 收购(Acquisition)

收购是指通过购买获取特定财产所有权的行为。《新帕尔格雷夫货币金融大辞典》中 Acquisition 被解释为:一家公司购买另一家公司的资产或证券的大部分,目的通常是重组其经营业务，目标可能是目标企业的一个部门（部门收购，母公司出售或回收子公司股权与之脱离关系或让产易股），也可能是目标企业全部或大部分有投票权的普通股（合并或部分收购）。

兼并和收购的定义虽然有多种，但两者还是有明显差别的。最显著的差别表现为：兼并行为发生后，被兼并企业作为法人实体不复存在；而收购行为发生后，被收购企业产权可以是部分转让，法人实体依然存在。

由此可见，兼并行为的结果通常是丧失卖方企业的法人地位，而成为买方企业的一部分。例如，A 企业兼并 B 企业，A 企业的法人地位继续存在，B 企业的法人地位则被取消，表示为 A+B＝A。而收购是指一家公司在证券市场上用现金、股权或债券购买另一家公司的股票或资产，以获得对该公司的控制权，但该公司的法人地位并不一定消失，表示为 A+B＝A+B。从产权经济学角度来看，兼并则意味着企业产权的一次彻底转让，无论从实质还是形式上，买方企业都完全拥有了卖方企业的终极所有权和法人财产权；而收购行为则并不代表企业产权的彻底转让，作为卖方企业，它依然保留着形式上的法人财产权。

3. 合并(Consolidation)

根据《公司法》，合并行为或合并后的状态指两个或两个以上的公司合并为一个新设立的公司，即 A 公司与 B 公司合并成为 C 公司。合并是双方在平等自愿的基础上结合，而兼并是一方强制性地吞并另一方。合并与兼并的区别还表现为合并（尤其是新设合并）的无偿性和兼并的有偿性之间的差异，前者是把两个企业的资产合并在一起，由一个企业来经营管理；而后者是一个企业用现金或其他有价证券购买另一个企业的资产或股权，是有偿的。

4. 控制(Takeover)

控制指某公司原具有控股地位的股东（通常是该公司最大的股东）由于出售或转让股权，或者股权持有数量被他人超过，而控股地位旁落的情形。指取得控制权或经营权，并不限于绝对的财产权利的转移。

5. 标购(Tenderoffer)

标购也称公开要约收购，指一个公司径行向另一个公司的股东提出购买其所持有的公司股份的要约。这种要约有时会附有要约人所能接受的股份最高或者最低价格。该要约通常以报纸广告的形式或（在友好标购的情况下并首先获得后一公司的股东名册）以统一邮件的形式向后一公司的所有股东发出。

6. 联盟(Amalgamation)

在联盟的不同种类间，或者不同因素、团体、协会或公司间的联合，目的是形成一个同质的整体或体系。

（二）国内的相关定义

从我国的实践来看，并购是指通过股权转让、资产收购或合并等方式，两个或多个公司将彼此的股权或资产进行合并或收购的行为。

1. 企业合并的特征

企业合并作为一种法律行为，有如下特征：

（1）企业合并是企业之间共同的法律行为。企业合并是通过企业之间签订合并协议的形式来实现的。一般是由即将合并企业双方的法人或法人的代理人以企业的名义，就合并事宜签订企业合并的协议，并依照协议来进行的企业合并，它不是以其他资本运营形式来实现的。企业是否合并及合并的具体事项需事先得到双方企业股东大会或董事会的批准或授权。否则，合并协议无效。对此，《公司法》第172条有明确的规定。

（2）企业合并是企业之间自由自愿的合并，表现为：一个企业是否同其他企业进行合并由企业自己自由自愿决定，任何政府机关不应干涉；一个企业同什么样性质的企业进行合并，以什么样的方式进行合并，合并之后的企业以什么样的形式存在同样是企业自己的事情。股份有限公司之间可以合并，股份有限公司与其他种类公司之间也可以进行合并。合并之后的公司可以是股份有限公司，也可以是其他类型的公司。

（3）企业之间的合并应依法进行合并。在我国，企业合并必须依照《公司法》《中华人民共和国民法典》等法律法规的规定进行。如果违反上述法律法规中有关合并条款的规定，其合并无效。

（4）企业合并是一种为进行竞争、免除解散、避免复杂清算程序的两个或两个以上企业之间的合并。企业合并的目的之一就是减少竞争对手，使合并后的企业立于不败之地。而对那些难以存续的企业来说，通过合并免除了对企业的财产进行债权、债务清偿和财产处分，这样可以避免支付被解散和清算的费用。

（5）企业合并之后原有股东的资格仍然存在，企业主要股东或董事会也不会发生变动，他们或者成为合并后存续企业的股东，或者成为新设企业的股东，除非股东自己退股。但在特殊情况下，也不排除易人的可能。在企业合并中，一般不发生现金支付行为，其交易主要是通过以股换股的方式来进行。

（6）企业合并是一种民事法律行为。企业合并须经合并双方共同协商、达成一致后，才能产生合并的结果，即企业合并成功。同时，企业合并必须依照相关法律的规定进行，否则合并无效，即产生无效的民事行为。

2. 企业合并的分类

根据《公司法》的规定，企业合并可以采取吸收合并和新设合并两种形式。

(1)吸收合并是指两个或两个以上的企业进行合并时，其中一个存续，另一个或一个以上的企业则被解散、不复存在，存续企业承继被合并企业的债权、债务、财务和义务的法律行为。吸收合并又叫存续合并，在美国叫作兼并。合并完成后，存续企业应当到工商行政管理部门办理相应的变更登记手续，继续享有法人资格地位；被合并企业也应到工商部门办理注销手续，失去独立地位，作为存续企业的一部分开展自己的经营活动。

从合并的方式上讲，若 A 企业要合并 B 企业，则 A 企业可通过两种方式来完成合并。一种方式是，A 企业用现金购买 B 企业的一切财产，B 企业再以所得现金付给各股东，B 企业不再存在；另一种方式是，A 企业通过发行股票给 B 企业以换取 B 企业的各项资产、负债或股份，B 企业再将 A 企业的股票分配给它的股东，B 企业的股东自然转为 A 企业的股东，B 企业不再存在。

(2)新设合并是指两个或两个以上的企业解散后合并设立一个新的企业的法律行为。美国公司法将这种合并叫作联合。新企业成立后通常会发行新的股份给原有各企业的股东，而原有各企业的股东因新旧股票交换而成为新企业的股东。根据《公司法》，新企业成立后，原合并各方应当及时到工商行政管理部门办理注销登记，新设企业也应及时到工商部门办理设立登记。

3. 合并的特点

(1)吸收合并。吸收合并的优点：①合并费用低廉。由于不必把当事企业都解散，这样花在财产清理、转换股票、企业标志、工作服、会计账簿等方面的费用都会大大降低。②保证经营的连续性。被合并企业虽然解散，但它自始至终同存续企业一样在经营和生产，并没有因为合并而使经营中断或发生大的倒退，避免了无形成本的上升。吸收合并的缺点：存续公司职工与被合并企业职工间易产生摩擦，磨合期较长。

(2)新设合并。新设合并的优点：由于各当事企业是通过解散后才实行融合的，企业的合并过程就是新企业的设立过程，因而，易于公平地协调企业内部各层次间的关系。新设合并的缺点：手续复杂，合并成本较高，而且在一段时期内企业经营会受到很大的影响。此外，在实际过程中，新设合并方式由于牵涉到的法律程序比较复杂，特别是当合并双方都是上市公司时，涉及原有股票的注销与转换等较复杂的问题，因而这种方式在实践中远没有吸收合并方式使用得普遍。

4. 并购相关的规定

《公司法》是中国公司治理的基本法律，其中包含关于并购的一些规定，包括公司合并、分立、收购等方面的程序和要求。

国务院 1993 年 4 月 22 日发布的《股票发行与交易管理暂行条例》中规定了，上市公司收购相关的法条，包括收购比例规定、要约收购相关规定等；2002 年，我国正式颁布《上市公司收购管理办法》，对要约收购作出详细的规定，包含定义、协议收购规则、要约收购规则、要约收购义务的豁免等。2003 年的《外国投资者并购境内企业暂行规定》则界定了外资并购的概念，指的是外国投资者协议购买境内非外商投资企业的股东的股权或认购境内公司增资，使该境内公司变更设立为外商投资企业（也称"股权并购"）；或者外国投资者设立外商投资企业，并通过该企业协议购买境内企业资产且运营该资产，或外国投资者协议购买境内企业资产，并以该资产投资设立外商投资企业运营该资产（也称"资产并购"）。

从我国法律条文来看，还不能在法律上给出一个准确的定义，因此，从根本上讲，企业并购不属于一个法律术语。但和 M&A 对应的企业并购（有时被称为企业购并）在我国当前的资产经营和重组中成为一个时髦用语，尤其是随着我国投资银行业的快速发展，企业并购的说法更加普遍。如前文所述，企业兼并和企业收购的界限本身已不太明显，企业并购作为企业兼并和企业收购这两个词的合称，纯粹是经济学意义上的。因此，兼并、合并与收购常作为同义词使用，泛指在市场机制作用下，企业为了获得其他企业的控制权而进行的产权交易活动。

二、并购实质

从以上国外、国内对企业兼并和收购的定义可以看出，两者的边界互为交叉，虽然兼并和收购有区别，但两者的本质是一样的，即企业整体或部分资产和控制权的转移。企业并购主要的内容就是通过购买企业的全部或部分产权（资产），来实现控制企业的资产或经营。或者说，企业并购是一种高级形态的产权交易形式。结合国际通用概念和我国的实际情况与未来发展，我们将兼并与收购的概念定义如下：兼并与收购（Merger and Acquisition，M&A），简称并购，是指在现代企业制度下，一家企业通过获取其他企业的部分或全部产权，从而取得对该企业控制的一种投资行为。通过这个定义我们可以了解到，现代企业制度是兼并与收购的前提；获得目标企业的全部或部分产权是兼并与收购的途径，获取对目标企业的控制是兼并与收购的目的，产权交易行为是兼并与收购的本质。

企业并购作为一种通过购买目标企业的部分或全部产权来实现控制企业的资产或经营的经济和法律行为，拥有产权交易所具有的基本特征。

其一，企业并购是市场经济发展的结果，这种经济行为顺利有效运行的基础是商品的高度社会化、产权关系的明晰化、产权流动的商品证券化及法制的健全，因此，其交易远比一般商品的交易复杂，是企业产权交易的高级形式。

其二，企业并购作为一种产权交易活动，其交易主体应是独立或相对独立的企业法人，并购双方无论大小，在法律地位上都是平等的。在市场上，双方都是自主经营、自负盈亏的商品生产者和经营者。

其三，企业并购以企业财产所有权的转让为标志，这表明企业并购是一种较为彻底的产权交易，也是一种高级的产权交易活动。

从本质上看，企业并购行为是资本运营行为，之所以并购双方买卖企业控制权，是因为并购双方对由企业控制权所代表的收益有不同的评价和预期。如果企业控制权代表收益，或预期收益不足以弥补并购成本，并购将不会发生。控制权的典型代表是股权，其次是可以组成一个完整的生产或经济性实物资产（包括有形资产、无形资产和人力资本）。在特定情况下，清算或重整阶段，债权也可成为企业控制权的代表。买方只有在代表企业控制权时进行购买，才形成企业并购行为。企业并购引起的结果就是被并购企业的法人地位消失或控制权被改变。因为并购方通过上述方式才能体现和行使控制权，也只有通过对目标企业组织进行新安排，才能贯彻和体现并购方的并购意图、经营思想、企业文化战略，从而使并购的目标与其效益顺利有效实现。

第二节　并购分类

在我国，习惯上将并购方称为"买方"或并购企业，被并购方称为"卖方"或目标企业。企业并购的形式按照不同的分类标准可划分为许多不同的类型。

一、按双方产品与产业的联系划分

（一）横向并购

当并购方与被并购方处于同一行业，生产或经营同一产品，并购使资金集中在同一市场领域或部门时，称为横向并购。从本质上讲，横向并购是指两个或两个以上生产或销售相同或类似产品的企业之间的并购。其目的是消除竞争，扩大市场份额，提高并购企业的垄断能力或形成规模效应。1997 年美国波音（Boeing）与麦道公司的合并就是一个典型的横向并购的例子，此举组成了世界上大型飞机制造企业之一，在全球飞机市场上的份额高达 70%。采用横向并购形式的基本条件：收购企业需要并且有能力扩大自己产品的生产和销售，兼并双方企业的产品及产品的生产与销售有相同或相似之处。横向并购是企业并购中的常见方式，但由于这种并购（尤其大型企业实施的并购）容易破坏竞争且形成高度垄断的局面，因此许多国家都密切关注并严格限制此类兼并的发生。

（二）纵向并购

纵向并购，是指在生产过程或经营方式上有关联的企业之间，或者在连续的生产、销售过程中作为买卖双方的企业之间的并购。实质上是企业与供应商或客户的兼并，即上级企业收购与企业产销过程密切相关的企业，形成纵向生产一体化。纵向并购一般是指生产同一产品、处于不同生产阶段的企业之间的兼并。合并的双方往往是原材料供应商和成品买家。它们熟悉对方的生产条件，有利于合并后的相互融合。

从并购方向看，纵向并购可分为向后并购和向前并购。向后并购是指对加工装配企业或原材料、零部件生产企业的并购，向前并购是指对生产过程前一阶段企业的并购。

纵向并购主要集中在加工制造业及相关原材料、运输和贸易公司，在国外公司发展史上也占有重要地位。纵向并购的优势在于可以扩大生产经营规模，节约通用设备和成本，加强生产过程中各环节的合作，便于协同生产，加快生产进程，缩短生产周期，节约运输、仓储、资源和能源。例如，在未来的并购案例中，原材料必须通过市场提供的外包模式改变为由公司内部车间提供原材料的内部交付模式，这不仅降低了外包过程中的搜索和谈判成本，也降低了风险可能带来的违约成本。纵向并购的另一个优势是少受各国反垄断法律法规的限制。

(三) 混合并购

混合并购意指对处于不同产业领域、产品属于不同市场，且与其产业部门之间不存在特别的生产技术联系的企业进行并购，并由此产生多种经营企业。混合并购包含两种含义。第一种是横向并购和纵向并购相结合的企业并购，第二种是两个或两个以上相互间没有上下游关系和技术经济关系的企业之间的并购。因此，混合并购可按其行为动机再细分为三类：产品扩张型并购 (A Product Extention Merger)，是指并购企业以原有产品和市场为基础，通过并购目标企业进入相关产业的经营领域，达到扩大经营范围、增强企业实力目的的企业并购；市场扩张型并购 (A Geographic Extention Merger)，是指并购企业通过并购接收目标企业的营销网络，从而扩张自己的市场领域、提高市场占有率的企业并购；纯粹型并购，是指并购企业通过并购在生产和需求方面互不相关甚至是负相关的目标企业，从而达到多元化经营、分散并降低风险目的的企业并购。

与混合并购密切相关的是多元化的经营战略。这种经营战略是当代一些跨国企业尤为青睐的一种全球发展战略。与横向并购和纵向并购相比，这种并购形态因并购企业与目标企业没有直接业务关系，有可能降低并购成本。与纵向并购类似，混合并购通常也不被认为是限制竞争或构成垄断，故而不常成为反托拉斯控制和打击的对象。在跨国企业盛行的今天，混合并购已成为这些并购企业并购目标企业的一种非常重要的形式。

【案例】

横向并购——海普瑞并购 SPL

深圳市海普瑞药业集团股份有限公司 (以下简称"海普瑞") 于 2010 年 5 月 6 日在深圳证券交易所 (以下简称深交所) 上市，总部位于深圳市，IPO 资金规模超过 59 亿元。公司的主营业务为研究开发、生产并销售肝素钠原料药。2013 年并购前公司主营业务占比接近 98%，按其所属的细分行业可将其归为肝素钠原料药行业，公司在实施并购前已是国内肝素钠原料药第一大厂。公司的主要市场为国外市场，占比超过 80%。

2006 年 1 月 13 日，American Capital 设立了 SPL Acquisition Corp (以下简称 SPL)，其前身为 Oscar Mayer 于 1976 年在美国威斯康星州成立的 SPL Inc，目前公司总部依然位于初始的创建地。该公司主要从事肝素钠原料药的研发和产销，此外也产销胰酶原料药，并购前其营收每年均超过11亿元，公司是美国市场上肝素钠原料药的主要生产商和供应商，已通过美国食品药品监督管理局(Food and Drug Administration，FDA)和欧洲药典适应性(Certificate of Suitability to Monograph of European Pharmacopeia，CEP)认证，其产品的主要市场为北美和欧洲地区。

海普瑞作为收购方，以其全资子公司美国海普瑞为收购主体，向SPL全体股东及期权持有者(包含ACAS、ACEⅠ、ACEⅡ及Robert Stephen Mills Jr等13位自然人)提出收购要约。交易双方签署股权购买协议，根据交易协议，海普瑞在美国设立的全资子公司——美国海普瑞以现金收购SPL的100%股权。

海普瑞横向并购SPL，主要受经营协同效应的驱动。第一，促进海普瑞的市场竞争和服务能力的提升。在实现对SPL的控制后，海普瑞预计占肝素钠原料药市场的份额将接近50%，意味着公司的市场竞争力有望进一步提升。第二，加速公司的跨国化进程。海普瑞收购SPL后可以借助SPL的跨国经营基础，加速公司的跨国化进程，实现生产、研发、销售的整体跨国化，以更好地推动公司成为全球肝素类药物市场上稳定的产品提供者。第三，强化供应链管理和原材料供应。SPL在本地高度集约化的屠宰环境下已经积累起相适应的供应链管理经验，海普瑞并购SPL后将借鉴这方面的经验，以更好地适应国内生猪行业养殖、屠宰的集约化趋势，使供应链安全管理进一步强化。第四，强化和提高公司产品研发能力。海普瑞、SPL以及同行业众多企业均把新型药物的合作研发、非专利药物原料药的研发视作业务拓展的新方法，SPL的研发经验有助于公司强化和补充药品研究与开发的能力。

海普瑞在此次收购SPL的过程中，表现出了较为显著的累计超额收益率。由此可见，对于海普瑞本次的大额海外并购，广大投资者还是持相对乐观的态度，使得海普瑞股价波动明显优于大盘和医药行业板块。

 〖案例〗

纵向并购——潍柴动力并购

一、概况

潍柴动力股份有限公司(以下简称"潍柴动力")的主要经营范围：整车及挂件零部件、汽车用发动机、工程机械用柴油发动机以及其他零部件的生产与制造。潍柴动力是我国国内大功率柴油发动机的主要专业制造商之一，拥有我国最佳的动力总成优势和国内较为完善的汽车、零部件的产业链。

二、两次并购

潍柴动力于2006年12月29日增发1.9亿股，换股吸收合并湘火炬，成功回归A股上市。先后于2009年、2012年进行了两次纵向并购，具体如下：

1. 并购法国博杜安公司

法国博杜安国际发动机有限公司（以下简称"法国博杜安公司"）于20世纪初成立，注册资本355万欧元，是一家具有130年历史的发动机设计和制造企业，也是以出口经营为主的全球性发动机供应商。主要从事发动机及驱动总成的设计、开发和销售，并以16L及以上大功率、高端的柴油发动机的生产为主。

尽管法国博杜安公司拥有良好的技术储备以及巨大的发展潜力，但是作为一家孤军作战的发动机供应商，其生存环境也受到严峻的考验。

急于在2012年实现销售收入突破1000亿元目标的潍柴动力，欲通过收购拥有先进技术的海外企业摆脱传统的中低端价格竞争战略，同国际中高端产品相比拼。而此时，法国博杜安公司便是一块较好的跳板。于是，潍柴动力积极筹备并购法国博杜安公司的方案，最终于2009年2月23日发布公告，以299万欧元的低价获得法国博杜安公司相关的全部资产，该资产的账面价值约为1381.77万欧元，成功地并购了法国博杜安公司，获得具有百年悠久历史的品牌及全套船舶动力推进系统技术，进军国际高端动力市场，迈出海外并购的第一步，在进一步完善产业链的同时，还有助于实现其国际化的战略抱负。

2. 并购德国凯傲集团下属林德液压公司

德国凯傲集团是一家全球占15%市场份额、欧洲占33%市场份额的叉车制造商，也是中国最大的外资叉车生产商，它将液压业务相关的资产、人员和合同等进行剥离，成为独立法人实体，成立林德液压公司。林德液压公司是一家液压传动、传动技术和移动电力传动设备的制造商，是全球第一家将额定工作压力提高至500bar的液压制造商，也是全球领先的高压、静液压技术和系统解决方案的专业制造商。

2012年9月3日潍柴动力宣告，将以4.67亿欧元（约合人民币37.24亿元）通过增资方式收购凯傲集团25%的股份，以2.71亿欧元（约合人民币21.61亿元）收购德国凯傲集团下属林德液压公司70%的股份，同时，根据框架协议获得一项认购期权，即在德国凯傲集团上市前将权益增加到30%，并有权进一步增持林德液压股份，当日潍柴动力股价大涨5.2%。而后，2013年5月28日，德国凯傲集团在德国上市，潍柴动力行使认购期权，认购 1368 万股，在德国凯傲集团 IPO 完成后持有的股权比例提升至 30%。

潍柴动力进行纵向并购的益处在于：第一，完善产业链。形成以动力、整车、汽车零部件为代表的三大完整产业链。选择一些可以实现企业间资源互补、协同发展的公司进行并购，并有效地整合重汽产业资源布局，进一步增强公司核心竞争力。第二，拓展国外市场。通过并购可以获得法国博杜安公司先进的汽车零部件，而并购林德液压可掌握高端液压技术，实现多领域的全面突破，弥补公司技术研发的空白，同时，还可以拥有欧洲市场份额。第三，节约交易成本。形成纵向一体化的格局，将市场间的交易转换成企业组织内部的交易，这一过程使得交易成本降低。第四，提高资本运营效率。潍柴动力采用上下延伸的发展战略，通过纵向并购使公司资源最优化、效益最大化。

 〖案例〗

混合并购——中国平安并购上海家化

中国平安保险(集团)股份有限公司(以下简称"中国平安")，该公司于 1988 年在深圳创立，是我国较早成立的金融机构，也是我国首家股份制保险试点企业，公司分别于 2004 年 6 月在香港联合交易所、2007 年 3 月在上海证券交易所上市。公司的主营业务包含保险、理财、投资等。下属子公司众多，业务范围也较为广泛，涵盖了银行、信托、证券等业务，还涉及资产管理等多个领域。得益于中国平安的多元化发展战略，中国平安综合实力提升迅速，2017 年荣登福布斯全球上市公司 20 强，蝉联中国 500 强混合所有制企业的第一。

平安信托有限责任公司 (以下简称"平安信托")是此次并购业务的具体控股企业。成立于 1996 年 4 月 9 日，是中国平安的控股子公司。经过了 20 年的发展，平安信托已经拥有了十分专业的国际领先管理团队和成熟稳健的经营管理理念，是我国乃至全球卓越的价值品牌之一。

上海家化联合股份有限公司 (以下简称"上海家化")。日化市场上广为人知的"美加净""六神""高夫"等著名品牌均属于上海家化。上海家化的主要营业范围包括开发和生产化妆品、饰品、日用化学制品以及化学包装容器制作等。

中国平安是一家多元化发展的超大型金融集团，其经营理念、发展战略在业内都处于领先水平。中国平安参与这场并购的主要动因有以下几点：第一，实现多元化发展。上海家化具有悠久的历史且经营成熟，这对于想要进军实业的中国平安来说能够大大降低进入壁垒，并且上海家化自身的优势包括多年来积累的顾客基础和业内领先的技术实力，能够成为中国平安在该行业发展的有效保障。第二，获取投资收益。随着市场经济的发展，顾客需求增加，使得日化行业具有广阔的市场空间。而上海家化自身的优势又使得其在该行业具有强大的发展潜力。并购上海家化将有助于中国平安布局内需产业，同时，此举具有稳定自有资产回报率的作用。第三，获取协同效应。并购公告显示，中国平安将会在诸多方面为上海家化的经营发展提供帮助，包括拓展营销网点、进行市场推广、分享客户群体等。

为了防止要约收购的现象发生，上海家化(集团)有限公司(以下简称"家化集团")做好了相关的前期准备工作，主动减持上海家化的股份并拟定了一套完整的并购条件，同时对并购企业提出了严格的要求。第一，并购企业的总资产超过500亿元，而且不能与家化集团存在产品和经营上的竞争关系，同时也不接受联合受让的情况。第二，不接受外资企业的收购，这一要求的主要目的是对国有品牌的保护，为国有品牌提供发展空间。第三，在并购过程中要求并购企业必须能够完全接受家化集团对于职工安置的相关政策和方案，而且在并购结束五年内，保证实际控股权不被转让。另外，家化集团总部不得迁移，注册地点也不允许变更。2011年9月初，家化集团向社会公开公布了企业改制的进度和股票复牌等信息，并宣布了企业的并购价格为51.09亿元。

最终，上海家化和中国平安达成了共识，中国平安委任旗下的子公司上海平浦投资有限公司全权负责此次并购的全部事宜。最终，中国平安以51.09亿元的价格成功地并购了上海家化。上海市的相关政府机构第一时间进行了批复，同意了此次并购行为，上海家化正式成为国有注资企业。

二、按并购的出资方式划分

(一)现金收购

现金收购是指并购企业支付一定数额的现金以取得对目标企业的所有权。以现金购买资产方式取得的，按照购买法或者权益合并法计算目标企业的资产价值，并入并购企业，取消原有的法人资格和税务账户。对于产权、债权、债务清晰的企业，现金购买资产可以实现等价交换，交割清晰，无后遗症和纠纷。但是，由于国内财务报表的可信性尚不完善，目标企业的财务状况，特别是债权债

务关系并不容易了解，将在相当程度上影响并购企业以现金出资收购目标企业的
意愿。

现金购买股票式并购，即并购企业使用现金购买目标企业一部分股票，以实
现控制后者资产和经营权的目的。出资购买股票可以通过一级市场或二级市场进
行。通过二级市场出资购买目标企业股票是一种简便易行的并购方式，但受到证
券法规要求和信息披露原则的制约。如果购进目标企业股份达到一定比例，或达
到该比例后持股情况又发生了变化，都必须履行相应的报告及公告义务，在持有
目标企业股份达到相当比例时便要向目标企业股东发出公开收购要约。而这些要
求容易被一些人利用，故意哄抬股价，使得并购成本加大。并购企业如果通过发
行债券的方式筹集资金进行并购，也容易背上巨额债务负担。

（二）股票收购

股权收购是指董事会并购企业增发本公司股份，并以新发行的股份置换目标
企业的股份。其主要特点：不需要支付大量现金，因此不会影响并购企业的现金
状况。股票收购分为股票换取资产式收购和股票换取股票式收购。股票换取资产
式收购是指并购企业向目标企业发行自己的股票以交换目标企业的大部分资产。
一般情况下，并购企业同意承担目标企业的债务责任，但双方也可以达成特殊协
议，如并购企业有选择地承担目标企业的部分债务。在此类并购中，目标企业应
承担两项义务，即同意解散目标企业和将其股份分配给目标企业股东。这样，并
购企业就可以防止大量股份集中在极少数股东手中。

此外，并购企业和目标企业之间还要就目标企业的董事及高级职员参加并购
企业的管理事宜达成协议。

 〔**案例**〕

现金收购——智慧能源

远东智慧能源股份有限公司（以下简称"智慧能源"）成立于 1995 年 1 月 25
日，1995 年 2 月 6 日在上海证券交易所（以下简称"上交所"）上市，为远东控股
集团有限公司（以下简称"远东控股"）的子公司。智慧能源业务范围较广，包括
能源项目规划设计、智能制造、工程实施等领域，形成了四大板块，旗下拥有众
多子公司。从公司业务占比情况来看，2017 年公司主营业务收入约为 171.83 亿

元，电线电缆业务收入约为 141.68 亿元，智慧能源系统业务收入约为 30.15 亿元，电线电缆业务收入占比达 82.45%，仍然是其主要业务。

北京京航安机场工程有限公司（以下简称"京航安"）成立于 2002 年，属于土木建筑行业，主要业务为机场工程建设及机场智慧能源控制，曾先后承接北京首都国际机场、上海浦东国际机场、上海虹桥国际机场等民用机场工程，也涉足空军机场和部分海军机场工程领域。京航安曾连续三次获得国家质量奖，在机场工程建设领域拥有良好的资质和核心技术。

2017 年 8 月 15 日，智慧能源和远东控股分别以现金 72930 万元、70070 万元收购京航安 51%、49% 的股权。此次收购定价是由江苏华信资产评估有限公司以 2017 年 3 月 31 日为基准日评估的。江苏华信资产评估有限公司以收益法和资产基础法作为评估方法，其中收益法采用收益途径的未来现金流折现（Discounted Cash Flow，DCF）的方法评估，在不考虑股权缺乏流通性折扣的前提下，京航安的净资产账面价值达 15313.98 万元，评估值达 144446.69 万元，溢价率约为 843.23%；资产基础法则以资产的重置成本为价值标准，京航安（模拟合并口径）于评估基准日的净资产账面价值达 15313.98 万元，评估值达 26680.08 万元，评估增值达 11366.10 万元，增值率约为 74.22%。智慧能源最后以股权价格取决于标的资产未来整体回报为由，采用了收益法的评估结果，也就是 144446.69 万元，最后经双方协商为 143000 万元，其中，智慧能源支付 72930 万元，远东控股支付 70070 万元。

同其他大多数收购一样，为了保障收购方的权益，此次收购附有业绩承诺条件：京航安实际控制人承诺京航安将在 2017~2019 年度分别实现不低于 11000 万元、14300 万元、17160 万元的扣非净利润（扣除非经常性损益后的净利润）。如果京航安未能如期达到业绩目标，京航安实际控制人将会据实补偿。

在第一次收购后不久，智慧能源又于 2018 年 6 月 21 日发布了第二次收购京航安的公告，此次收购是从大股东手中购买第一次收购时大股东所收购的 49% 股权，作价约 9.11 亿元。同时，远东控股承诺京航安将在 2018~2020 年度分别实现不低于 14300 万元、17160 万元、20592 万元的净利润。时隔不到一年，京航安 49% 的股权便增值了 2 亿多元，这一点引来外界关注，上交所对此进行了问询。此外，智慧能源在第二次收购京航安时将先用贷款资金和自有资金支付收购价款，后期用非公开发行股份募集的资金置换，但不以非公开发行股份获得核准为前置条件，即此次收购属于现金收购，只是智慧能源打算通过事后以非公开发行股份募集的资金置换事前垫付的资金。2018 年 7 月 2 日，在上交所问询、相关媒体持续报道的压力下，智慧能源将49%股权的收购价从约9.11亿元调整为7.28亿元，下调约1.83亿元。最后，智慧能源发布的公告显示，2019年2月25日，北京市工商行政管理局平谷分局已经出具了京航安剩余49%股权的《股权出质注销登记通知书》和相关过户文件，京航安股权已顺利完成解除质押和过户手续。至此，智慧能源彻底实现对京航安的收购。

【案例】

股票收购——同方股份合并鲁颖电子

同方股份有限公司(以下简称"同方股份")是以清华大学为依托具有高校背景的股份公司，公司于1997年6月12日向社会公众发行人民币普通股4200万股，每股发行价为8.28元，并于1997年6月27日在上海证券交易所挂牌交易。跟一般的高科技上市公司相比，同方股份具有更雄厚的科研实力与先进的科技水平及源源不断的后续科研创新能力。为使公司经营规模和经济效益保持持续、稳定、快速增长，适应"领域多、产品多、高技术、高附加值、高成长性"的经营特点，公司突破发展产业的传统思路，构筑有自己经营特点的增长模式。

山东鲁颖电子股份有限公司(以下简称"鲁颖电子")位于山东省临沂市沂南县城，是由原国家二级企业沂南电子元件厂改制。1997年4月9日，鲁颖电子股权证在山东产权交易所挂牌转让。1998年被同方股份收购的当年，总股本2731.0192万股，其中，沂南县国有资产管理局持有1008.8万股，占总股本37%，个人股1722.2192万股，占总股本63%。鲁颖电子主要生产中高压瓷介电容器、中高压交流瓷介电容器、螺旋滤波器、压敏电阻器及其他电子元件，拥有国内先进的瓷介电容器生产线，是国内最大的中高压瓷介电容器生产基地，综合效益指标连续六年居全国同类生产企业之首。连续两年被"长虹""康佳"等大型集团评为"十佳供应商"，并被全国用户委员会评为"产品质量和销售服务双满意单位"。

同方股份作为一家拥有高校背景的上市公司，以一流的科研成果与雄厚的科研基础为依托，把科技成果产业化作为自己的发展方向。在不断的发展过程中，公司逐步形成了一套以"技术+资本"为特征的发展思路。当前我国已把敏感元件和传感器作为电子信息产业的三大支柱发展产业之一，是重点的发展方向。同方股份始终关注这个领域，认为敏感元件和传感器领域是拥有发展前景的电子技术。上市伊始，以列入国家火炬计划的 RH 型湿度传感器及其测量仪表产业化项目为先导的项目，通过上市募集资金的投入迅速形成规模，为公司在电子元器件领域的发展打好基础。

通过调查和了解，同方股份选择以吸收合并的方式合并鲁颖电子，以此为契机顺利进入电子元器件行业，在较短的时间内获得一个电子元器件生产基地。充分利用鲁颖电子现有的大规模生产和产业化管理经验，与自身的技术和资金优势相结合，努力拓展公司在电子元器件行业的发展空间。鲁颖电子看中了同方股份在融资方面的能力、人才优势和技术开发的实力，通过与同方股份的联合，可以实现优势互补、共同发展的目的。

并购基准日定为 1998 年 6 月 30 日。鉴于合并双方均为依照《公司法》成立的、产权明晰的股份有限公司，此次并购企业同方股份采取吸收合并的方式，合并目标企业鲁颖电子。即向鲁颖电子股东定向发行同方股份人民币普通股，按照一定的折股比例，换取鲁颖电子股东所持有的全部股份，鲁颖电子的全部资产并入同方股份，其现有的法人资格随之注销。目标企业已上柜交易的个人股将按确定的折股比例转换为同方股份的股份，若获得有关政府主管部门批准，自合并后存续公司刊登股份变动公告之日起，期满三年后在上海证券交易所上市流通。

本次合并采用每股成本价值加成法的股权处置方法确定折股比例。折股比例＝（合并方每股净资产/被合并方每股净资产）×（1+预期增长加成系数），预期增长加成系数定为35%。最终本次合并的折股比例计算为1.8∶1，即每1.8股鲁颖电子股份可换取同方股份人民币普通股1股，可换同方股份1517万普通股。

三、按目标企业自身资产情况划分

按是否利用目标企业自身资产情况作为并购资金划分，可分为杠杆收购与非杠杆收购。

（一）杠杆收购

杠杆收购指并购企业利用目标企业资产的经营收入，支付兼并收购价格或作为此种支付的担保。也就是说，并购企业不必拥有巨额资金，只需准备少量现金（用于支付收购过程中必要的律师、会计师等费用），再加上目标企业的资产和营业收入作为融资担保。利用所贷得的金额，即可兼并目标企业，由于此种收购方式在操作原理上类似杠杆，故得名。

具体来说，杠杆收购具有如下特征：第一，并购企业用以收购的自有资金与收购总价金相比微不足道，前后者之间的比例通常在 10%～15%；第二，绝大部分收购资金是借贷而来，贷款方可能是金融机构、信托基金、富有的个人，甚至可能是目标企业的股东(并购交易中的卖方允许买方分期给付并购资金)；第三，用于偿付贷款的款项来自目标企业营运所得资金，即目标企业将支付自己的售价；第四，并购企业除投资非常有限的金额(自有资金)外，不负担进一步投资的义务。即贷出绝大部分并购资金的债权人，只能向目标企业(被并购企业)求偿，而无法向真正的借款方——并购企业求偿。实际上，贷款方往往在目标企业资产上设有担保，以确保优先受偿地位。杠杆收购于 20 世纪 60 年代出现于美国，之后迅速发展，20 世纪 80 年代已风行于欧美。在此种收购模式大量为并购企业采用后，企业界从前不可想象的一些大公司会成为收购的目标企业，如像时代华纳这样的资产及营业额均在全球名列前茅的巨型企业等。

(二)非杠杆收购

非杠杆收购是指并购企业不使用目标企业的自有资金、资产及营运所得支付或担保支付并购金的收购行为。但这并不意味着并购企业有足够的自有资金而无须融资、借贷就可以实现并购的目的。非杠杆收购是一种早期的收购方式，20 世纪80 年代以前的并购形式多属于这种，现在也仍然存在。

【案例】

杠杆收购——艾派克收购 Lexmark

珠海艾派克科技股份有限公司(以下简称"艾派克")，1991 年 11 月 27 日注册于珠海，2014 年通过借壳珠海万利达电气股份有限公司成功上市，其主营业务为生产销售各类集成电路产品及相关组件和配套的软件服务。2015 年艾派克根据战略规划，收购了耗材配件供应商，迅速延伸和扩张主营业务上下游产业链。根据艾派克 2015 年度报告，艾派克的主营业务从原来的集成电路组件变更为集成电路产品及相关组件以及打印耗材的生产销售。由于进行了大规模收购，艾派克 2015 年总资产明显提高，2015 年度艾派克实现营业总收入 204902.01 万元，较上年同期上涨 22.03%；归属于母公司所有者的净利润达 28126.08 万元，较上年同期上升 17.92%。

Lexmark International Inc.（以下简称"Lexmark"），1991 年 3 月成立于美国特拉华州，1995 年完成股票首次公开发行并在纽交所上市。成立至今，Lexmark 已经向超过 170 个国家及地区提供产品和服务，并且其产品质量和服务水平在业界享有高度评价。Lexmark 的主营业务主要分成 ISS 业务（激光打印）以及 ES 业务（企业软件）。ISS 业务主要生产销售彩色激光打印机、黑白激光打印机、配套的硬件耗材以及相应的打印管理服务；ES 业务主要从图片处理应用、企业文档管理、流程管理、客户沟通管理四个方面为企业提供软件业务。

2015 年 Lexmark 的经营业绩不佳，于 10 月发布了收购要约，有十多家公司表达了收购意向。经过 4 个月的谈判斡旋，Lexmark 最终同意艾派克对其进行收购，2016 年 2 月艾派克高层开始准备收购事宜，2016 年 4 月 19 日发布公告将收购 Lexmark 100% 股权（截至 2016 年 4 月 13 日流通在外的普通股为 62639833 股），并公布了交易架构和主要合同。2016 年 11 月，艾派克宣布调整交易架构以及相应融资方案。2016 年 11 月 30 日，艾派克宣布本次收购交割完成。

根据交易双方签署的合并协议，此次交易的对价约为 40.44 亿美元，包括艾派克以每股 40.5 美元的价格收购 Lexmark 截至 2016 年 4 月 13 日全体股东股份（约 27 亿美元）、Lexmark 截至交割日所有带息负债再融资费用（9.14 亿美元）以及 Lexmark 的类负债费用（4.30 亿美元，主要涉及养老金及退休福利、控制权变更导致的员工奖励费用等）。

根据艾派克 2016 年 4 月 19 日发布的合并协议，艾派克的融资方案整理如表 1-1 所示。

表 1-1 艾派克融资方案

融资资金类型	融资额（亿美元）	出资方
自有资金	1.08	艾派克
股东借款——自有资金	2.94	塞纳科技
股东借款——发行可交换债	7.88	
债务融资——银团贷款	15.83	中信银行等
股权融资——私募基金	9.3	太盟投资
	2.0	君联资本

总融资额（亿美元）：39.03

而由于艾派克在最终交割前更改了交易架构，融资方案也做了相应变更，新的融资方案整理如表1-2所示。

表1-2　调整后艾派克融资方案

融资资金类型	融资额（亿美元）	出资方
自有资金	—	艾派克
股东借款——自有资金	—	塞纳科技
股东借款——发行可交换债	7.77	
债务融资——银团贷款	32.8	中信银行等
股权融资——私募基金	6.52	太盟投资
	0.89	朔达投资

总融资额（亿美元）：47.98

本次融资方案最大的调整是减少了股本的投入，增加了债务融资，由于艾派克并未披露调整后艾派克与塞纳科技的出资额，那么，当艾派克自有资金出资额为0时，杠杆倍数被放大到无穷。根据交易日最近一期年度报告，Lexmark的总资产大约是艾派克的8倍，营业收入更高达艾派克的10倍，所以这是一起典型的"蛇吞象"并购。

四、按并购双方是否友好协商划分

（一）善意并购

善意并购指并购企业事先与目标企业协商，征得其同意并通过谈判达成并购条件一致意见而完成并购活动的并购方式。目标企业通常同意并购企业提出的收购条件，并承诺给予协助。故双方高层通过协商来决定并购的具体条款，如收购方式、收购价位、人事安排、资产处置等。若目标企业对收购条件不完全满意，双方还可以就此进一步讨价还价，最终达成双方都可以接受的并购协议，并经双方董事会批准，股东会以特别决议的形式通过。由于并购当事双方均有合并意愿，而且彼此之间情况较为熟悉，故此类并购成功率较高。

（二）敌意收购

敌意收购是指那些没有得到目标企业同意的收购。这类收购通常采用股票市场集中竞价购买股票的方式获得控制权，敌意收购是20世纪70年代才兴起的，以前如果目标企业不愿意被收购，并购顾问做了工作仍不见效，一般就会放弃。但是，从20世纪70年代起，由于投行业务竞争激烈，并购顾问收入的占比逐步增加，投行开始向客户提供敌意收购的服务。反收购是指目标企业，特别是目标企业的管理层面对并购企业的敌意收购，为维护自身的利益和公司的利益，为防止公司的控制权落入并购企业手中而采取的各种措施，我们将在下一章详细阐述。

在我国，最常见的敌意收购方式只有一种，即在股票的二级市场中争购目标企业，争取最大股东的地位，以此获得公司的控制权。由于过去中国上市公司中股份大部分是流通股的公司很少，因此，可实施敌意收购的目标企业亦很有限。

在典型的市场经济国家中可供选择的敌意收购方式较多，但与反收购的方式、方法相比较，也是十分有限的。主要的敌意收购方式有三种，即熊式拥抱、要约收购（股权收购）和代理权之争。

1. 熊式拥抱

熊式拥抱，是一种主动的、公开的要约。当并购企业承诺高价收购目标企业股票时，出于义务，董事会必须向全体股东公告收购要约，一些股东出于自身利益的考虑，经常向董事会施压，要求其接受收购要约。在协议收购失败后，往往会采用熊式拥抱的方法进行收购活动。

2. 要约收购

要约收购，是指并购企业按照依法公告的要约收购中的收购条件、收购价格、收购期限等规定，向目标企业股东发出书面声明，购买目标企业股份的方式。

3. 代理权之争

代理权之争，是指斗争双方通过各种方式争夺股东的委托表决权，以获得对股东大会的控制权，最终达到改选原公司董事会或（和）取得管理层职权等目的。

这里熊式拥抱相对友好，要约收购使用最频繁，因为它最直接、最简明。20世纪90年代，敌意收购者发现通过提高收购价格获得目标企业控制权变得越来越困难，而代理权之争有助于控制权的争夺。

 〔案例〕

敌意收购——"宝万之争"事件

万科企业股份有限公司（以下简称"万科集团"），成立于1984年，是目前我国较大的专业住宅开发企业。1991年，万科集团成为深交所第二家上市公司，注册资本为 10995553118 元，是资本市场里的代表性地产蓝筹股。万科集团主营业务包含房地产开发和物业服务，销售规模长期居全球同行业领先地位。一直以来，推崇"职业经理人"管理制度的万科集团股权极其分散，表现为大众持股。1997 年以前，公司最大股东的持股比例始终小于 9%。1998 年，公司前十大股东的持股比例合计 23.95%。2000 年，国企华润集团成为第一大股东仍未改变公司股权分散的局面，直至 2015 年 6 月，万科集团的前十大股东合计持股比例才约为 25%。

深圳市宝能投资集团有限公司(以下简称"宝能集团")，成立于 2000 年，注册资本约 300000000 元。公司的主营业务为综合物业开发、金融、现代物流、文化旅游和民生产业。宝能集团可控制的下属公司及核心企业超过 40 家，还在中国香港资本市场绝对控股上市公司中国金洋。2012 年，宝能集团联合发起成立前海人寿保险股份有限公司(以下简称"前海人寿")，将金融上升至公司核心业务，并开始商业地产的全国布局。

宝能集团敌意收购万科集团始于 2015 年 1 月，由宝能集团旗下前海人寿及其一致行动人钜盛华买入万科集团的股份。7 月 10 日，宝能集团增持股份比例达到 5%，正式举牌。14 天后，宝能集团再度举牌，持股比例达到 10%。8 月 26 日，宝能集团第三度举牌，首次超过华润集团成为万科集团股份的第一大股东，持股比例为 15.04%。5 天后，华润集团开始增持万科集团股份，并于 9 月 1 日将持股比例加持至 15.23%，重回最大股东之位。11 月 27 日，钜盛华买入万科集团股份，宝能集团再次成为万科集团第一大股东。12 月 4 日，宝能集团因持股比例超过 20% 再次举牌。3 天后，安邦集团买入万科集团 5.53 亿的股份，占总股份的 5%。12 月 10 日，宝能集团耗资 37 亿元，又购入万科集团约 1.91 亿股。12 月 11 日，宝能集团持股比例共计 22.45%，稳居万科集团第一大股东宝座。12 月 18 日，万科 A 向深交所申请临时停牌，公告宣称万科集团正在筹划股份发行，用于重大资产重组及收购资产。12 月 24 日，万科集团和安邦集团同时发表结盟声明。此时，宝能集团和万科集团双方的持股比例变为 23.52% : 28.11%，万科集团重获控制权。2016 年 1 月 29 日，万科 A 宣布将继续停牌。2016 年 2 月，宝能集团或因资金吃紧而减持万科集团股份。

宝能集团敌意收购万科集团的原因主要有：第一，集团领导层意图将宝能集团打造成一个金融和地产帝国。所以，宝能集团业务的战略布局就是围绕房地产业展开，包括住宅、商业地产、旅游地产、养老地产等，并已进驻了 20 多个核心城市。其举牌参股的上市公司也大多与房地产有关，甚至前海人寿的投资项目也多为房地产领域。并且，由宝能集团控股近七成的中国金洋也曾在港交所公开披露，正在中国金融业寻求新商机以及物色合适的目标。第二，万科集团是一个十分理想的目标企业。因为，长久以来万科集团的经营一直比较稳健，营业收入状况良好。而且，万科集团涉足房地产业较早，经验丰富，品牌效应好，是中国领先的开发商。第三，万科集团有适当土地储备量，还有国有企业持股。但最为重要的是，万科集团的股权非常分散且没有设计相关反收购的保护制度。所以，宝能集团敌意收购万科集团符合其将资金和地产相整合的战略方针。而争夺控制权，也是为了利用万科集团在各大城市的房地产布局以及品牌效应。

宝能集团敌意收购万科集团的时机也选择得十分恰当。起初是由于万科集团疏于对股票进行市值管理，所以当万科集团股价持续低位，已不能正确反映企业价值，其管理层仍未进行股票回购以提高股价时，宝能集团就开始出击了，即通过旗下控制的多个"一致行动人"对万科集团股份进行多次收购。而正是因为敌意收购是由多个资方持续进行的，故宝能集团能成功地规避监管方面信息披露的义务，使得并购操作极具隐蔽性。在整个敌意收购过程中，由钜盛华、前海人寿等组成的"一致行动人"利用杠杆建仓持股，凭借各种杠杆工具进行资本运作。宝能集团筹集并购款的方法包括保险资金、融资融券、收益互换、资管计划以及股权质押融资。例如，钜盛华发动3家基金公司通过7个资管计划收购了万科集团4.969%的股份，前海人寿将68.9%的股份分5次股权质押给乌海银行等银行或金融机构筹得融资资金等。宝能集团既回避了持有超过5%的股份必须信息披露的规定避免了惊动万科集团，又灵活运用了杠杆工具，筹得了超过原第一大股东华润集团15%持股比例的巨额收购资金。于是，宝能集团敌意收购万科集团取得阶段性成功，最终持有万科集团23.52%的股份，也迫使后者不得不开始积极应对。

五、按并购交易是否通过证券交易所划分

（一）要约收购

要约收购通过证券交易所的证券交易，而协议收购则不通过证券交易所的证券交易。要约收购的概念是，并购企业公开向目标企业股东发出要约，并承诺以某一特定价格购买一定比例或数量的目标企业股份。并购企业（自愿或非自愿）采取此种并购方式，是企图取得或强化对目标企业的控制权。而在证券市场之外公开以特定

价格收购目标企业股东持有的股票，由于公开收购要约是并购企业与目标企业股东间的直接交易，所以股东是否允诺出售股票，完全取决于股东个人的判断。基于上述理由，公开收购要约的出价要高于目标企业股票的市场价格才具有吸引力。否则，目标企业股东在公开市场上就可以出售股票而不必将其卖给并购企业。尽管市场规律会在公开收购要约发出过程中发挥决定性作用，但目标企业高级管理层是否同意公开收购要约中所列条件，仍与公开收购的成败有很大关系。因为公开收购要约是针对目标企业全体股东发出，与后者的切身利益休戚相关。

（二）协议收购

协议收购的概念是，不符合要约收购要件，以特定的买卖双方通过谈判达成协议而实现的并购方式。虽然也会使并购企业持有目标企业相当数量的股份，但仅能视为非公开的协议收购，如私人间股份转让。甚至包括并购企业和目标企业的部分股东私下接触以购买后者手中的目标企业股份。

【案例】

浙民投天弘对 ST 生化要约收购

成立于 2017 年 6 月 14 日的杭州浙民投天弘投资合伙企业(有限合伙)(以下简称"浙民投天弘")主要经营实业投资、服务、股权投资、投资管理、投资咨询等。浙民投天弘由杭州浙民投管理咨询有限公司和西藏浙民投企业管理有限公司投资设立，两位投资者的最终控制人均为浙江民营企业联合投资股份有限公司(以下简称"浙民投")。

浙民投股权结构较为分散，公司不存在控股股东或者实际控制人。浙民投凭借强大的产业资本、金融资本和人才资本等多重资源，专注于金融领域、大健康医疗领域、节能环保领域、高端制造业以及国有企业改革等领域的投资。结合浙民投的已有投资领域，浙民投天弘对振兴生化股份有限公司(以下简称"ST 生化")的要约收购，属于公司对医疗健康行业的投资，符合公司自身投资领域安排，表明浙民投在该领域除具有资本优势外，还具有一定的人力资本优势。本次要约收购前浙民投天弘并未持有 ST 生化股份，但是浙民投持股 2.40%、浙民投实业持股 0.12%，合计持股 2.52%。

浙民投天弘本次要约收购资金来源于自有资金及自筹资金。浙民投天弘向浙民投无息借款取得 28 亿元资金，浙民投的资金均为自有资金及自筹资金。另外，根据相关资料披露，截至 2017 年 5 月 31 日，浙民投未经审计的合并资产负债表中货币资金、短期理财产品余额约为 29.98 亿元，浙民投具有较强的资金实力，能够满足要约并购企业本次要约收购的资金需求。

ST 生化总部位于山西省太原市。1996 年 6 月 28 日，在深交所成功上市。2005 年，振兴集团通过重大资产重组完成入主 ST 生化，2008 年公司扭亏为盈，2013 年公司完成股权改革重回 A 股。此外，由于公司一直未完成股份改革时的承诺，债务缠身，一直受深交所关注。公司主要从事血液制品的生产和销售，子公司广东双林生物制药有限公司（以下简称"广东双林"）的业务多年来一直是上市公司的"现金牛"业务，为母公司提供超过 99% 的营业收入。年报数据显示，2016 年 ST 生化母公司净利润达 0.54 亿元，广东双林净利润达 1.13 亿元。

2017 年 6 月 21 日，浙民投向 ST 生化提交了要约收购报告书摘要，ST 生化股票申请停牌。6 月 28 日，上市公司披露要约收购报告书摘要、要约收购提示性公告以及公司重大资产重组停牌。7 月 21 日，ST 生化公告拟筹划重大资产重组。8 月 17 日，上市公司公告称拟更换重大资产重组标的，公司股票继续停牌。9 月 14 日，上市公司公告称 ST 生化控股股东振兴集团将浙民投天弘及上市公司一同作为被告起诉至法院，指责浙民投隐瞒一致行动人及其在股东大会中做出的反对决定，同时要求其赔偿由于股价下跌造成的损失。上市公司未及时阻止该行为，也应当承担相应的责任。9 月 21 日，公司公告终止筹划重大资产重组暨公司证券复牌公告。11 月 2 日，上市公司披露要约收购报告书全文，并由此正式开启为期 33 天的要约收购期。11 月 29 日，佳兆业和 ST 生化先后公告，控股股东将所持 18.57% 股份转让给深圳市航运健康科技有限公司（以下简称"航运健康"），将剩余所持股份 4.04% 转让给中国信达资产管理股份有限公司（以下简称"信达资产"），信达资产将所持股份投票权转让给航运健康，航运健康为佳兆业子公司，该股份协议转让完成后佳兆业将持有 ST 生化 22.61% 股份，公司将变更实际控制人。12 月 1 日，深交所对协议转让股份发出关注函，重点关注协议转让的真实性、合法性、完整性以及风险提示等问题。12 月 5 日，要约收购期届满，公司证券停牌等待公布要约收购结果。12 月 14 日，上市公司公告最终有 146549753 股股份接受要约收购，本次要约收购完成后浙民投合计持有 ST 生化 29.99% 的股份。2018 年 5 月 3 日，ST 生化公告公司已进行董事会、监事会重组，重组后浙民投占董事会 4/7，占监事会 1/3，并且由浙民投投资总裁担任 ST 生化董事长，浙民投提名监事会主席。

协议收购——中国重汽收购小鸭电器

山东小鸭电器股份有限公司（以下简称"小鸭电器"）成立于2004年11月10日，于1999年11月25日在深交所上市交易。但家电行业日趋成熟，竞争日益激烈，小鸭电器连续两年亏损，被特别处理，如果小鸭电器不进行资产重组，势必出现三年亏损最后被迫退市，这将严重损害广大股东和债权人的利益。为了保护广大股东及其他利益相关者的利益，经山东省和济南市政府有关部门商议，同意由中国重型汽车集团有限公司（以下简称"中国重汽"）对小鸭电器进行收购。小鸭电器与中国重汽进行资产置换，将家电类获利能力弱的整体资产，包括全部资产和大部分负债置出，同时置入重型汽车整车生产及销售类优质资产。

中国重汽为山东省人民政府所属的国有独资公司，注册资本为102628万元。中国重汽的主营业务是各种载重汽车、特种汽车、军用汽车、客车、专用车、改装车、发动机和机组、汽车零配件、专用底盘的研制、生产和销售。

近几年，中国重汽在汽车生产上形成一定的规模，并取得了良好的经济效益。2003年9月，中国重汽分别与小鸭电器的控股股东山东小鸭电器集团有限公司（以下简称"小鸭集团"）、第二大股东中信信托投资有限公司（以下简称"中信信托"）就小鸭集团持有的小鸭电器47.48%的股份、中信信托持有的小鸭电器16.30%的股份转让事宜签订了股份转让协议，完成了协议收购的第一步，实现成功收购，更重要的是进行大规模的资产置换并实行各方面的整合，所以小鸭电器与中国重汽签订了资产置换协议。

根据有关的审计报告，2003年4月30日，拟置入资产总额为120665.48万元，负债总额为91197.17万元，净资产为29468.31万元，评估值为39023.34万元。根据小鸭电器与中国重汽签订的资产置换协议，本次资产置换拟置出资产是小鸭电器的整体资产，含全部资产和大部分负债，包括流动资产、固定资产、无形资产、负债等。根据有关的审计报告，拟置出的资产账面净资产额为29836.21万元，评估值为37946.36万元。置出资产和置入资产的差价1076.98万元，在交割日后，作为小鸭电器对中国重汽的负债。

到2003年10月27日，拟置出负债中约有93.7%的债权人明确表示同意债务转移，没有取得同意转移的债务约为5793万元。为解决2003年4月30日之前发生的债务及2003年4月30日至资产交割日新发生的债务的转移问题，确保拟置出债权人的权利，小鸭集团和中国重汽于 2003 年 10 月 27 日出具了承诺函。根据该承诺函，在资产置换协议中所约定的交割日，置出资产中债权人明确表示不同意置出的债务，将由小鸭集团及时清偿，小鸭集团如不能及时清偿，中国重汽将及时足额清偿。中国重汽清偿后，再由小鸭集团足额补偿于中国重汽。在资产置换中，中国重汽拟置入小鸭电器的负债总额为 911971688.02 元，到 2003 年 10 月 27 日，拟置入应付账款中约有 11600 万元尚未取得债权人的同意。

为妥善进行人员安置，小鸭集团、小鸭电器和中国重汽于 2003 年 9 月 22 日签订了职工安置协议。根据该协议，小鸭集团愿意无偿自行安置小鸭电器职工并承担相应费用。小鸭电器同意按照该协议配合小鸭集团签订新劳动合同。

本次资产置换完成以后，小鸭电器将从事重型汽车的生产和销售，随着我国经济的高速发展，基础设施建设投资力度将会加大，近几年重型汽车会呈现出良好的增长趋势，长远来看也将稳步增长，为小鸭电器的长远、健康发展提供了较大的空间。并且中国重汽是一家国有独资的大型企业，在重型汽车行业有着丰富的生产销售经验，中国重汽成为小鸭电器的控股股东，对小鸭电器未来在重型汽车领域业务的拓展十分有利。

六、按并购的资产转移方式划分

（一）承担债务式并购

根据债务的不同程度，可分为：在资产和债务价值相等的情况下，并购企业在承担目标企业全部债务的条件下，接收目标企业的全部资产和经营权，目标企业的法人资格消失；并购企业承担部分债务，在提供技术和管理服务的前提下取得目标企业的部分所有权和经营权，虽然目标企业更换了决策层，但仍独立核算，自负盈亏。企业所有权性质不变。

（二）无偿划转式并购

无偿划转式并购一般发生在同一财政渠道的企业之间，主管部门用行政手段将经营不善的企业划入优势企业。因财产所有权和税利缴纳渠道都在同级财政关系范围内，企业资产只在同一层次的不同主体间转移。

（三）承包式并购

承包式并购，是指将企业兼并与企业承包租赁经营责任制结合起来的一种形式，具体表现为：有些企业兼并条件尚不成熟，便采取企业间长期承包租赁经营的形式达到生产要素的优化组合，待时机成熟后再行兼并。

七、按涉及目标企业的范围划分

整体并购指资产和产权的整体转让，是产权的权益体系或资产不可分割的并购方式。

部分并购指将企业的资产和产权分割为若干部分进行交易而实现企业并购的行为。

八、按并购是否有中介机构参与划分

（一）直接并购

直接并购是指并购企业直接向目标企业提出并购要求，双方通过直接协商和讨价还价，共同商定完成并购的各项条件，最终在达成的协议中完成并购过程，而无须借助第三方的参与来进行。在这种并购中，如果并购企业只是针对目标企业的部分股权，该目标企业可能会允许并购企业取得其增加发行的新股票；如果并购的目的在于目标企业的全部股权，则可由双方共同协商，在确保双方共同利益的基础上确定股份转让的条件和形式。

（二）间接并购

间接并购是指并购企业不直接向目标企业提出并购的要求，而是在证券市场上以高于或低于目标企业股票市价的价格大量收购其股票，通过控制其股权而达到控制目标企业的目的。这种并购往往不是在目标企业自愿、协商的情况下进行的，而是并购企业单方面在证券市场展开并购，降低控制目标企业股权，造成既成事实后，逼其就范，因此，间接并购常常演变成敌意收购。

 〔案例〕

间接并购——南京新百间接并购 Dendreon

南京新街口百货商店股份有限公司（以下简称"南京新百"），于 1952 年 8 月成立，属于南京市零售产业的代表企业之一。南京新百于 1993 年 10 月在上海证券交易所挂牌上市，注册资本为 13.5 亿元，股票代码 600682。

在成立之初，南京新百所属行业为零售业，自 2011 年起，由三胞集团控股，拥有百货商店南京新百中心店、安徽芜湖南京新百大厦、南京东方福来德、徐州东方福来德以及房地产企业南京新百房地产、盐城新国房地产。依据零售业务的利润率排名，在国内零售企业排行榜中排名前十位。然而，零售行业属于传统行业，历经多年发展，市场已经接近饱和，预期未来难以再出现较大增长。因此，南京新百为积极寻求突破，在 2014 年确立了"现代百货+医疗养老"双主业发展的经营战略。为寻求现代百货业的发展，南京新百在 2014 年并购英国老牌百货公司 House of Fraser（HOF）进军海外百货市场，以期在扩大国际影响力的同时，学习英国 HOF 成熟的自营模式和买手制经营模式。同时 2015 年，南京新百开始投资医疗和养老行业，先后并购了多家企业。经过一系列的并购活动，南京新百实现了多元化经营，主要业务涉及现代商业、健康养老与生物医疗领域，主要行业为百货零售、房地产开发、宾馆餐饮、物业租赁、健康养老、护理、专业技术服务、科研服务以及医药制造。

世鼎生物技术（香港）有限公司（以下简称"世鼎香港"），间接 100%持有位于美国的 Dendreon 公司资产。Dendreon 主要研究方向为肿瘤细胞免疫治疗，拥有包括知识产权、生产工艺、研发团队在内的完整细胞免疫治疗产业化体系，其核心业务是开发、制造以及销售用于肿瘤细胞免疫治疗的相关药品，经营场所主要在美国。公司有一款主打产品 Provenge，在治疗前列腺癌细胞前期的无症状或轻微症状 mCRPC 时有非常好的效果，该产品在 2010 年通过 FDA 的官方批准使用，在肿瘤细胞免疫治疗领域是首推产品。细胞免疫疗法是当前前沿的研究方向，在抗癌方面前景十分广阔，作为市场上先进的前列腺癌细胞免疫治疗产品，Provenge 具有极高的不可替代性和市场空间。

为了实现"现代商业+医疗养老"的战略转型，打破实体零售困境，寻求利润新增长极，分散经营风险，南京新百完成了多项并购活动，其中就包括并购世鼎香港。

南京新百以非公开发行股份的方式取得世鼎香港及下属公司的全部股权，同时募集不超过 25.5 亿元的配套资金用于前列腺癌免疫治疗项目的研究及公司管理运营和中介交易费用。依据资产评估机构出具的评估报告，世鼎香港 100%股权的评估价值为 9.7 亿美元，根据评估日汇率折成人民币为 64.40 亿元，最后经过双方自由公平谈判与友好协商，确定交易定价为 59.68 亿元。最终实现间接并购美国生物医疗公司 Dendreon，巩固公司在生物医疗领域的地位。

九、按并购是否向目标企业全体股东告示划分

公开并购要约指并购企业公开向目标企业的股东发出并购要约，并承诺以某一特定价格购买一定比例的目标企业的股权的行为。由于公开并购要约是并购企业和目标企业股东间的直接交易，只有股东允诺出售其目标企业的股票，并购企业购买到一定数量的目标企业的股权后，才能实现控制目的。因此，公开并购要约的出价只有在高于目标企业股票的市场价格的情况下才具有吸引力。

非公开并购指除公开并购要约以外的其他并购形式，如私人间的股票交易、并购企业与目标企业之间的换股、并购企业于正式提出公开并购要约之前在公开市场上并购目标企业的股份等交易行为，均为非公开收购。

十、按并购行为是否受到法律强制划分

强制并购是指并购企业所收购到的目标企业的股份达到一定比例，对目标企业的董事会能够产生控制作用进而影响到目标企业股东的权益时，并购企业必须对目标企业的股东发出收购要约，从而负有以特定的购买价格购买股东手中持有的目标企业股份的强制性义务。例如，我国《股票发行与交易管理暂行条例》第四十八条指出，"发起人以外的任何法人直接或者间接持有一个上市公司发行在外的普通股达到百分之三十时，应当自该事实发生之日起四十五个工作日内，向该公司所有股票持有人发出收购要约"。英国1985年通过的公司法也规定，如果并购企业持有3%或更多的有投票权的股票，应将交易结果在两天内通知目标企业。任何超过此界限1%的变动都需要通告。

非强制并购也叫自由并购，是指在证券法规定有强制并购的国家和地区，并购企业在持有目标企业一定比例法定股的情况下收购目标企业的行为。

在证券法没有相应强制规定的国家或地区，并购公司也可以自由决定通过收购目标企业的任一比例的股权来实现对目标企业的并购。

十一、按并购理念划分

战略并购是指并购各方基于各自的核心竞争优势，通过优化资源配置，在适当范围内不断强化主营业务，产生协同效应，创造大于各自独立价值总和的新价值的并购。战略并购可以分为行业整合和产业链整合。行业整合是指同行业企业的并购，通常是基于扩大市场份额、抢占市场主导地位的考虑，是以产业为核心的点辐射。产业链整合的基础是降低单个行业的运营成本，增强企业抵御行业系

统性风险的能力，对产业链条的上下游环节的收购。

财务型并购是指并购企业收购目标企业后通过改组包装再加以出售或融资的并购。

〔案例〕

战略并购——阿里巴巴的战略并购

阿里巴巴集团控股有限公司(以下简称"阿里巴巴")，是由马云带领18人团队于1999年创立的一家互联网公司，主营电子商务，致力于为中小企业和消费者提供网上交易的平台，随后公司也在逐渐向云计算、互联网金融、无线应用、O2O业务、泛文化产业等领域拓展。

可以把阿里巴巴的并购分为三个阶段：

第一阶段，2005年8月至2010年6月，围绕电子商务领域展开并购。并购雅虎中国以提高淘宝网的搜索排名，并购口碑网以打造生活服务领域电商品牌，并购中国万网为小网商提供独立域名服务，并购上海宝尊来完善淘宝网对消费者和品牌企业的服务，并购Vendio Services以拓展海外电子商务市场。通过第一阶段的并购，增强了其在搜索引擎、域名服务的相关技术，整合了电子商务产业链，巩固了其电子商务龙头的位置。

第二阶段，2011年7月至2013年7月，围绕移动互联网、O2O展开并购。并购美团网、快的打车等O2O电子商务平台，并购丁丁网、陌陌、虾米、穷游网作为移动端的流量入口。

第三阶段，2013年10月至2014年6月，并购趋向多元化，并购金额特别大且特别频繁。这个阶段的并购有三个特点。第一，并购更加多元化，并购范围不只在互联网行业，还包括了金融行业的天弘基金、恒生电子，影视行业的文化中国、华数传媒，百货零售行业的银泰，体育行业的恒大足球；第二，并购金额特别大，都在亿美元级别；第三，并购特别频繁，只在2014年上半年就有11起大型并购活动(并购金额在2亿美元以上)。

通过整理、归纳阿里巴巴的并购活动，发现在其扩张的道路上，前期主要为横向一体化战略和纵向一体化战略，后期显露出多元化战略。2011年7月阿里巴巴并购美团网和2013年4月阿里巴巴并购快的打车是其横向一体化战略的体现，美团网和快的打车都属于O2O电子商务平台。在互联网的两大类、九小种细分行业中，网络接入商和网络建设维护商属于阿里巴巴的上游——电商服务商，信息检索、网络娱乐、网络社交、生活助手、系统工具都可以为阿里巴巴带来流量，属于阿里巴巴的上游——流量入口；而网上支付平台属于阿里巴巴的下游——支付平台，下游还包括传统行业的物流行业和实体零售业。阿里巴巴的纵向一体化战略反映了向这五类行业的扩张。阿里巴巴向金融行业、影视行业、体育行业的扩张，则属于多元化战略。

阿里巴巴通过横向一体化战略收获规模经济效益，增强对电子商务市场的控制力；通过纵向一体化战略整合电子商务产业链，降低交易成本；通过多元化战略降低经营风险，增加新的盈利点，同时也使阿里巴巴有了传统行业的支撑，得以安全落地，更好地生存下去。另外，O2O新兴商业模式的出现，移动互联网的兴起，"互联网+"的国家政策，金融、文化行业的前景，成为阿里巴巴扩张战略的外在动因。

战略并购使得阿里巴巴将高效的管理模式运用到目标企业中，形成了管理协同效应；阿里巴巴的总收入、净利润、移动端交易额、活跃买家都呈现增长趋势，战略并购产生了经营协同效应；战略并购使阿里巴巴更好地利用自由现金流进行投资，使被并购企业的融资成本降低，同时还可以减轻税负、增加市值，战略并购带来了财务协同效应。

【**案例**】

财务型并购——艾迪西与申通快递

浙江艾迪西流体控制股份有限公司（以下简称"艾迪西"）成立于2001年，主要经营水暖器材、阀门、管件、智能家居及环保节能控制系统，以及相关产品的研发、制造、销售与服务。申通快递初创于1993年，经过20余年的发展，申通快递已经成为国内规模较大、网点分布较广的民营快递之一，在行业处于领先地位，具有较强的竞争力。

艾迪西自2015年8月停牌之后，一直发布重组的消息，重组对象于12月初确定，公司拟将向Ultra Linkage Limited出售艾迪西截至2015年12月31日所拥有的全部资产和负债，对方以现金收购。同时，拟向申通快递的股东发行新股以及以支付现金的方式购买申通快递100%的股权。申通快递100%股权作价169亿元，艾迪西发行股份支付金额为149亿元，剩余部分用现金支付。该交易构成借壳上市，交易完成后，上市公司艾迪西的控股股东变更为德殷控股，艾迪西更名为申通快递。

此次并购申通快递的动因主要是：一方面，随着我国人口老龄化速度的加快，劳动年龄人口不断下降，带来的人口红利正在逐渐消失，用工成本不断上升。有数据表明，中国企业平均用工成本的增速达到了 20%~30%，对于用工人数庞大的快递行业来说是巨大的挑战。且我国的城镇化进程进一步加快，土地的租赁成本呈逐年稳定上升态势，日渐增长的仓储成本对以租赁为主的快递公司来说更是雪上加霜。除了经营成本的需求，作为"桐庐系"一员的申通快递正在拓展的国际业务也对资金提出了很大的需求。上市融资无疑是获取资金周转运营的最好办法。面对日益加剧的同行业竞争，申通快递需要在短期内迅速扩大规模，扩大经营范围，来增加自己的竞争力，仅仅依靠传统的融资方式已经不能支撑申通快递的发展。申通快递通过借壳艾迪西实现上市，使其可以通过股票增发、配股等多种方式进行融资，且通过上市进行融资不仅有融资成本低、融资规模较大的优势，同时融资效率也更高，可以为申通快递的产业结构升级以及拓展海外业务提供充足的资金支持，促进企业的长远发展。

另一方面，快递行业属于服务性行业，申通快递虽然在价格上优势明显，但在服务方面落后于顺丰控股，更是被定价相似的圆通速递实现了市场占有率的反超。加上个别投诉事件的曝光，申通快递在消费者心目中的形象逐渐走低。发展了近十年的快递行业客户已经趋于饱和，多家公司完全依靠老客户的重复购买予以支撑。仅仅依靠产业结构的优化和调整是不够的，申通快递在市场上重塑优良的品牌形象刻不容缓。并购成功后，不仅可以给外界留下良好的企业形象，还向市场传递企业具有发展潜力的信号，吸引更多投资者的关注，为公司的长期发展做好了铺垫。相应地，一旦上市成功，公司股票的投资者也是潜在的消费客户，这将有利于开拓新的客户市场，提高市场占有率。

十二、按并购标的物划分

2003 年的《外国投资者并购境内企业暂行规定》界定了外资并购概念，指的是外国投资者协议购买境内非外商投资企业的股东的股权或认购境内公司增资，使该境内公司变更设立为外商投资企业（也称"股权并购"）；或者外国投资者设立外商投资企业，并通过该企业协议购买境内企业资产且运营该资产，或外国投资者协议购买境内企业资产，并以该资产投资设立外商投资企业运营该资产（也称"资产并购"）。

(一)股权并购

通常讲,公司股权并购是指,一家公司(并购企业)购买另一家公司(目标企业)的股权,一般以实现对目标企业的控制为目的的交易。在理解这个定义时,我们需要把握如下要点:

1. 公司股权并购是并购企业与目标企业的股东之间的交易

在公司股权并购交易中,并购企业收购的目标资产是目标企业股东持有的目标企业的股权或股份,而不是目标企业本身拥有的法人资产,目标企业本身只是该交易的利益相关人。因为股权收购后目标企业的注册资本以及资产、负债状况都不会发生变化,变化的仅仅是目标企业的股东。需要注意的是,目标企业的股东可以是一名股东,也可以是多名股东,可以是公司法人股东,也可以是个人股东。同时,在收购完成之后,目标企业并不会解散注销。

2. 公司股权并购一般以实现对目标企业的控制为目的

在实务中,公司股权并购通常的目的在于对目标企业实施控制。那么,什么是"控制"呢?按照《公司法》第二百一十六条的规定,控股股东,是指其出资额占有限责任公司资本总额百分之五十以上或者其持有的股份占股份有限公司股本总额百分之五十以上的股东;出资额或者持有股份的比例虽然不足百分之五十,但依其出资额或者持有的股份所享有的表决权已足以对股东会、股东大会的决议产生重大影响的股东。实际控制人,是指虽不是公司的股东,但通过投资关系、协议或者其他安排,能够实际支配公司行为的人。因此,一般地讲,所谓"控制"是指一个企业对另一个企业在股份、资金、经营、购销等方面构成实质控制。其中,股份控制通常是指一个企业直接或间接地持有另一个企业 50% 以上的表决权股份或虽未达到 50% 的表决权股份但对该另一个企业具有实质的表决权控制。

3. 并购企业可以采用各种方式支付对价

在公司股权并购中,并购企业可以采取股权支付、非股权支付或两者组合的方式作为对价。所谓股权支付是指,并购企业可以以自身发行的股权或股份或者以其直接持有的其他公司的股权或股份作为对价进行支付。所谓非股权支付是指,除股权支付之外的其他支付方式,包括以货币资金、非货币性的其他财产作为对价进行支付。

按照一般法律理解,公司股权并购分为狭义的股权并购和广义的股权并购。狭义的股权并购正是上述第一部分所述的股权并购,它指对目标企业现有(存量)股权或股份的收购。广义的股权并购包括狭义的股权并购,除此之外,在实务中，通常还包括对目标企业的增资并购。对目标企业的增资并购是指，并购企业支付对价对目标企业增资以换取目标企业增发的股权或股份的交易行为，它通常意义上也被称为对目标企业的增资行为，与狭义的股权并购的区别在于，目标企业的注册资本和资产相应增加，并购企业获得的股权或股份并非目标企业原有(存量)股权或股份。如无特别说明，本书采取的是狭义的股权并购定义。

(二)资产并购

1. 公司资产并购的概念

通常讲，资产并购是指一家公司(并购企业)购买另一家公司(目标企业)实质经营性资产的交易。资产并购的主要目的在于获得目标企业全部或几乎全部实质经营性资产。

2. 理解资产并购需要把握的要点

(1)公司资产并购是并购企业与目标企业之间的交易。与公司股权并购交易不同，并购企业收购的目标资产是目标企业拥有的法人财产，而不是目标企业股东持有的目标企业的股权或股份，目标企业股东本身只是该交易的利益相关人。资产并购之后，目标企业的资产、负债的状况可能会发生变化，同时其账面价值也可能发生变化。

(2)公司资产并购一般以获取目标企业全部或几乎全部实质经营性资产为目的。在实务中，公司资产并购通常的目的在于获取目标企业全部或几乎全部实质经营性资产。那么，什么是"实质经营性资产"呢？我国公司法规并没有作出明确的规定，但是可以参照《国家税务总局关于发布〈企业重组业务企业所得税管理办法〉的公告》(国家税务总局公告2010年第4号，以下简称"4号公告")的规定，所谓"实质经营性资产"是指，企业用于从事生产经营活动、与产生经营收入直接相关的资产，包括经营所用各类资产、企业拥有的商业信息和技术、经营活动产生的应收款项、投资资产等。其中，"投资资产"一般是指，公司对外投资取得的权益性投资资产和债权性投资资产。前者主要是指股权、股份或股票，后者主要是指公司债券。

(3)并购企业可以采用各种方式支付对价。与公司股权并购一样，在公司资产并购中，并购企业可以采取股权支付、非股权支付或两者组合的方式作为对价。所谓股权支付是指，并购企业可以以自身发行的股权或股份或者以其直接持有的其他公司的股权或股份作为对价进行支付。所谓非股权支付是指，除股权支

付之外的其他支付方式，包括以货币资金、非货币性的其他财产作为对价进行支付。

资产并购和股权并购的异同总结如表1-3所示。

表1-3　资产并购和股权并购的异同

项目		资产并购	股权并购
相同点		二者的目的均在于凭借财产权及股权的控制掌握公司的经营权，并以此实现获利	
不同点	定义	资产并购是指并购企业以现金或其他有价证券为对价，收购目标企业全部有形或无形资产而接管目标企业营业的行为	股权并购是指并购企业通过一定方式购买目标企业的股权，当其获取的股权达到一定比例后，取得目标企业控制权的一种市场交易行为
	交易主体	资产并购的主体是并购企业和享有该资产的目标企业	股权并购的主体为并购企业和目标企业的股东
	收购标的	资产并购的标的是目标企业的有形或无形资产	股权并购的标的为股东对目标企业所享有的股权
	对价支付对象	资产并购中，并购企业的对价支付给享有该财产权的目标企业	股权并购中，并购企业的对价支付给目标企业的股东
	对目标企业的影响	资产收购一般会使目标企业资产形态、价值等发生变化	股权并购对目标企业的影响表现为目标企业的股东发生了变化，而对目标企业的资产无任何影响

 〔案例〕

股权并购——万达商业、融创与富力地产的并购案

2017年7月10日，万达商业和融创联合发布重大公告，融创将以295.75亿元接手万达13个文旅项目91%的股权并承担项目现有的全部贷款，以335.95亿元收购其76个酒店，并购交易金额共计631.95亿元。交易款项将分四次支付：第一次为2017年7月10日双方签订框架协议时，融创支付25亿元首期定金，第二次是双方签署正式协议3日内融创再支付126.34亿元，第三次为融创股东大会通过后的90日内支付184.61亿元，第四次是万达商业通过银行贷款给融创296亿元，帮助融创再以295.75亿元支付剩余的款项。同时，此次并购协议还将保持"四不变"，即品牌不变、项目规划内容不变、项目建设不变和运营管理

不变。

2017年7月19日，富力地产加入，三方在北京正式签订战略合作协议。万达商业增加烟台万达酒店，并将这77个酒店项目以199.06亿元转让给富力地产，13个文旅项目91%的股权以438.44亿元转让给融创，交易金额共计637.5亿元，交易标的与总金额变化不大。与2017年7月10日最初的协议相比，富力地产作为新加入的购买方，以199.06亿元收购了77家酒店项目的全部股权，这比原协议约定的多出1家酒店，而价格约为原来76家酒店项目价格的60%。融创以438.44亿元收购前述13个文旅项目的91%股权，比原协议价格高出48%，同时还承担其中454亿元贷款，万达商业也取消了原约定给融创的295.75亿元委托贷款。

对于万达商业来说，此次并购的动因如下：第一，进一步实现轻资产模式的战略转型。以前万达商业一直走的是重资产的商业模式，2015年万达商业提出从重资产商业模式向轻资产模式转型的发展战略，大力发展自身品牌。万达商业通过此次转让文旅和酒店项目将全面向轻资产模式发展，大力面向投资管理服务行业，走品牌经营之路。第二，降低财务风险并保驾其A股IPO。万达商业通过此次转让商业地产方面的项目，所获得的资金将全部用于偿还银行贷款，可以使其负债率及财务风险实现较大幅度下降。

对于融创来说，此次并购的动因如下：第一，低价获取土地资源，获利颇丰。融创此次通过并购获取土地资源控制权，既规避了从一级市场上拿地的激烈竞争，又能在一定程度上节约开发成本。第二，进一步拓展自己的业务范围。融创先前一直以专业综合开发住宅和商业地产为主，其业务并没有涉及文旅项目方面。这次并购13个文旅项目91%的股权，有助于其开发领域范围变广，长期可持续发展性增强。第三，为帮助乐视走出困境创造了一定条件。2017年1月，融创投资150亿元给处于资金困境的乐视，而融创与万达商业协议未来将会在影视等领域全面发展战略合作。

对于富力地产来说，此次并购的动因如下：第一，进一步拓展旗下的酒店业务。接手万达商业的77家酒店后，可以进一步拓展旗下的酒店业务，增加优质物业经营的投资收益，实现规模化与多元化的合理产业布局。第二，有较充裕的现金流且购入成本相对较低。在万达商业瘦身转型及上市需要急卖酒店项目的较好机遇下，富力刚好有较充足的现金流接盘，这也是富力地产实现战略发展的好机遇。该次并购1个月后，富力地产又和中渝置地联合接手了万达集团在伦敦的九榆树广场地块；2018年3月，富力地产再次接手万达伦敦项目60%的股份。

资产并购——新潮实业收购浙江犇宝

山东新潮能源股份有限公司(2015年之前为"烟台新潮实业股份有限公司",以下简称为"新潮实业")最初成立于1985年,当时为牟平县毛纺厂,于1989年经过股份制改造后的公司更名为牟平县毛纺厂股份有限公司,1993年,公司更名为烟台新潮实业股份有限公司,1996年11月该公司在上海证券交易所上市(股票代码为600777),股票为"新潮实业"。公司注册地址为山东烟台市牟平区牟山路98号,注册资本为10.7亿元。2014年,公司的总体战略发生重大转变,公司未来产业发展方向定位于海外石油及天然气的勘探、开采及销售。2022年因涉嫌信息披露违法违规,被立案。

浙江犇宝实业投资有限公司(以下简称"浙江犇宝")于2014年11月成立,注册资本为425000万元,全部注册资本以货币形式出资,公司经营范围为:实业投资,服务,投资咨询、投资管理(未经金融等监管部门批准,不得从事向公众融资存款、融资担保、代客理财等金融服务)(除证券期货)。

新潮实业收购浙江犇宝,标的资产其实就是海外一大型油田。2014年11月24日,浙江犇宝向Juno Energy II、LLC和Juno Operating Company II签署了协议,收购了一块位于美国得克萨斯州Crosby郡的油田资产,2015年4月24日,资产顺利完成交割。2014年11月25日,新潮实业停牌。2014年12月2日,新潮实业进入重大资产重组程序。2014年12月14日,新潮实业与浙江犇宝签订意向书。2015年2月9日,新潮实业与浙江犇宝签订购买油气资产框架协议。2015年4月24日,浙江犇宝收购的油气资产得到顺利交割。2015年5月30日,新潮实业发公告5月30日拟以发行股份方式购买估值为22.1亿元的浙江犇宝100%股权。2015年6月12日,新潮实业复牌。

第三节 并购整合

根据并购协议,并购企业取得目标企业的资产所有权、股权或管理控制权,只完成了资产调整的过程。之后的综合整合过程,包括财务整合、产业整合、组织人事管理整合、机制整合和企业文化整合，是企业经营的回归。磨合效果将更直接地影响到企业资产重组的效率和并购后企业的整体经营，事实上，近一半的著名并购案例都失败了，其中主要原因就是并购后未能实现有效、迅速的整合。所以，企业完成并购行为后，如何通过及时、有效的整合，使并购双方在各方面从一般企业关系实现一体化融合，提高整体企业的共同业绩，达到整体企业价值最大化的目标，是摆在并购企业面前的一项艰巨任务。

本质上，企业并购后的整合是企业在并购中使用的一种内部管理型策略，是指在产权结构大调整之后，企业通过内部各种资源和外部各种关系的整合，包括战略的调整、产业的重新定位、控制成本、提高生产率、开发新产品、拓展新市场、调整内部组织结构、提高管理能力等，使企业的核心能力得到维护和保障，进而增强企业的竞争优势。

一、并购整合策略

根据并购企业与目标企业在战略依赖性与组织独立性需求上的不同，整合策略共有四种类型：

（一）完全整合

实施完全整合的并购双方在战略上互相依赖，但是目标企业的组织独立性需求低。完全整合可以说是两家企业长期形成的营销、组织与文化的一次全部整合。在完全整合策略下，经营资源需要共享，以消除重复活动，业务活动与管理技巧也需要重整与交流。

（二）共存型整合

实行共存型整合策略的并购双方的战略依赖性较强，同时双方组织独立性的需求也较高。也就是说，并购双方在并购完成后依然保持各自的法人地位，但在战略上互相依赖。以共存为基础的并购更多的是从战略的角度来考虑的，并购企业与目标企业没有分享经营资源，但存在许多管理技巧的转移。

（三）保护型整合

在保护型整合策略下，并购企业与目标企业之间的战略依赖性不强，但是目标企业的组织独立性需求较高，这决定了并购企业必须以公正和有限干预的方式来培养目标企业的能力，并允许目标企业全面开发和利用自己的潜在资源与优势。

（四）控制型整合

采用控制型整合策略的并购双方的战略依赖性不强，同时，目标企业的组织独立性需求也很低。由此可见，并购企业实施并购的目的并不是寻求一种战略上的依赖与协同，或者说并购的目的在于目标企业的资产或营业部门。在这种情况下，并购完成后，并购企业更注重对目标企业和并购企业资产组合的管理，其采取的策略与措施就是最大限度地利用这些资产，充分发挥其功能与优势。

二、并购后整合的范围和重点

并购双方的战略依赖程度与组织独立程度不同，决定了并购企业采取的并购后整合策略不同，而不同类型的整合策略也有着不同的具体措施。下面是从并购双方的战略联系纽带和并购双方的企业规模角度出发，具体分析实行整合管理的重点范围及其整合程度。

（一）财务型并购

在财务型并购下，并购企业和目标企业战略联系纽带是财务实力。如果目标企业规模较大，可视为相对独立的投资中心，赋予一定程度的决策自主权。在这种情况下，整合管理的重心主要是财务制度，计划与控制方式主要是战略、长期计划和预算控制。一方面，目标企业有较大的自主权，更能适应环境变化的需要；另一方面，并购企业能对目标企业实行有效的控制。

（二）营销型并购

在营销型并购下，并购企业与目标企业的战略联系纽带是相同或相近的营销活动。因此，并购后整合的重点领域就是营销活动，包括分销渠道、促销组织。计划控制范围从战略、长期计划、预算控制一直深入营销计划与控制。

（三）生产型并购

在此种类型的并购下，并购企业与目标企业的战略联系纽带是相同或相近的生产过程和营销活动。因此，并购后整合的重点领域通常包括生产过程与营销活动。对这种整合的计划与控制方式，除了营销型包括的方式外，还应包括生产计划与生产成本控制。

（四）一体化并购

对于规模较大、经营多样化的目标企业，一般倾向于只在相关领域实现高度一体化，其他领域则可保持原有状态。对于规模较小、经营较集中的目标企业，一般倾向于较全面的高度一体化。

三、并购整合内容

并购后的企业整合是一项系统工程，需要高超的运作技巧。应就以下几个重要方面进行整合：

（一）战略整合

企业并购的根本目的是实现企业经营战略目标。战略观念不仅体现在并购中对目标企业的选择上，同样也应体现于并购后的整合中。并购完成之后，并购企业应根据双方公司的情况和企业外部环境，相应对并购后企业整体的经营战略进行整合，以实现协同效应。综观近年来我国股市中的并购重组潮，无论是并购企业还是目标企业，在并购之后，绝大部分企业的经营业绩并未得到显著提高，结果是资产规模不断扩张，资产创利能力却不断下降，不同业务单元之间缺乏内在联系和必要的相互支撑，主业和副业相互争夺有限的企业资源，造成企业主业被拖累，副业又难以发展，陷入并购的误区。这一现象在很大程度上就产生于企业管理层对并购后战略整合的忽视。

并购企业一旦完成并购，就应在把握产业结构变动趋势的基础上，尽快以长期发展的战略眼光对目标企业的经营战略进行整合，逐步调整目标企业的经营策略，提高其获利能力，使之纳入并购后企业整体的运营轨道。例如，双方的某些设备和生产线存在重复建设的问题，需要加以归并；或是由于某些机构、部门的设置和功能与总体规划不相符，而需要裁并或新设等。这些问题都需要按照并购企业的经营理念和战略意图加以解决。通过各种形式的互补而实现企业利润增长点的能动转换，并在充分利用企业现有核心能力的同时得以有机拓展，进而使并购后的企业整体在客户、供销渠道、产品策略和细分市场等方面发挥协同效应，实现企业稳定持续发展。

（二）资产整合

有效的资产整合能够增强企业生产能力、降低企业成本，积极地履行社会责任。对于目标企业的不良资产，并购企业进行整合的首要工作常常是及时处理掉低效、低质的现有资产，存留公司可利用的资产，以此达到企业扩大市场份额、优化资源配置的目的。

存量资产的整合一般遵循协同性、成本效益和适用性三个原则。协同性原则考虑企业在对资产并购整合时应当保持与原企业资产的一致性，成本效益原则要权衡企业在整合时的成本与预计带来的收益之间的关系，适用性原则考虑企业整合后的资产是否符合企业的发展目标与战略规划。

1. 固定资产整合

固定资产主要包括办公设备、厂房建筑物、机器设备、运输工具等。固定资产的整合一般包括以下几方面：一是资产的鉴定，企业应当根据资产对企业绩效的贡献与资产的利用价值对固定资产进行评价；二是资产的吸纳，吸纳被并购的资产需要考虑企业生产体系的完整性、吸纳资产所产生的效益以及企业的总体发展战略等因素；三是资产的剥离，企业并购后需要将鉴定的低效资产和没有价值潜力的资产剥离出售给第三方，从而减少自己的财务风险和压力，集中优质资产为企业创造更多的收益。总之，企业整合固定资产时，应当遵循保留优质资产、出售劣质资产的原则，最终实现企业并购获得的协同效应。

2. 流动资产的整合

流动资产最主要的特点是其流动性和周转速度。整合流动资产的主要原则是保证流动资产的质量、加快流动资产周转速度以及改善流动资产结构，流动资产的周转速度决定企业资产的使用效率，循环周转的快慢以及流动资产的质量将影响企业资产的周转。因此，优化流动资产结构需要做到以下几点：现金统一结算与支付，对应收账款进行统一管理，制定合理的赊销政策，确保促进产品销售的同时降低销售成本，对整合后的存货采购采取统一方式，在降低成本的基础上更好地管理存货。总之，企业应当时刻关注流动资产的状况及存量，使其规模保持在一个合适的标准，优化企业对流动资产的运用。

3. 无形资产的整合

整合无形资产的关键在于对目标企业的无形资产进行恰当估价。针对不同的无形资产需要采取不同的整合措施：对于企业专利权而言，需要确定其对于公司未来发展前景及技术支持等是否有利，商标权应当考虑其在客户中的潜在价值及以此带来的市场占有率等，而作为价值相对较大的土地使用权，企业在并购整合时应当充分考虑其对土地增值的潜力以及周边商业发展的评价。商誉是企业获取超额利润的重要保证，在对商誉进行会计后续计量时，应根据具体情况对其进行摊销或者重新评估等。

4. 长期投资的整合

长期投资包括债权性投资和股权性投资，其中，长期股权投资整合是并购后企业投资整合的重点。并购后必须对并入的企业的对外长期投资进行价值分析和质量评估，以此作为整合长期投资的依据。并购后企业应该吸收优质的长期投资，继续拥有其产权剥离或转让不良的长期投资，收回资金。

根据目标企业拥有的对外长期投资的比例状况，可以分为全资子公司、控股子公司和参股公司三大类。某种意义上，对长期投资的整合主要就是对目标企业拥有的子公司的整合。表1-4为对子公司是否应纳入并购后企业整合范围的分类说明。

表1-4 基于并购后长期投资整合的子公司分类说明

分类依据	子公司类型	是否纳入整合范围
所有权形式	全资子公司	是
	控股子公司	是
	参股公司	否
与子公司业务关联	形成同业竞争的子公司	是
	构成重大关联交易的子公司	一般应纳入
	无直接业务联系的子公司	视总体战略而定
子公司效益	效益好的子公司	是
	效益一般的子公司	视具体情况而定
	效益差的子公司	剥离
对并购后企业的未来影响	影响较大的战略性子公司	是
	无重大影响的子公司	视具体情况而定

应该说，表1-4只说明了对目标企业子公司整合的基本原则，而且不同依据分类的子公司也会有类别交叉的情况，因此，必须结合整合总体目标和具体情况进行分析，采取合理的措施。

总之，并购后企业对长期投资的整合，应实行有进有退的策略，对于优质的长期投资，必须继续持有，并可追加投资；反之，对于不良的长期投资，则应减持或退出其拥有的股权，或采取剥离和分立的方式，甩掉包袱，集中资源扶持优质资产的经营。

（三）债务整合

由于债务的形成原因、性质可能不同，进行债务整合时的方法和途径可能也不同。债务重组是指在债务人发生财务困难的情况下，债权人按照其与债务人达成的协议或法院的裁定做出让步的事项，债务整合是通过改变企业的资本结构以及偿债期限结构等，以降低债务成本，从而在控制企业财务风险的同时提高企业的经营效率。并购企业可以根据自己的实际情况确定合理的资本结构，然后通过债转股或者发行股票以偿还债务，从而达到债务偿还期限和资本结构的调整。适当的资本结构可以实现企业价值最大化的目标，同时避免由于资金链短缺造成无法偿还债务的风险。企业的债务通常通过以下几种方式进行整合：

1. 消除债务

并购后企业应适当地解除相关债务，降低企业的经营风险，从而获得平稳的过渡。与债权人的谈判虽然可能使得债权人受到短期的损失，但企业一旦回到正常的经营轨道，债权人的利益会得到保障。

随着企业的经营期限延长，部分债务虽然诉讼有效期已经过时，但企业的财务风险仍然可能存在。并购后企业可以根据相关法律的规定将此种债务消除。另外，并购前目标企业生产经营过程中以高于银行利率筹集的资金，其超额利息的负债并不受国家法律保护，这属于非法集资的范畴，在企业并购时可以将超额的利息部分进行消除，以此优化资本结构。

2. 延长债务期限

延长债务期限等变更债务条件的债务偿还方式不但能减轻负债企业的偿债压力，还能减轻企业的债务成本，有助于企业较快地完成债务整合。

延长债务期限是指对并购中的债务偿还时间的改变，企业可以通过签订协议等将流动负债改为长期负债。企业并购中由于资金流动及资产结构改变，可能较难偿还短期的债务，延长债务期限也是帮助企业度过并购后资金紧张期的一种办法，在降低利息支出的基础上降低企业的财务管理风险。

3. 债转股

债转股是指债权人将对企业的债权转换为对企业股权的一种形式。在企业面临较大偿债压力的时候，企业可以选择将部分的债权转换为股权，适当的债转股可以使企业以较小的代价降低其债务，从而降低资产负债率，最终实现企业资本结构的优化。在进行债转股时，企业可以同时进行适当资本结构的优化，如实行多元化的投资、完善企业资本金制度等。需要注意的是，债转股并非简单地进行财务转账就可以解决，而是需要根据金融资产管理公司和政府部门的参与才能实现。

4. 其他方式

其他方式主要是指企业以非现金资产偿还全部或者部分债务。以非现金形式进行债务偿还需要根据会计准则的规定，对资产进行双方协商或者聘用资产评估机构来进行价值评估，存在活跃市场的应当以市场价格进行交易，不存在活跃市场的应当采用适当的估值技术等进行合理的确定。

（四）营运资本整合

营运资本是指企业流动资产减去流动负债后的余额，所体现的是企业在流动资产及其筹资安排上的效果。在并购后形成企业集团运作的情况下，营运资本的管理具有极其重要的意义。要想使企业集团的营运资本处于一种良好的状态，就要选择一种切合实际的、能够有效地考虑风险与报酬的营运资本管理政策。营运资本管理政策通常有中庸、激进和保守三种。

1. 中庸型营运资本管理政策

短期流动资产所需要的资金需求以流动负债等短期资金来满足，长期流动资产所需要的资金需求以长期负债、自有资本等长期资金来满足。

2. 激进型营运资本管理政策

短期流动资产和一部分长期流动资产由短期资金来筹集，其余的长期资产由长期资本来筹集。更极端的表现是，在有些企业中，所有的长期流动资产乃至一部分固定资产所需资金也由短期资金供应，具有较大的财务风险。

3. 保守型营运资本管理政策

以长期资金来满足全部长期资产以及部分短期流动资产所需要的资金，而短期资金只是满足部分短期流动资产所需要的资金。

以上三种政策各有利弊，并购后组成的企业集团所面临的环境不同，自身的筹资能力、抵御风险的能力不同，并购前单个企业所面临的状况也不同，因此，需要根据并购后企业集团对待风险与收益的态度，在三种政策中做出恰当的选择。

（五）人力资源整合

在企业并购整合的实践过程中，我们应当结合企业的财务组织架构等具体情况进行综合考虑，原因在于：财务具有保密性和特殊性，一般企业倾向于派遣本企业的员工，以较快地实现并购后整合优化；但并购双方的财务核算存在差异性，如果大规模派遣和更换财务人员，则企业双方将会需要较长时间的适应和调整期。一旦处理不当，反而会事倍功半。

对于目标企业员工的去留，应当视具体情况而定。并购企业通常选择委派具有财务管理能力的人员担任目标企业的财务主管。被委派人员负责将战略等管理理念贯彻到目标企业中，审核目标企业的财务报告，对企业的重大事件享有决策权，对目标企业的财务活动进行管理，定期向集团企业汇报被并购方的财务经营状况和资产运营状况。如果目标企业的业务具有特殊性，并购企业并不是很熟悉其业务流程，工作能力较强的目标企业的财务人员可以选择留在企业。这部分员工将有助于企业并购后的财务整合和优化。相反，如果并购企业的发展依然以其主营业务为主，那么，目标企业无论作为企业上下游产业链的辅助方式还是资金转化的方式，都应该精减部分财务核算人员，增加并购企业的财务人员。

（六）管理制度整合

财务管理是企业实施的有利于自身经营和发展的制度与规范的集合。并购前企业双方根据自身的发展战略和现实要求选择制定有利的财务管理制度，但是并购将两个不同的利益主体合并为一个。因此，在进行财务管理制度整合时，应当以并购后整个集团的利益为出发点。

1. 投资管理制度

对投资管理制度进行整合，应当确保规范企业的对外投资及并购重组等投资行为，健全投资管理制度以规避潜在的投资风险。整合措施具体应当包含：一是投资决策权利的规范，并购后投资决策权的分配应当权衡集权与分权，既保证权利的顺利实施，又要有一定的牵制制度；二是投资决策的责任分担，企业经营过程中的投资决策应当实行专人负责的制度设置，将责任落实到每个员工身上，保证责任明晰清楚；三是投资决策的审批与考核，企业在进行投资决策时，应当保证有相关的人员进行投资过程的监督与评价，并且对投资收益进行对比分析，确保公司投资方案的优化。

2. 筹资管理制度

企业的筹资活动主要包括股权筹资和债券筹资两种方式。对企业筹资管理制度的整合应当注意现有公司之间的相互筹资活动，以及并购后筹集资金的使用与风险控制。由于并购双方的风险偏好以及筹资方式倾向等可能存在较大的差异，在筹资管理过程中需要考虑的因素可能会更加复杂。如何有效地整合企业的筹资管理制度需要综合考虑多种因素，建立统一的筹资审批与执行制度，从而加强企业对整个集团筹资活动的监控。

3. 资产管理制度

企业资产管理制度的整合应当保证企业的财务关系和财务活动正常进行。企业的资产管理制度包括固定资产、流动资产以及无形资产等的管理制度。企业并购的一个重要原则是对并购前各级公司的资产进行保值增值，并购后的制度应当尽量统一、规范，针对企业具体的行业特点，应当制定适合企业资产的管理制度。并购后的资产管理制度应当有利于各级企业资产的使用与管理，并购前可能企业的资产管理制度不一致，但是整合完整后应当尽量保证企业的资产管理制度的协调与企业资产的使用与处置。

4. 产权管理制度

产权包含财产的占有权、所有权、使用权、收益权以及处置权等，是所有制经济关系下财产的法律表现形式。现代产权制度的基本特征是权责分明、易于流转、归属清晰，要求财产权责高度统一。产权管理制度一般包含企业的产权保护制度、产权流转制度以及产权界定制度。在并购过程中可能存在企业相互持股、并购控制关系复杂等问题。整合后的企业产权管理制度应当充分考虑产权管理制度包含的各项内容，按照特定的产权关系进行要求，结合并购企业的控股情况对制度进行适当调整。

5. 信息管理制度

在并购过程中，企业应当在现有信息系统的基础上，综合并购双方的信息系统特性建立完善的信息网络体系。企业并购前，应当对各子企业的信息系统数据进行适当的归集与整理，在整合过程中综合双方的数据及时为企业的并购整合提供相关的决策建议。同时，为了保证企业财务整合的顺利进行，企业应当未雨绸缪，制定一套条理清晰、计划得当的信息系统解决方案，才能将企业的并购整合风险降到最低。为了保证企业的经营信息能够及时有效地传递，可以对信息系统进行定期的跟踪与评价，以提高信息的及时性、准确性与充分性。

（七）组织机构整合

企业财务组织机构的设置主要是为了协调整体与局部的关系，满足企业的财务战略管理以及企业财务职能部门相互合作运行的需要。形成一套健全有效的财务组织机构是企业并购整合的基础。具体而言，如果企业经营过程比较复杂、会计核算量较大，企业的财务组织机构就应该大些，内部分工也应较为详细和规范；如果企业的业务核算较为简单明了、财务管理机制较为清晰，企业的财务组织机构就可以小些，内部分工也相应较为粗略。

在整合财务组织机构过程中，目标企业的每个岗位都应明确自己的职权和责任，确保相互制约，避免相互混乱，确保企业集权与分权的有效结合。财务组织机构的设置应当防止岗位混乱、重叠，以及权力凌驾于系统之上，避免形成一个低效、混乱的财务管理环境。否则，企业的财务机构设置就会流于形式，混乱不堪。只有形成一个实施有效控制和统一指挥的财务组织系统，各部门积极主动地服务于企业的运营管理，才能使企业并购后的各项资源得到充分利用和合理配置。

(八) 文化整合

各个企业间文化特质构成了企业间的文化差异，而企业并购又将两种不同文化特质的企业联系在了一起，它不会简单合并，当产生碰撞时，会带来种种文化风险和冲突。当这种风险和冲突不能化解时，就会影响并购战略的成功实施和预期经营业绩的实现。因此，文化整合成为企业并购整合战略的关键内容。

吉利收购沃尔沃后，通过企业文化整合实现了有效整合。实际结果表明，吉利在沃尔沃的帮助下，成功实现了品牌溢价，为吉利利用沃尔沃的先进技术和成熟的海外销售网络进入国际市场奠定了坚实的基础。在吉利的帮助下，沃尔沃在保持原有目标定位的基础上，成功实现了自身的振兴，充分激发了自身的活力和创造力。中国企业要想实现成功的并购，必须重视企业文化的整合，发挥文化的导向作用，促进集体力量的形成。

(九) 企业能力整合

对于战略性并购来说，其整合的最终目标是通过利用并购双方企业人员、产品和流程所具有的互补性技能组建一个新企业，这个新企业的价值将比并购双方企业单个价值之和更大。而实现这种战略协同效应的最有保证的方式，就是利用并购双方企业员工、产品或流程的互补性能力，形成企业发展的动力源泉。这些动力源泉是通过并购双方现有能力的保护、融合、转移和发展来实现的。

(十) 业绩评价体系的整合

业绩评价体系的整合是指并购企业根据集团企业的实际情况，在综合考虑并购双方的业绩评价指标体系的基础上，对并购后的财务指标等进行优化、整合，企业的业绩评价是提高并购双方运营能力和经营业绩的重要措施。在进行绩效评价体系整合时，应综合行业特点对并购后的集团进行重新衡量定制，从而保证企业顺利度过企业并购后的整合期。

业绩评价指标通常分为财务指标与非财务指标两种，财务指标包括盈利能力指标、资本结构指标、偿债能力指标以及发展能力指标四种，非财务指标在企业的生产经营部门中使用，主要用于评价企业非财务方面的活动等，为企业提供更加宏观、及时的非财务信息。企业的业绩评价也可采用沃尔评分法、杜邦财务分析法等进行综合评价。

第四节　并购意义与特征

一、并购意义

（一）并购有助于降低企业对新行业、新市场的进入成本，迅速增值其可支配资本

企业在进入一个新的行业经营领域或一个新的产品市场时，将面临诸多方面的障碍，除了进入新领域的学习成本，还有来自该行业内原有企业的排斥、竞争问题。新产品的设计制造、新的市场营销渠道的建立、新技术的采用、新的原材料的获得等一系列问题的解决都要求企业投入额度不小的资金，而原行业或市场内的企业对新的竞争对手的本能抵触，反过来也加大了进入难度。如果企业在进入新行业或新市场时完全采取投资新建的方式，不仅会使这些障碍对企业的影响加大，同时，由于新增生产能力对行业或市场供求平衡的影响，还有可能使行业或市场内部出现过剩的生产能力，从而引发价格战。但如果企业对新行业或新市场的进入采取兼并、收购的方式，将使上述障碍降至很低，同时，在短期内保持行业或市场内部的竞争结构不变，使企业在进入新行业或新市场的初期引起价格战或招致报复的可能性大大减少。

（二）并购是企业进行高效资本运营的核心

资本运营从本质上讲是企业从事经营的战略方式。企业经营的战略方式有两

种：一种是内部经营管理型战略，另一种是外部交易型战略。内部经营管理型战略是企业在现有的资本结构下通过整合内部资源，包括控制成本、提高生产效率、开发新产品、拓展新市场、调整组织结构、提高管理能力等，来维持并发展企业的竞争优势，它是一种产品扩张战略；外部交易型战略是指企业通过吸纳外部资源、吸收外来资本、开展技术转让、实施战略联盟、进行兼并与收购等，确保并巩固企业的竞争优势，它是一种资本扩张战略。

资本运营从广义上讲就是企业这两种战略的综合运用，狭义上讲则特指企业外部交易型战略的运用，而且随着市场经济的不断发展以及现代企业制度在我国的逐步确立，资本运营也越来越体现为企业外部交易型战略的应用。而企业并购则是里面最基本、最普遍、最频繁的运作形式，构成了资本运营的核心，因此，没有并购也就没有其他的企业资本运营。

企业核心能力的发展过程是一个不断调整、有破有立、呈螺旋式前进的辩证过程。核心能力的生成和渊源，往往可以追溯到企业初创时第一笔主要业务的特征或者创始人的性格特征上。企业家精神外化为企业各种知识体系和操作技能，所有这些都深深植根于企业的价值观中。在以后的竞争中，企业通过客户、供销渠道、产品策略等多方面的有效组合，逐步确立自身在市场中的领先地位，增强自身的核心能力。但同时随着企业竞争优势的出现，企业会产生一种对自己核心能力的高度依赖性，这种被称为企业刚性的东西会使企业产生一种抗拒变革、阻碍创新的消极心理。这时，就需要企业具有一种高瞻远瞩的战略精神，在原有核心能力基础之上进行扩张或更替，打破企业刚性，引入并吸收新的核心能力，形成一种新的知识集合体、一个更紧密相连的有机体系，从而使核心能力在更高层次上进行回归，使企业更具有竞争力。

（三）并购是企业实现规模经济效益、增强资本扩张能力的重要途径

随着现代企业制度在我国的逐步确立，企业之间产权交易的形式越来越多，资本运营也越来越体现为企业外部交易型战略的应用。这主要表现在企业不断以不同的方式来调整与发展自身的核心能力。

1. 放弃

出售企业里部分未能根植于核心能力的资产和业务，进行资本重组。

2. 回归

调整那些不具备核心能力的业务或产品，使其重新回到与核心能力紧密相关

的方向上。

3. 新生

在市场上寻找新的竞争支撑点，巩固和发展核心能力。这些方式构成了外部交易型战略的基本取向。而并购是外部交易型战略中最基本、最普遍的运作形式，并购是资本运营的核心。

企业通过并购等外部交易型战略的运用使自身的绝对规模和相对规模得到扩大，将使企业拥有更大的能力来控制自己的成本与价格、资本的来源和增加顾客的购买行为，改善同政府的关系，从而形成更加有利的竞争地位；企业规模的扩大还将使企业有可能将产品的不同生产阶段集中在一家企业之内，一方面，可以保证生产的各个环节更好地衔接，保证原材料、产品的供应；另一方面，可以降低运输费用、节省原材料和燃料，从而降低产品成本；同时，企业规模的扩大必然也将提高企业开发新产品、新技术的能力以及抵抗市场突变的影响。

企业并购作为产权交易的重要形式，对企业的发展具有十分重要的意义，主要表现为两个方面：其一，企业并购是企业资本运营战略的重要活动内容，它服务于资本运营战略的价值取向，影响大、涉及面广，其结果将直接影响企业的经营方向、规模、市场结构、技术结构等；其二，企业并购是企业走外部交易型战略道路的主要途径，并购能够促进资本的集中，节省培养人才、开拓市场、技术开发等所需的时间，形成生产、营销、技术、资金等方面的协同作用，充分享有规模经济的好处。

（四）并购是促进存量资产流动、经济结构调整和资源优化配置的重要途径

产业结构不合理不利于我国经济健康发展，而企业间的收购兼并有着重要的作用。调整产业结构的方式有两种：一是增量调整，即增加对瓶颈产业和新兴产业的资本投入；二是存量调整，即通过企业间的收购兼并，使产业资本流向瓶颈产业与新兴产业。由于一定时间内创造的国民收入及其用于积累部分是有限的，再加上存在着产业结构失衡，所以我国每年净增投资量不能满足产业结构调整的需要。存量调整方式正好可以弥补增量调整方式的缺陷，它不受社会可用于增加投资和积累量的限制。增量调整方式主要通过资本市场中企业间产权交易，使产业资本由一个企业流向另一个企业，由一个生产饱和的产业或衰退的产业流向另一个期待发展的产业，从而实现社会生产要素的优化配置和产业结构的均衡。相比之下，企业间收购兼并对增强企业活力、提高企业效益更具强制性。并购作为

产权转让的一种形式，使资产由效率低的企业流向效率高的企业，由效率低的部门流向效率高的部门。这一过程的结果不但能提高企业规模经济效益，而且可以把有限的资源转移到优势部门，增加优势部门的比较利益，从而促使产品结构和产业结构的优化调整。

企业并购实质上是市场经济条件下企业间竞争的一种"游戏规则"，为企业"优胜劣汰"提供了途径。企业并购能够促进存量资产流动、经济结构调整和资源优化配置；加速资本集中，实现企业经营的规模经济和协同效应；革除企业管理中的官僚主义和肥私行为，有利于解决代理问题和提高企业的管理水平。因此，可以认为，企业并购是一种在现代市场经济条件下促进结构调整、提高资源效用、保持现代企业制度活力和生命力的重要规则。

二、并购特征

（一）中国上市公司并购活动总体特征

1. 中国上市公司并购活动的发展历程

（1）起步阶段（1984～1996 年）。1984～1993 年中国证券市场处在试点阶段，上市公司数量很少（见表 1-5），法律法规处于初步建立阶段。

表 1-5 中国上市公司总数量（1990～1996 年）

单位：家

年份	当年 IPO 公司数量	上市公司总数量
1990	8	8
1991	5	13
1992	58	71
1993	147	218
1994	128	346
1995	36	382
1996	218	600

注：含主板、中小板、创业板上市公司。

资料来源：CSMAR 金融数据库。

1989 年发布《关于企业兼并的暂行办法》（已废止），1993 年发布《股票发行与交易管理暂行条例》。1994 年以后，开始出现国有股划拨、外资企业收购国内企业、法人股协议转让等形式并购，但并购总规模小，并购动因主要是通过获取珍贵的壳资源打通直接融资渠道，并购企业和目标企业大都是国有企业，并购方式以国有股划拨为主，并购完全没有改变上市公司国有股一股独大现象。并购范围往往是同一城市相关行业的并购，政府直接干预并购重组活动，此阶段的并购活动往往是政府主导下的盈利企业并购亏损企业或者大并小。因为上市资格稀缺，所以买壳上市是本阶段企业并购的重要动因。1993 年深宝安二级市场收购延中实业、1994 年恒通集团协议受让棱光实业 35.5%的股权是此阶段上市公司并购的典型案例。

（2）快速兴起阶段（1997～2001 年）。1997 年以后中国证券市场逐步走向规范，上市公司数量日渐增长，上市公司的并购重组专业技能不断提高，并购重组的规模越来越大、数量越来越多（见图 1-1），模式也日渐丰富，但实质性并购重组少，报表重组较多。出台了一些并购重组的法律法规和会计准则，如 1998 年的《中华人民共和国证券法》（以下简称《证券法》）、2001 年的《关于上市公司重大购买、出售、置换资产若干问题的通知》，但还缺乏配套的实施细则和指引，暗箱操作、关联交易盛行。

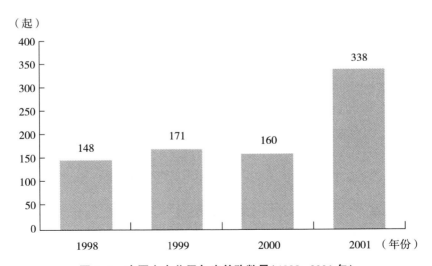

图 1-1 中国上市公司年度并购数量（1998～2001 年）

资料来源：Wind 金融数据库。

国有企业是上市公司并购活动绝对的主力军，但随着并购的地区和行业限制逐步突破，呈现出多元化趋势，民营企业开始参与并购重组，如表 1-6 所示。

表 1-6 不同性质企业发起的并购占年度并购数量比例(1998~2001 年)

单位:%

年份	国有企业并购	非国有企业并购
1998	79.53	20.47
1999	74.38	25.63
2000	70.62	29.38
2001	70.15	29.85

资料来源:Wind 金融数据库。

协议受让法人股和国有股为主要并购交易形式,股票增发受到监管机构的严格限制,所以现金支付成为占绝对主导地位的支付方式,如表 1-7 所示。

表 1-7 中国上市公司并购支付方式占比(1998~2001 年)

单位:%

年份	现金支付	股票支付	资产支付	承担债务支付	混合支付
1998	90.56	0.35	0.70	4.20	4.20
1999	95.80	0.75	0.00	2.25	1.20
2000	97.57	0.20	0.40	1.11	0.71
2001	97.28	0.16	0.24	0.80	1.52

资料来源:CSMAR 金融数据库。

随着企业并购动机逐步成熟,不再追求简单的企业规模,并购目的逐渐转向提升企业竞争力,战略并购已经初现端倪,信息披露机制日渐完善,并购质量有所提升,上市公司数量持续增长,如表 1-8 所示。

表 1-8 中国上市公司总数量(1997~2001 年)

单位:家

年份	当年 IPO 公司数量	上市公司总数量
1997	222	822
1998	111	933
1999	100	1033
2000	142	1175
2001	79	1254

注:含主板、中小板、创业板上市公司。
资料来源:CSMAR 金融数据库。

（3）规范发展阶段（2002~2005 年）。2002 年后，发布了《上市公司股东持股变动信息披露管理办法》《关于向外商转让上市公司国有股和法人股有关问题的通知》《利用外资改组国有企业暂行规定》《上市公司收购管理办法》，2003 年又发布了《外国投资者并购境内企业暂行规定》，对上市公司并购重组涉及的法律问题进行了细致的规范，基本确立了上市公司并购重组的法律体系，这些法规鼓励实质性资产并购重组，希望证券市场发挥资源优化配置与价格发现的功能，也使外国投资者并购中国公司具有了法律依据。随着市场的逐步规范，上市公司并购活动日趋活跃，如图 1-2 所示。

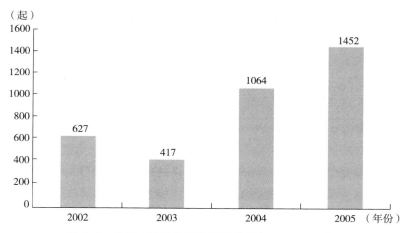

图 1-2　中国上市公司年度并购数量（2002~2005 年）

资料来源：Wind 金融数据库。

相比前一阶段，发起并购的企业中非国有企业日渐增多，外资企业和民营企业越来越多地参与并购重组活动，但国有企业依然扮演主角，如表 1-9 所示。

表 1-9　不同性质企业发起的并购占年度并购数量比例（2002~2005 年）

单位：%

年份	国有企业	非国有企业
2002	69.34	30.66
2003	66.98	33.02
2004	62.84	37.16
2005	65.68	34.32

资料来源：Wind 金融数据库。

规范发展阶段为并购重组的市场化发展奠定了法律法规基础，但是上市公司股权分置问题还是没有解决。除了前一阶段盛行的协议收购，要约收购也成为主流的并购形式，战略并购已经成为上市公司主要的并购动因，希望通过战略并购整合资源提升市场竞争力，法律法规还存在一些漏洞，出现了一些大股东掏空上市公司侵害上市公司和小股东利益的情况。受监管政策的影响，本阶段的并购支付方式与前一阶段相比没有什么变化，依然以现金支付方式为主，如表1-10所示。

表1-10　中国上市公司并购支付方式占比（2002~2005年）

单位：%

年份	现金支付	股票支付	资产支付	承担债务支付	混合支付
2002	88.20	0.47	0.31	1.10	9.91
2003	96.47	0.14	0.28	1.94	1.18
2004	92.93	0.10	2.31	0.95	3.71
2005	93.13	1.15	2.65	1.72	1.35

资料来源：CSMAR金融数据库。

中国证券监督管理委员会对公司IPO申请的审批更加严厉，本阶段年均IPO公司数量相比前一阶段呈现明显的下降趋势，如表1-11所示。

表1-11　中国上市公司总数量（2002~2005年）

单位：家

年份	当年IPO公司数量	上市公司总数量
2002	71	1325
2003	67	1392
2004	100	1492
2005	12	1504

注：含主板、中小板、创业板上市公司。

资料来源：CSMAR金融数据库。

（4）市场化阶段（2005年以后）。2005年证监会启动了上市公司股权分置改革，改革解决了中国证券市场原有的二元结构问题，实现了同股同权，国有股和法人股从此在二级市场上可以自由流通，改革为并购重组市场化创造了决定性的基础条件，上市公司并购重组迎来了春天，并购活动数量急剧增长，如图1-3所示。

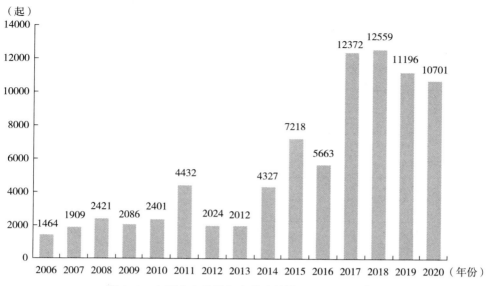

图 1-3　中国上市公司年度并购数量(2006~2020 年)

资料来源：Wind 金融数据库。

2005 年修订了《证券法》，发布了《外国投资者对上市公司战略投资管理办法》《关于上市公司股权分置改革试点有关问题的通知》《上市公司股权分置改革管理办法》，证监会又联合国务院国资委、财政部、中国人民银行、商务部联合发布了《关于上市公司股权分置改革的指导意见》，2006 年又新颁布了《关于外国投资者并购境内企业的规定》、修订了《上市公司收购管理办法》，进一步完善了并购重组相关法律法规体系。在证监会等部门的引导和鼓励下，上市公司并购手段不断创新，证券市场效率不断提升，市场化并购重组逐渐代替了政府主导的并购重组，成为市场主流，2009 年国有企业发起的并购活动占并购总数量比例第一次跌破 60%，非国有企业发起的并购活动快速增多，如表 1-12 所示。

表 1-12　不同性质企业发起的并购占年度并购数量比例(2006~2020 年)

单位：%

年份	国有企业	非国有企业
2006	61.26	38.74
2007	64.06	35.94
2008	61.28	38.72
2009	56.67	43.33

续表

年份	国有企业	非国有企业
2010	60.91	39.09
2011	59.07	40.93
2012	58.33	41.67
2013	57.91	42.09
2014	35.57	64.43
2015	29.44	70.56
2016	28.39	71.61
2017	8.37	91.63
2018	10.40	89.60
2019	10.47	89.53
2020	10.20	89.80

资料来源：Wind 金融数据库。

随着并购形式越来越丰富，二级市场竞购、定向增发、换股合并等新的并购形式登上舞台；并购动机越来越市场化，并购的目的主要是提升公司效率和市场势力，并购支付方式依然没有任何本质的变化，除了少量的股票支付、资产支付、承担债务支付、混合支付外，超过九成的并购活动采用现金支付方式（2006年除外），如表 1-13 所示。现金支付提高了并购企业发起并购的门槛和成本，限制了上市公司并购活动的进一步增长。

表 1-13　中国上市公司并购支付方式占比（2006～2020 年）

单位：%

年份	现金支付	股票支付	资产支付	承担债务支付	混合支付
2006	89.74	1.05	5.85	1.92	1.44
2007	93.12	3.34	1.92	0.57	1.05
2008	92.00	5.56	0.99	0.43	1.01
2009	93.76	4.63	0.65	0.22	0.74
2010	94.03	4.28	0.81	0.37	0.52
2011	96.01	2.52	0.35	0.33	0.80
2012	94.62	3.09	0.94	0.35	1.00
2013	91.77	4.08	1.18	0.36	2.61

年份	现金支付	股票支付	资产支付	承担债务支付	混合支付
2014	92.60	1.58	0.21	0.09	5.52
2015	92.60	2.72	0.29	0.16	4.23
2016	93.34	2.05	0.35	0.15	4.11
2017	96.01	1.27	0.28	0.22	2.23
2018	96.42	1.07	0.51	0.32	1.67
2019	96.70	0.72	0.73	0.26	1.60
2020	98.09	0.48	0.32	0.24	0.87

资料来源：CSMAR 金融数据库。

伴随中小板、创业板的推出，本阶段上市公司的数量呈持续快速增长的局面，越来越多的非国有企业加入上市公司的行列中，如表 1-14 所示。

表 1-14　中国上市公司总数量（2006~2020 年）

单位：家

年份	当年 IPO 公司数量	上市公司总数量
2006	69	1573
2007	126	1699
2008	77	1776
2009	99	1875
2010	349	2224
2011	282	2506
2012	155	2661
2013	2	2663
2014	125	2788
2015	223	3011
2016	227	3238
2017	438	3676
2018	105	3781
2019	203	3984
2020	396	4380

注：含主板、中小板、创业板上市公司。

资料来源：CSMAR 金融数据库。

2. 中国上市公司并购活动概况

（1）规模概况。从中国企业参与的并购交易来看，根据投中信息旗下金融数据产品 CVSource 统计，2013~2015 年交易规模持续增长，2016~2020 年呈现下降趋势，如表 1-15 所示。从国内总体情况看，2020 年境内并购 6408 起，披露金额的并购案例总交易规模为 3742.44 亿美元 。

表 1-15　2013~2020 年我国并购市场的总体交易金额

年份	2013	2014	2015	2016	2017	2018	2019	2020
交易金额（亿美元）	3920.76	4567.01	7993.21	6778.66	6422.69	6551.0343	4402.22	3742.44
交易数量（起）	5470	6355	9892	6532	6603	7277	6180	6408

资料来源：CVSource 数据库。

并购市场单笔平均交易规模总体呈现下降趋势，如图 1-4 所示。与 2016 年相比，从 2017 年开始，我国资本市场 A 股市场变得更加谨慎，大体量的并购交易数量减少。2017 年的大额并购交易主要有中国化工以 430 亿美元收购先正达、沙隆达以 184.71 亿元收购 ADAMA 100%股权、高瓴资本联合鼎晖投资私有化香港上市公司百丽集团三笔并购案例，分别拉升了农业、农药和纺织及服装行业的平均并购规模。

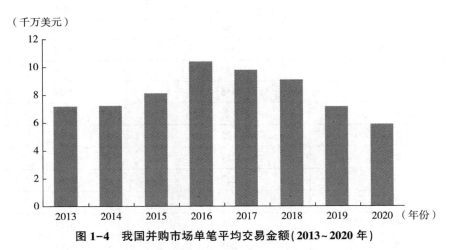

（千万美元）

图 1-4　我国并购市场单笔平均交易金额（2013~2020 年）

（2）行业概况。从 2015 年开始，工业领域始终是中国并购市场的重点，并购项目基本保持在 6000 亿元以上的规模，大致占整个并购市场规模的 20%—

30%（见表1-16）。

表1-16 2015~2020年我国境内外并购交易额的行业分布（以目标方划分）

单位：%

分类	2015年	2016年	2017年	2018年	2019年	2020年
信息技术	13.966	13.937	15.370	14.732	16.113	16.517
日常消费	3.492	3.211	3.643	3.643	3.737	3.624
房地产	5.139	4.656	4.545	3.840	3.756	5.005
能源	1.942	2.408	1.627	1.418	1.858	1.622
医疗保健	4.032	3.982	3.714	4.163	4.270	4.545
金融	28.473	30.989	24.142	22.071	16.904	17.618
材料	9.245	7.739	6.739	6.926	7.770	6.667
可选消费	9.688	10.469	10.895	12.291	11.586	10.611
工业	21.023	19.685	26.406	28.530	31.119	30.450
公用事业	2.778	2.762	2.653	2.261	2.748	3.083
电信服务	0.221	0.161	0.265	0.126	0.138	0.260

资料来源：Capital IQ数据库。

这些数据的变化意味着中国主要行业基本在进行积极的产业整合和升级，其中，日常消费和医疗保健行业的整合与升级是未来重要的发展方向。由于2017年总体趋严的跨境并购监管政策并没有影响医疗保健行业，部分企业转而将医疗保健行业作为转型目标。同时，在中国供给侧结构性改革的宏观背景下，中国医药流通领域正迎来新一轮产业集中的高潮，特别是在行业政策层面，以缩短药品供应链和降低患者负担为宗旨的并购迅速发展。下面以腾讯对国内医疗健康领域的投资（见表1-17）为例进行说明。

表1-17 腾讯并购部的国内医疗健康领域的投资数据

序号	被投资方	日期	轮次	融资额	是否领投
1	晶泰科技	2018/1/24	B轮	1500万美元	否
2	医联Medlinker	2017/12/6	C轮	4亿元	否
3	体素科技	2017/9/28	A+轮	1亿元	否

序号	被投资方	日期	轮次	融资额	是否领投
4	水滴互助	2017/8/30	A轮	1.6亿元	是
5	好大夫在线	2017/3/29	D轮	2亿美元	是
6	Keep	2016/8/16	C十轮	数千万美元	是
7	更美	2016/8/2	C轮	3.45亿元	否
8	罗宾医生	2016/7/22	天使轮	未透露	否
9	企鹅医生	2016/7/19	天使轮	未透露	否
10	思派网络	2016/6/3	B轮	数千万美元	否
11	水滴互助	2016/5/9	天使轮	5000万元	否
12	新氧	2016/3/11	C轮	5000万美元	否
13	碳云智能	2016/1/18	A轮	10亿元	否
14	邻家好医	2016/1/1	天使轮	数百万美元	否
15	晶泰科技	2015/12/15	A轮	2400万元	否
16	微医	2015/11/30	E轮	3亿美元	否
17	医联 Medlinker	2015/9/7	B轮	4000万美元	是
18	悦动圈	2015/8/25	A轮	5000万美元	否
19	第一反应	2015/8/21	A轮	数千万美元	否
20	妙手医生	2015/8/4	A轮	数千万美元	否
21	火辣健身	2015/5/21	A轮	6000万元	否
22	凌健身	2015/4/1	天使轮	500万元	否
23	卓健信息	2015/1/30	B轮	1.5亿元	否
24	微医	2014/10/15	C轮	1.07亿美元	否
25	丁香园	2014/9/2	C轮	7000万美元	否
26	有品	2014/6/13	B轮	2100万美元	否
27	妈妈网	2011/6/1	A轮	5000万元	否

资料来源：根据公开信息整理。

3. 中国上市公司并购活动总体特征

（1）中国上市公司并购活动呈井喷式增长，市场化并购已经成为市场主流。

1998 年上市公司并购数量为 148 起，2006 年为 1464 起，2013 年为 2012 起，上市公司并购数量持续快速增长，并购重组已经逐步成为中国产业结构调整、公司外生式发展的重要推手。早期的并购重组活动受地方政府影响较大，帮助经营困难的企业脱贫解困或获取壳资源是并购活动的主要动机。2005 年股权分置改革完成后，市场化并购蓬勃发展，即便是国有企业发起的并购也开始追逐强化战略能力、提升经营效率等市场化并购。2004 年开市的中小板、2009 年开市的创业板让越来越多的民营企业有机会登陆资本市场，极大地推动了市场化并购活动的发展，市场化并购活动已经取代政府主导并购成为市场主流，中国上市公司并购市场已经走出萌芽期，进入茁壮成长的青春期。

（2）国有企业仍在并购市场中占有重要地位，政府对并购市场有较大影响力。1998 年国有企业发起的并购数量占年度并购总数量的 79.53%，随着越来越多的非国有企业成为上市公司，国有企业发起的并购数量占比逐年下降，截至 2013 年，国有企业发起的并购数量占年度并购总数量的 57.91%，依然超过半壁江山，政府可以通过国资委直接或间接地影响国有企业的并购决策，对并购市场具有重要的影响力。例如，党的十五大、十六大、十七大报告都提出调整经济结构的要求，这类宏观经济政策会促使大量国有上市公司发起大规模的横向、纵向并购，进而形成并购浪潮。

（3）金融监管政策严厉，并购支付方式受到很大约束。中国经济系统脱胎于计划经济，金融监管政策整体较严厉，例如，上市公司通过定向增发收购目标企业在西方资本市场是很常见的收购支付方式，但在中国由于定向增发需要经过漫长的审批，如果通过这种方式进行支付，很有可能会错过最佳并购时机，所以上市公司不得不选用现金进行并购支付，1998~2013 年上市公司并购案例中超过 88.2% 的并购活动都是用现金作为支付手段。严厉的监管政策使得并购企业的融资成本升高，降低了并购的收益和灵活性，阻碍了并购市场进一步增长。

（二）中国企业跨国并购的特征

1. 中国企业跨国并购的背景

金融危机以来，为了适应经济全球化潮流，纳入全球生产体系，充分利用国内、国际两种资源，寻求更大的发展空间，在获得资源、开拓市场、获取技术、品牌建设等动机的驱使下，诸多中国企业通过跨国并购来实现自己的国际化战略，并购的频次、金额范围等不断扩大，日益成为跨国并购中活跃的主角。中国对外投资呈大幅增长趋势，从2008年的521亿美元增长到2015年的1180.2亿美元。根据调查公司汤森路透（Thomson Reuters）统计，2016年上半年已公布的中国企业并购海外企业的总金额达到1225.72亿美元，是上年同期的21倍，占全球海外并购总额的20.7%。

在全球经济增长放缓、贸易紧张局势加剧的大背景下，全球经济增长放缓有所加剧，全球多国提升了外资进入的门槛和难度，"一带一路"在一些地区面临竞争，社会动荡成为威胁政府稳定的隐患。与此同时，诸如蝗灾等突发性事件也时刻威胁着海外投资的收益与安全。2019年全球海外直接投资延续停滞态势，发达经济体的外国直接投资（FDI）流入金额仍处于历史低位；发展中经济体FDI流入金额稳中有降，中国保持引资规模第二大国家地位；转型经济体FDI流入金额持续低迷，如图1-5和图1-6所示。

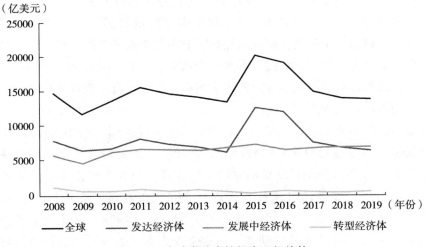

图1-5 全球海外直接投资下行趋势

2019年全球跨国并购规模总计为4900亿美元，同比大幅下跌近40%，为2014年以来新低。跨国并购额萎缩最严重的是服务业，同比降低56%，至2070亿美元，其次是制造业，下降19%，至2490亿美元，初级部门下降14%，至340亿美元；从行业细分来看，金融和保险业、化工行业的并购活动颓势最为明显。

展望2020年，全球海外直接投资流量或将延续下滑态势，全球投资环境仍面临重大风险；中国对外直接投资流量平稳下降，投资结构持续优化，全球排名稳步上升，对外直接投资存量亦位列全球第三。"一带一路"沿线国家正逐

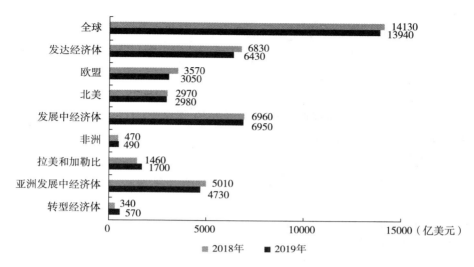

图 1-6 各地区海外直接投资流入情况

资料来源：UNCTAD，中债资信整理。

渐成为中国对外直接投资的重要目的地，对沿线国家的对外承包工程活动增长迅猛。受到欧美等西方国家针对海外直接投资的限制类监管措施增多的影响，中国企业跨国并购额持续加速下滑。高技术水平和高附加值的新兴产业及亚太地区成为中国企业跨国并购的热点行业和区域。展望 2020 年，中国对外直接投资将继续呈现稳中有降态势，投资的领域和地域结构有望进一步优化。

2. 中国企业跨国并购概况

为促进中国对外贸易的持续快速发展，中国与众多国家签订了双边与多边贸易协定，据商务部统计，截至 2023 年 12 月，中国与贸易伙伴国（地区）已签署 22 个自由贸易协定，涉及 29 个国家与地区，中国已经成为贸易自由化的倡议者与领头羊。

（1）并购交易金额概况。2016 年跨境并购案例数为 205 起；2017 年，同比下降 25.99%，披露金额的跨境并购案例总交易规模为 6423.14 亿元，同比上升 16.95%。由于受到个别大额跨境并购交易案例的影响，在总体案例数下降的同时交易金额却保持增长趋势，如中国化工以 430 亿美元收购先正达，拉高了我国跨境并购的整体交易规模。

具体到跨境并购情况，据并购市场（Mergermarket）数据库，2017 年中企宣布的跨境并购总金额约为 1432 亿美元，同比减少 33%。而在 2016 年，中国企业宣布的海外并购交易总额达 2131 亿美元，同比增长 142%。而据国内晨哨研究部数据，2014~2016 年中资企业海外并购呈现出快速增长态势。其中 2016 年实现了跨越式增长，交易起数同比增长 52.51%，合计披露金额增长 46.28%。

2019 年，在全球海外直接投资增长乏力背景下，中国非金融类对外直接投资（以下简称"对外直接投资"）保持了相对平稳的发展态势，投资流量虽进一步下降但降幅有所收窄。根据商务部消息，2019 年全年对外直接投资额估计为 1106 亿美元，同比下降 8.2%，降幅较 2018 年缩小 1.4 个百分点。对外直接投资结构持续优化，主要流向租赁和商务服务业、制造业、批发和零售业。2019 年 1~11 月，中国 1044 亿美元对外投资流量中，有超过 60% 流向这三个行业，占比分别为 32.5%、17.7% 和 11.2%，其中对制造业、批发和零售业的投资同比分别增长 6.4% 和 24%。房地产业、体育和娱乐业对外投资没有新增项目。中国对外直接投资流量的全球排名稳步上升。2018 年，中国对外直接投资流量为 1430.4 亿美元，全球排名升至第二位，仅略低于日本，占全球份额由 2017 年的 11.1% 上升至 14.1%，为历史最高水平。中国对外直接投资流量已连续八年位列全球前三，占比已连续四年超过 10%。中国对外直接投资稳步发展得益于投资目的地更加广泛和全球化，中国资本在全球范围的影响力不断扩大。[①]

虽然对外直接投资存量位列全球第三，但投资存量占 GDP 的比重仍相对较低。截至 2018 年末，中国对外直接投资存量为 19822.7 亿美元，是 2002 年末水平的 66.3 倍；占全球外国直接投资流出存量的 6.4%，较十年前提高了 5.1 个百分点；排名仅次于美国及荷兰，位列全球第三，超过日本、德国及英国等发达国家。中国对外直接投资存量规模虽然已逼近荷兰，但仅为美国的 30%，与美国的差距仍然较大，美国截至 2018 年末的存量规模占全球的 1/5。

（2）并购地区概况。中国企业对亚洲国家和地区并购交易金额增长有一个很大的原因，就是中国提出"一带一路"倡议的重点辐射国家为东盟国家。"一带一路"倡议内涵中的"五通"即政策沟通、设施联通、贸易畅通、资金融通、民心相通。

从地区看，中企海外并购近八成资金投向欧洲、亚洲和北美。2017 年中国对欧美并购投资规模出现下滑，但对亚洲尤其是东盟国家以及对大洋洲的并购金额显著增长。对欧洲并购总金额为 477 亿美元，居六大洲之首，但同比下降 51%；对亚洲并购总金额为 412 亿美元，创历史新高。2017 年中国内地企业跨境并购市场案例数排名前十的国家和地区分布情况如表 1-18 所示。

①　www.sohu.com/a/396382336_120325604。

表 1-18　2017 年中国内地企业跨境并购市场案例数排名前十的国家和地区分布情况

国家和地区	数量(起)	金额(百万美元)
法国	13	2243
加拿大	11	2367
澳大利亚	32	2594
印度	13	3211
意大利	16	3334
德国	27	3948
英国	23	16181
美国	69	20644
中国香港	58	22245
新加坡	22	27013

资料来源：胡润研究院与易界 DealGlobe 联合发布《2018 中国企业跨境并购特别报告》。

如图 1-7 所示，2019 年，实现对"一带一路"沿线国家对外直接投资约 150 亿美元，同比下降 16.2%，降幅较上一年提高了约 4.9 个百分点。中国企业在"一带一路"沿线国家直接投资已累计超过 1000 亿美元。新加坡、越南、老挝、阿联酋、巴基斯坦、马来西亚、印度尼西亚、泰国和柬埔寨等已成为主要投资目的国家。从行业分布来看，2018 年对"一带一路"沿线国家投资的近 179 亿美元中，流向的前三大行业分别为制造业（32.9%）、批发和零售业（20.7%）以及电力生产和供应业（9.4%），且均高速增长。

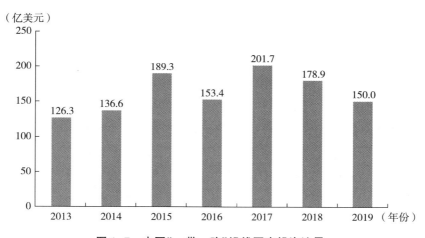

图 1-7　中国"一带一路"沿线国家投资流量

（3）并购行业概况。从行业看，在与政策鼓励方向相契合的行业领域，对外并购仍旧保持活跃，汽车运输、电力和公用事业、石油和天然气、生命科学四个行业的并购呈增长态势，其他行业的并购规模呈下降走势。2018 年制造业作为第一大行业，共完成交易额 329.1 亿美元，但同比降幅高达 45.8%。位列第二、第三的采矿业、电力和公用事业的同比降幅也均接近 20%。当前，中国的产业结构调整正不断深化，企业在进行跨国并购时越发青睐能够促进自身产业结构转型升级的行业。在海外投资政策环境趋紧的背景下，中国企业更积极地将有限的机会投资于此类行业。2019 年上半年，中国企业跨国并购行业主要集中在高新技术产业。其中，数字新媒体产业（TMT）无论从并购金额还是项目数量来看都位居首位，在 2019 年上半年总计的 257 起并购交易中，TMT 行业交易数量为 67 起，总金额为 200 亿美元；除 TMT 行业外，消费品行业和高端制造行业同为并购交易较为集中的领域。从中国投资存量的行业结构来看，前三大行业的占比超过 50%，租赁与商务服务业仍是中国对外直接投资存量分布的第一大行业，位于第二、第三的分别是批发和零售业及金融业；同时，信息传输及软件和信息技术服务业、制造业以及采矿业也是对外直接投资的重点行业，以上六大行业投资存量占比高达 84.6%。

下面对一些并购重点领域分析如下：

➢ **TMT 行业**。为获取国外高新技术同时实现业务全球化布局，无论是交易宗数还是交易金额，TMT 领域的跨境投资并购在中资海外并购中一直占据重要比重。中资买方在 TMT 行业投资逐年增多，成为并购活动最为活跃的行业之一。这一变化主要因为中国经济增长模式面临转型，服务业已经超越制造业成为中国经济增长的主要拉动力量。民众消费升级的需求和互联网应用的渗透为高新技术产业、医疗健康行业及金融服务行业带来巨大的发展机会，并购需求旺盛。另外，这一领域一直是私募股权投资行业交易最为活跃的领域。

➢ **不动产行业**。在政府政策的引领下，企业在不动产领域的投资明显收敛。自 2016 年下半年以来，中国政府为引导和规范境外投资方向，明确把不动产行业列为限制性行业。

➢ **能源行业**。2017 年中资买方在能源行业发起的海外并购主要集中于对澳大利亚金属矿标的的收购。典型案例：华友钴业以 1000 万澳元认购澳大利亚矿业公司 Nzuri Copper Limited（NIC）14.76% 股份，本次认购完成后，华友钴业将成为 NIC 第二大股东；长城汽车斥资 2800 万澳元认购 Pilbara Minerals 3.5% 股权，以推动新能源战略。

➢ **制造业**。向高端制造、智能制造转型，一直是中国制造业企业希冀实现的目标，也是中资开展对外投资并购的内在驱动力。2017年中资企业在制造业领域发起的并购主要集中在对拥有高新技术的欧美发达地区公司的并购，且机械设备和化工行业是并购的重点领域。

➤ **医药行业**。有研发能力的医药行业上市公司，估值持续高于其他上市公司，中国正在经历从仿制大国向创新药和创新器械转变的时期，国家食品药品监督管理总局(现为国家市场监督管理总局)的审评审批制度改革，意味着创新药和创新器械的回报周期大幅缩短，医药投资逻辑也将从销售主导转向产品主导。以恒瑞制药、复星医药为例，产品研发将是决定医药企业估值的核心因素。

(4)并购政策概况。2016年11月，我国开始明确表态要控制"非理性"海外投资。2017年12月26日，《企业境外投资管理办法》(以下简称"11号令")发布，自2018年3月1日起施行。根据《企业境外投资管理办法》，中国将简化交易金额在3亿美元以上的中企海外投资交易获得监管批准的流程。政府将加强监管中国公司旗下海外分公司的投资活动。在此之前，企业成立海外分公司之后，可以通过这些海外分支机构动用资金进行交易，从而越过中国的资本外流限制。该办法明晰了哪些海外投资将受到禁止、限制或鼓励。国家发展改革委对境外投资的监管不再限于事前的"核准"和"备案"，而将进一步覆盖事中、事后的监管。

随着政府和监管机构一系列规范和引导境外投资政策的出台，中资企业参与海外并购正逐渐回归理性(见表1-19)。不过中资企业对文化、娱乐和俱乐部等一些限制性领域的海外并购明显下降(当年没有新增项目)，而对拥有高新技术的海外先进制造企业的并购依然维持强劲势头。如表1-20所示，2018年实施《企业境外投资管理办法》后，做出一系列重大改革。

表1-19　中国与跨境并购相关的主要监管法规

监管规定	审批环节	审批部门	主要法律依据
一般监管规定	立项审批	国家发展改革委	《企业境外投资管理办法》
	项目审批	中华人民共和国商务部(以下简称"商务部")	《境外投资项目核准和备案管理办法》(以下简称"9号令")
	外汇登记	银行与外汇管理局	《国家外汇管理局关于境内居民通过特殊目的公司境外投融资及返程投资外汇管理有关问题的通知》《国家外汇管理局关于进一步简化和改进直接投资外汇管理政策的通知》《国家外汇管理局关于进一步推进外汇管理改革完善真实合规性审核的通知》

续表

监管规定	审批环节	审批部门	主要法律依据
上市公司监管规定	信息披露	证券交易所	《上市公司信息披露管理办法》、交易所上市规则、上交所信息披露指引、深交所信息披露备忘录等
	涉及重大资产重组或非公开发行的审查	证监会	《上市公司重大资产重组管理办法》《上市公司收购管理办法》《上市公司证券发行管理办法》《上市公司非公开发行股票实施细则》
	跨境换股	商务部	《关于外国投资者并购境内企业的规定》《外国投资者对上市公司战略投资管理办法》
其他监管规定	反垄断审查	商务部	《中华人民共和国反垄断法》
	国有资产审批	国务院国资委	《中华人民共和国企业国有资产法》《企业国有资产监督管理暂行条例》《中央企业境外投资监督管理办法》

表 1-20　《企业境外投资管理办法》对比

项目信息报告制度	9 号令（2014 年）	11 号令（2017 年）
核准范围	中方投资额 10 亿美元及以上的境外投资项目，由国家发展改革委核准。涉及敏感国家和地区、敏感行业的境外投资项目不分限额，由国家发展改革委核准。中方投资额 20 亿美元及以上，并涉及敏感国家和地区、敏感行业的境外投资项目，由国家发展改革委提出审核意见报国务院核准	取消了金额标准，仅要求敏感类项目报国家发展改革委核准
地方初审、转报环节	地方企业向国家发展改革委申请核准的材料，由省级政府发展改革部门提出审核意见后报送，向国家发展改革委申请备案的材料由省级政府发展改革部门报送	新办法取消地方初审、转报环节，属于国家发展改革委核准、备案范围的项目，地方企业通过网络系统直接向国家发展改革委提交有关申请材料
投资主体履行核准、备案手续的最晚时间要求	投资主体实施需国家发展改革委核准或备案的境外投资项目，在对外签署具有最终法律约束效力的文件前，应当取得国家发展改革委出具的核准文件或备案通知书；或可在签署的文件中明确生效条件为依法取得国家发展改革委出具的核准文件或备案通知书	新办法将投资主体履行核准、备案手续的最晚时间要求从签约前（或协议生效前）放宽至实施前；属于核准、备案管理范围的项目，投资主体应当在项目实施前取得项目核准文件或备案通知书

项目信息报告制度	9 号令（2014 年）	11 号令（2017 年）
申报单位的确定	无明确规定	两个以上投资主体共同开展的项目，应当由投资额相对较大的一方在征求其他投资方书面同意后提出核准、备案申请，如果投资额相等，应当协商一致后由一方提出
评估时间	评估时限原则上不超过 40 个工作日	缩短评估时间，不得超过 30 个工作日，项目情况复杂的，经核准机关同意，可以延长评估时限，但不超过 60 个工作日
非敏感类项目的告知义务	中方投资额 3 亿美元以上的境外收购或竞标项目，投资主体在对外开展实质性执行工作之前，应向国家发展改革委报送项目信息报告	3 亿美元及以上的非敏感类项目，投资主体应当将有关信息告知国家发展改革委，投资额 3 亿美元以下的不需要告知
监管对象	仅限于境内各类法人，并不适用于自然人和其他组织	监管对象明确为企业（包括法人以及非法人的企业，如合伙企业等）。同时，特别明确"企业"包括各种类型的金融和非金融企业。除此之外，还通过第六十一条参照适用的规定，将事业单位、社会团队等非企业组织也纳入监管的"投资主体"范围。对于境内自然人的境外投资，明确表明境内自然人直接对境外和港澳台投资不适用本办法。但是自然人如果通过其控制的境外企业或港澳台企业对境外开展投资的，则应参照适用
信用记录和惩戒	无明确规定	新办法明确惩戒措施，加大惩戒力度，明确了两种追责制度，同时，提出建立境外投资违法违规行为记录，实施联合惩戒
创新监管工具	无明确规定	提出建立协同监管机制，通过在线监测、约谈函询、抽查核实等方式对境外投资进行监督检查。引入项目完成情况报告、重大不利情况报告、重大事项问询和报告等制度
敏感国家和地区	未与我国建交和受国际制裁的国家。发生战争、内乱的国家和地区	将 9 号令中"受国际制裁的国家"调整为"根据我国缔结或参加的国际条约、协定等，需要限制企业对其投资的国家和地区"，表述更为精确，新增"其他敏感国家和地区"

续表

项目信息报告制度	9号令（2014年）	11号令（2017年）
敏感行业	基础电信运营，跨境水资源开发利用，大规模土地开发，输电干线、电网，新闻传媒等行业	删除"基础电信运营""大规模土地开发""输电干线、电网"。新增"武器装备的研制生产维修"，新增"根据我国法律法规和有关调控政策，需要限制企业境外投资的行业"。另外，2017年8月4日发布的《国务院办公厅转发国家发展改革委 商务部 人民银行 外交部关于进一步引导和规范境外投资方向指导意见的通知》，将"房地产、酒店、影城、娱乐业、体育俱乐部等境外投资"和"在境外设立无具体实业项目的股权投资基金或投资平台"设为限制类境外投资，并要求提交境外投资主管部门核准

第一，取消备受市场关注的"小路条"制度，降低时间成本，增强交易确定性。9号令第十条规定："中方投资额3亿美元及以上的境外收购或竞标项目，投资主体在对外开展实质性工作之前，应向国家发展改革委报送项目信息报告。"这就是备受市场关注的"小路条"制度。"小路条"制度设计的初衷是防范中国企业之间的恶性竞争，但在实操过程中，特别是在境外竞标项目中，"小路条"制度影响了中国企业的交易确定性和时间表，从而使得中国企业在境外竞标项目中与其他境外竞标方相比，处于不利地位且需支付额外的"中国成本"。

11号令取消了"小路条"制度，3亿美元及以上的境外收购或竞标项目无须再履行项目信息报告。这是国家发展改革委在"简政放权"的道路上迈出的一大步，也是11号令的亮点之一。

第二，区分投资主体直接和通过其控制境外企业开展境外投资两种情形。根据9号令第二条，9号令的适用范围为投资主体（境内各类法人）进行的境外投资项目，以及投资主体以融资或担保等方式通过其境外企业或机构实施的境外投资项目。

根据11号令第二条，11号令的适用范围分为投资主体（境内企业）直接开展的境外投资项目和投资主体通过其控制的境外企业开展的境外投资项目。

投资主体通过其控制的境外企业开展的境外投资项目被纳入监管范围：①将境内企业通过其控制的境外企业开展的境外投资纳入监管范围；②将境内自然人通过其控制的境外企业开展的境外投资纳入监管；③合规成本并未显著

增加。

第三，重新定义敏感类项目，聚焦国家利益和国家安全。11 号令所称"敏感类项目"包括涉及敏感国家和地区的项目与涉及敏感行业的项目。11 号令将 9 号令中"受国际制裁的国家"调整为"根据我国缔结或参加的国际条约、协定等，需要限制企业对其投资的国家和地区"，该表述更为精确。例如，联合国相关决议中认定需要对其限制投资的国家和地区应为敏感国家和地区。此外，新增"其他敏感国家和地区"，投资主体可以通过 11 号令第十五条规定的咨询程序了解该范围。

第四，11 号令也对敏感行业的定义进行了调整。根据 11 号令第十三条规定，"本办法所称敏感行业包括：（1）武器装备的研制生产维修；（2）跨境水资源开发利用；（3）新闻传媒；（4）根据我国法律法规和有关调控政策，需要限制企业境外投资的行业。敏感行业目录由国家发展改革委发布"。

与 9 号令相比，敏感行业的定义变化，将着力于维护国家利益和国家安全，并将根据我国法律法规和有关调控政策进行动态调整。

第五，从程序和时限上进一步提高便利化和确定性。①取消省级发展改革委转报程序。②确定审核时限。明确需要申请变更的情形和程序，加强可操作性。11 号令在变更申请的情形和时限上都进行了进一步明确，有利于增强投资主体对相关情形的预见力，加强了制度的可操作性。延长核准文件、备案通知书有效期，便于企业把握投资节奏。11 号令将核准文件和备案通知书的有效期统一定为两年，并就延期程序的时限进行了规定，有利于企业更从容地把握投资节奏。③加强事中和事后监管。国家发展改革委的监管将不再限于事前监管，在事中和事后环节均增加了相应的报告和监督机制。

值得强调的是，就 11 号令的具体规定而言，企业仅需告知有关信息，而并非履行核准和备案程序。这些变化给中国企业境外投资遇到的问题提供了一个报告和解决的渠道，为继续深化改革和优化管理提供了更好的信息支持。

3. 中国企业跨国并购特征

在世界经济格局出现的这些新变化中，中国企业深入参与其中，扮演着重要的角色。中国企业在全球舞台上正从过去那种单纯跟进和被动适应的状态，向着大力参与、主动发声、积极引导的方向转变。换句话讲，在世界经济新格局的背景下，中国企业既要顺应经济全球化的潮流，坚定不移地"走出去"，又要学会不断推动自身的转型与升级，更要在世界上帮助他国、改进国际体系，做到利己与利他相统一。

（1）海外并购地区布局以发达国家为主，"一带一路"成新契机。从地区布局上看，发达经济体持续成为投资热点。改革开放以来，中国对外直接投资在地区选择上，基本经历"先易后难"的三阶段发展路径。第一阶段（20 世纪 80 年代）：以发展中国家（地区）特别是东南亚地区为主；第二阶段（20 世纪 90 年代至 2005 年前后）：到美欧发达经济体尝试性进行小规模投资；第三阶段（2008 年金融危机爆发前后）：开始对发达国家积极主动地进行较大规模投资。中国企业海外并购的变化，显示出中国企业资金、技术乃至多方面实力在国际投资领域的提高。中国在发达国家（主要是美国、欧洲和澳大利亚）的企业并购规模，已占中国海外并购总规模的 2/3 左右。2015 年，中国对美国直接投资规模创下 157 亿美元的新纪录，同比增长 30%。其中，企业并购交易达 103 起，总交易规模达 140 亿美元，占中国企业海外并购总规模的 23%。同样，中国对欧洲的并购活动也日趋活跃。安永公司的研究报告显示，2009 年中国企业在德国实现企业并购项目仅 2 起，但到 2015 年，中国企业并购的德国企业已达 36 家。同时，2009~2014 年，中国对英国直接投资年均增长达 85%，2015 年中国企业并购的英国企业已达 34 家。

2014 年，流向发达经济体的投资为 2383 亿美元，较 2013 年实现了 72.3% 的高速增长。其中，对欧盟直接投资 97.87 亿美元，同比增长 116.3%；对美国投资 75.96 亿美元，同比增长 96.1%；对澳大利亚投资 40.49 亿美元，同比增长 17.1%。2014 年，中国对欧盟、美国、澳大利亚的投资均创历史最高值，发达国家已成为中国企业对外投资的首选投资目的地。同期，中国对发展中经济体的投资为 976.8 亿美元，占到当年流量的 79.3%，同比增加 6.5%。流向转型经济体 16.1 亿美元，同比下降 29.1%；其中对俄罗斯投资 6.34 亿美元，同比下降 38%；2014 年，中国对非洲投资 32 亿美元，较上年下降 5%，占当年流量的 2.6%；对拉丁美洲投资 105.4 亿美元，同比下降 26.6%。与此同时，中国正在借力"一带一路"加强与阿拉伯国家的合作。截至 2014 年底，中国在阿拉伯国家的直接投资存量已超过 100 亿美元，成为阿拉伯国家的第二大贸易伙伴及最重要的原油出口市场。从行业布局上看，中国企业对外直接投资涵盖了国民经济的众多行业。2014 年，中国对外直接投资遍布国民经济的 18 个行业大类。流向第一产业的投资为 15.9 亿美元，同比增长 26.2%，占当年流量的 1.3%；流向第二产业的投资为 311.1 亿美元，同比减少 144%，其中，流向采矿业的投资为 165.5 亿美元，同比减少 333%，流向建筑业的投资为 34 亿美元，同比减少 22%；第三产业的投资为 904.2 亿美元，同比增长 28.7%。

注：此部分资料来源于 http:us.cccfna.org.cn/article/misc/194.html。

　　"一带一路"建设相关行业的海外并购交易，将获得我国政府的大力支持，可以预想此类并购审批获准的速度将加快。"一带一路"建设已经写入《中国共产党章程》。"一带一路"建设涉及沿线 65 个国家，这些国家加起来占全球 GDP 的1/3，占全球人口的 60%。因此，部分国家将从中国企业的海外扩张中受益。同时，"一带一路"建设有助于创造对中国工业和制造业产能的需求，可能受益的行业包括基础设施、自然资源、农业、贸易、文化和物流。

　　"一带一路"将为沿线国家和地区带来基础设施建设方面的巨大投资，从而促进经济增长。根据商务部统计，2017 年我国企业对"一带一路"沿线的 59 个国家有新增投资，合计 143.6 亿美元，占同期总额的 12%，比 2016 年同期增加 3.5个百分点。在"一带一路"沿线的 61 个国家新签对外承包工程合同额达 1443.2 亿美元，占同期总额的 54.4%，同比增长 14.5%；完成营业额 855.3 亿美元，占同期总额的 50.7%，同比增长 12.6%。中国企业在"一带一路"沿线国家直接投资已累计超过 1000 亿美元。新加坡、越南、老挝、阿联酋、巴基斯坦、马来西亚、印度尼西亚、泰国和柬埔寨等已成为主要投资目的国家。从行业分布来看，2018年对沿线国家投资的 179 亿美元中，流向的前三大行业分别为制造业（32.9%）、批发和零售业（20.7%）以及电力生产和供应业（9.4%），且均以高速增长。2019年 1~11 月，中国对沿线国家新签对外承包工程合同金额达 1276.7 亿美元，同比增速高达 41.2%，占总对外承包工程合同金额的 61.2%；完成营业额 746.1 亿美元，同比增长 1.3%，占总营业额的 55.3%。"一带一路"沿线国家已成为中国对外承包工程投资的主要目的地。中国对外承包工程合同总额中 75.6% 为基础设施建设类合同，主要集中在交通运输、一般建筑和电力工程建设行业，改善东道国基础设施条件的同时，还为东道国创造就业岗位 77 万余个，"一带一路"沿线国家是其中的主要受益方。不仅如此，前 11 个月对外承包工程还带动中国设备材料出口 127 亿美元。根据中国一带一路网统计，截至 2019 年 7 月，中国已与 136个国家或地区和 30 个国际组织签署 195 份"一带一路"政府间合作协议。

　　中国在"一带一路"的倡议引导下，跨境并购市场保持活跃。"一带一路"倡议提升了国内企业跨境并购的信心。"一带一路"倡议可以带动沿线新兴国家的发展。东南亚国家联盟（于 1961 年 7 月 31 日成立，最初包括马来西亚、菲律宾和泰国。截至 2023 年，东盟有 10 个成员国，文莱、柬埔寨、印度尼西亚、老挝、马来西亚、菲律宾、新加坡、泰国、缅甸、越南。）、韩国以及南亚等国，已经成为倡议宣布后的焦点。汤森路透"一带一路"并购强度数据显示，中国对"一带一路"相关国家的跨境并购规模可分为两个阶段：第一个阶段是 2000~2005

年,中国对"一带一路"相关国家整体跨境并购强度处于较低水平;第二个阶段是 2006~2019 年,中国对"一带一路"相关国家整体跨境并购强度波动上升,2016 年与 2003 年相比,年均复合增长率为 22.77%。

表 1-21 和图 1-8 为中国境内企业赴"一带一路"相关国家并购交易的数量及金额。

表 1-21　中国境内企业赴"一带一路"相关国家并购交易数量及金额(2013~2019 年)

年份	交易数量(起)	披露交易金额(亿美元)
2013	25	114
2014	24	71
2015	53	92
2016	22	19
2017	135	216
2018	160	140
2019	176	118

注:"一带一路"区域范围包括从立陶宛到印度尼西亚的三大洲 66 个国家。
资料来源:汤森路透、普华永道。

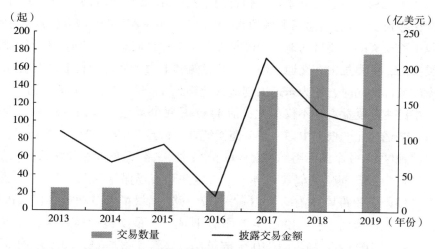

图 1-8　中国境内企业赴"一带一路"相关国家并购交易数量及金额(2013~2019 年)
资料来源:汤森路透并购数据库。

根据 Mergermarket 的统计显示,2017 年内地和香港企业在"一带一路"沿线

地区的境外并购交易总量达 99 起，交易金额总计 474 亿美元，相比 2016 年 257
亿美元的交易总额，大幅增长约 84.4%。

　　"一带一路"倡议为中国企业开辟海外市场提供了新机遇。这些机遇将促使
企业不断提升自身竞争力，并助力中国经济转型升级。到 2030 年，中国对"一带
一路"沿线国家的投资总额预计达到 5.1 万亿美元，尤其涉及交通基础设施领域
的大规模投资，通过建设现代化公路、港口和铁路网等来促进"一带一路"沿线
国家的贸易往来，这将占到投资总额的近 1/3。能源领域吸引到的投资额预计排
在第二位。对于工业以及基础设施等重资产投资将是"一带一路"的投资重点。
但是对于"医疗保健、零售、服务或技术"等轻资产的收购目的地将继续以西方
国家为导向。不过，金融科技、大健康等经济新动能孕育的机会也广泛地分布在
"一带一路"沿线国家，有待投资者发现其价值并加以利用。

　　(2)海外并购规模急速扩张。从金融危机后的情况来看，海外并购为中国企
业有效地利用全球价值链进行产业升级提供了极好的机遇。与过去不同，中国
"自然资源寻求型"和"贸易便利型"驱动的对外直接投资在欧美地区并没有占据
主导地位，而是集中在更多行业，第三产业备受青睐。

　　近年来，中国日益成为影响全球企业并购市场发展的主导力量之一。一方
面，由于中国是全球引进外国直接投资最多的国家之一，不断增长的外资在华并
购和国内本土企业间并购，使中国企业并购市场成为全球企业并购市场的重要组
成部分。另一方面，中国作为世界第二大经济体和最大的新兴经济国家，越来越
多的中国企业正在"走出去"，并在越来越广泛的地区和领域进行跨国投资。尤
其是 2008 年国际金融危机后，中国企业在全球企业并购市场中表现得较为活跃，
已成为推动全球企业并购市场发展的重要动力之一。2005~2015 年，中国对外直
接投资规模实现了跳跃式发展，2005 年对外直接投资额仅为 122.6 亿美元；之后
迅速增加，2008 年对外直接投资额已突破 500 亿美元大关；2013 年，中国对外
直接投资额更是突破千亿美元大关，达 1078.4 亿美元；2015 年，中国对外直接
投资额继续保持稳定增长，达 1456.7 亿美元(见图 1-9)。中国已连续三年成为
全球第三大对外直接投资国家。2015 年，中国企业海外并购交易规模达 610 亿美
元，2016 年第一季度中国企业海外并购规模超过美国企业海外并购规模，成为
全球企业海外并购规模最大的国家。2017 年后，较 2016 年有一个下滑阶段，直
至 2020 年又恢复至 2017 年水平。

　　荣鼎咨询公司的研究数据表明，2015 年中国企业在全球已完成的并购交易
数额达 610 亿美元，较 2014 年增长 16%。除了在能源和原材料领域的并购有所

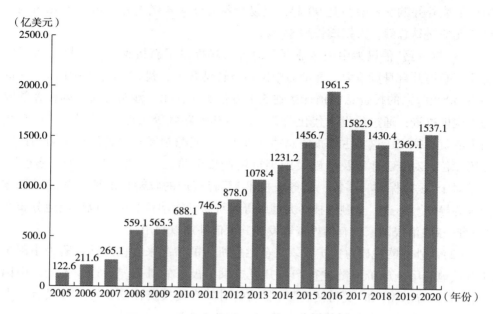

图 1-9　2005～2020 年中国对外直接投资规模

资料来源：商务部，opendata. mofcom. gov. cn/front/data。

下降，2015 年中国企业在金融、制造、高科技、娱乐、房地产等领域的投资并购均有大幅提高。从投资区域看，2015 年中国企业对以欧洲、美国、澳大利亚为主的发达经济体的投资额约占中国对外并购额的 2/3。以美国为例，2015 年中国企业对美国直接投资达到 157 亿美元，较 2014 年增长 30%，其中并购活动尤其强劲，并购交易达到 103 起，并购数额达到 140 亿美元。据统计，2015 年中国企业在美国投资并购总额的 64% 流向了服务业，而这一比例在 2009 年仅为 14%。简而言之，中国企业通过对美国和欧洲等发达经济体的投资并购能够获得技术、创新与市场，借此得到在国际市场上运营所需的核心资产和技术。

（3）投资行业、投资并购主体、投资并购方式多元化。

1）投资行业多元化。在过去较长一段时期，自然资源类投资在中国对外直接投资中占有比较突出的地位，而对其他领域的投资特别是在发达国家的企业并购活动则较少。毕马威统计显示，1995 年，中国企业海外并购仅覆盖能源等 4 个行业。近年来中国企业海外并购格局已发生显著变化，主要体现为：中国企业海外并购在高端制造、金融、互联网、房地产、医疗卫生等领域十分活跃，投资领域多元化格局已基本形成。例如，2015 年中国在欧洲的企业并购几乎涵盖三次产业中近 30 个产业。

2009~2019 年，中国企业海外并购主要集中在资源、能源、制造业领域。而现在进入了房地产、金融服务、化学产业等行业，变得更为多元化。同时，受益于供给侧结构性改革的持续深化以及"一带一路"倡议的不断推进，中国企业迫切需要通过寻找先进技术和品牌迅速提升自身实力，由此产生了大量的境内外并购交易。预期有望产生并购交易的热门行业，包括先进制造、消费品牌、地产、生命科学和技术。

普华永道在 2018 年 3 月对外发布了《A 股海外并购：评估咨询发挥关键作用》，预计今后随着中国经济回暖、政策明确，2018 年中国企业境外并购量将会有所回升，其中高科技行业的企业或将成为引领力量。同时，高科技等行业并购交易的兴起，对资产评估提出了更高要求。相比传统行业，这类企业往往拥有更高比例的无形资产，企业拥有的核心技术、研发实力以及服务优势的价值往往不能直接通过财务报表体现出来。

从 2017 年中国企业参与的跨境并购细分行业来看，随着服务业与消费支出日益成为推动中国经济发展的驱动力，医疗保健、制药与消费将逐步成为重要的并购领域。一方面，随着制造业价值链升级，高附加值制造业相关领域将继续吸引投资。而作为辅助支持的服务行业，如通信与科技，也将是投资的青睐之地。另一方面，随着中国经济的转型，以科技创新发展为导向，预计信息技术、医疗保健、高端制造等行业将继续成为中国企业海外并购的重点方向。

2）投资并购主体多样化。从投资并购主体看，国有企业不再是一枝独秀，民营企业渐渐成为主力军。2014 年，中国民营企业对外投资数量同比增加 296%，占当年总投资案例数的 69%。《2014 年度中国对外直接投资统计公报》显示，2014 年末，中国对外直接投资者达到 1.85 万家，其中，有限责任公司占 67.2%，较 2013 年提高 11 个百分点，是对外投资最为活跃的群体，私营企业占 82%，股份有限公司占 6.7%，国有企业占 6.7%，较 2013 年下降 1.3 个百分点。在非金融类对外投资并购中，中央企业及单位 559 家，仅占 3%。荣鼎咨询公司的数据也显示，2015 年民营公司的直接投资占中国企业对外投资总额的 84%，而这一比例在 2010 年仅为 19%。从并购方式看，中国企业跨国并购从单一控股向多元化转变。随着越来越多的中国企业"走出去"，非控股的并购案例逐年递增，这表明中国企业更关注交易双方的业务合作及获得技术、品牌、管理等目标。2008 年至 2015 年上半年，中国企业年均并购案例在占股 30% 以下的达到 53 起，在此期间，占股在 30%~60% 的有 39 起，比 2002~2007 年增加了 34 起，增幅达到

680%。从投资并购分布的区域看，2014 年中国内地企业对外投资并购项目共分布在全球 69 个国家（地区），从实际并购金额看，秘鲁、美国、中国香港、澳大利亚、加拿大、意大利等国家（地区）名列前茅。从投资并购增长速度看，2004~2014 年，中国对外直接投资并购增长迅速。2004 年中国企业对外直接投资并购总金额为 30 亿美元，2014 年这一数值为 569 亿美元，增幅约达到 1797%。2015 年中国企业对外直接投资并购总金额为 1020 亿美元，创下了历史最高值。从 2016 年前几个月的表现看，中国企业在海外的并购规模极有可能打破 2015 年创下的纪录。可以预见，随着中国积极参与全球经济治理结构的升级和重塑，以 G20、金砖峰会为平台的国家间合作，以中国—东盟自贸区、东盟地区论坛和东亚峰会等为平台的区域合作及"一带一路"倡议的实施必将使得中国企业的海外并购主体更加多样化、并购方式更加多元化、投资并购区域日益广泛、投资并购增长速度更快。

3）投资并购方式多元化。越来越多的交易将以中资财团的形式进行，财团的构成包括国有企业、民营企业以及一些财务投资者。在并购的财团中，不同的参与方可以为并购交易带来不同的经验、资源，从而降低交易风险，这是一种十分健康的发展趋势。跨境并购的前 10 大交易项目中，有 4 项是以财团作为买方的形式发起的。

2017 年国企纷纷采用联合财团方式参与"一带一路"沿线的投资并购活动。由于国企从事的往往是投资规模较大的重点项目，采用联合体方式有利于融资。2017 年联合体完成的几大交易中都有国企参与，包括中信集团、中国招商局集团和中国港湾工程有限责任公司联合 Charoen Pokphand Group 中标 Kyauk Pyu 港项目；美国私募股权公司全球基础设施合伙企业（Global Infrastructure Partners）与中国投资有限责任公司联合收购新加坡可再生能源巨头 Equis 等。

中国企业海外投资呈现"战略性"更强的特点，它们积极通过股权投资获取全球经营资源，从而在全球价值链上取得主导位势。股权收购能给买卖双方提供较好的灵活性，因此，更受并购交易买卖双方的欢迎。从目标企业来看，股权收购模式下的目标企业仅发生股东变化，其本身的法律人格/法人资格和权利能力不发生改变，因此，不会因为被收购而产生公司解散、员工解雇等一系列问题。从并购企业来看，股权收购可以使它们按其对目标企业所持有的股份间接承担标的公司债务，有助于减轻并购交易的投资风险。

2017 年中国企业海外并购的总金额下跌，主要归因于巨型交易数量的减少，以及海外投资的三大主要发起者国有企业、民营企业和财务投资者的投资均有所下滑。如表 1-22 和表 1-23 所示，传统的私募股权基金在并购市场十分活跃。

表 1-22　2013～2020 年我国企业海外并购的投资者结构（交易金额）

单位：亿美元

投资者	2013 年	2014 年	2015 年	2016 年	2017 年	2018 年	2019 年	2020 年
国内	1357	2216	4147	3273	3738	3226	2577	3494
国外	138	218	133	69	142	200	211	146
战略投资者合计	1495	2434	428	3342	388	3426	2968	3640
私募股权基金	330	666	1766	219	1798	2155	2087	3324
风险投资基金	8	13	41	58	31	70	26	28
财务投资者合计	338	679	1807	2248	1829	2225	2114	3352
国企	358	254	236	653	279	205	163	63
民企	104	133	207	106	594	496	266	219
财务投资者	10	130	127	374	341	213	151	138
中国内地海外投资合计	472	517	570	2087	1214	914	580	420
中国香港地区海外投资合计	88	204	245	232	128	238	142	64
总计	2384	3704	6775	7535	6710	6591	5653	7338

注：由于统计口径的原因，表中各项加总并不等于最后的总计数字。

资料来源：普华永道发布的《中国企业并购市场 2017 年回顾与 2018 年展望》。

表 1-23　2013～2020 年我国企业海外并购的投资者结构（交易数量）

单位：起

投资者	2013 年	2014 年	2015 年	2016 年	2017 年	2018 年	2019 年	2020 年
国内	2704	4180	4821	4870	5111	4778	4498	4530
国外	275	354	316	271	255	178	248	181
战略投资者合计	2979	4534	5137	5141	5366	4956	4746	4711
私募股权基金	392	593	1062	1767	1324	1920	1585	2077
风险投资基金	738	1334	2735	3492	2338	3410	2549	3361
财务投资者合计	1130	1927	3797	5259	3662	5330	4134	5438
国企	55	78	79	116	101	64	60	27
民企	118	145	207	609	467	310	384	253
财务投资者	25	49	94	195	238	253	223	123
中国内地海外投资合计	198	272	380	920	806	627	667	403
中国香港地区海外投资合计	164	215	199	282	243	227	159	122
总计	4446	6899	9419	11407	9839	10887	9483	10551

注：由于统计口径的原因，表中各项加总并不等于最后的总计数字。

资料来源：普华永道发布的《中国企业并购市 2017 年场回顾与 2018 年展望》。

（三）当前国际并购呈现的新特征

1. 并购规模大，成交金额高

与过去的兼并潮相比，20世纪90年代以来，企业并购具有交易规模大、涉及面广以及并购形式多样的特点。企业并购的交易额大多数达十亿、上百亿美元。并购形式不仅有"大鱼吃小鱼"、"大鱼吃大鱼"，甚至有"小鱼吃大鱼"的现象。多数参与企业均规模巨大，它们之间的合并往往形成"巨无霸"型企业。同时，在这次浪潮中，一笔笔巨额并购交易接连出现，形成巨型公司并购的热浪，其势头远远超过以往任何一个时期。例如，1996年12月，波音公司宣布以133亿美元的交易额并购麦道公司，由此，波音公司就成为拥有500亿美元的资产和20万名员工，占世界民用客机75%销售量的最大飞机制造商；1998年4月6日，美国花旗银行（CitiBank）与保险兼证券公司旅行者集团宣布合并，组成新的花旗集团（Citigroup），合并后的花旗集团资产总额近7000亿美元，市值达1660亿美元；1998年12月1日，美国埃克森石油公司正式宣布以722亿美元买下美国美孚石油公司，新公司埃克森美孚的股价总值高达2380亿美元，不仅是全球最大的石油公司之一，而且是全球最大的企业之一；2001年1月，互联网服务商美国在线（America Online，AOL）以1550亿美元的天价并购媒体巨头时代华纳公司；等等。

新的并购浪潮中，通过发行"垃圾债券"杠杆并购大公司的做法已经不再受青睐。大多数企业本身就是优秀的大公司，不但久负盛名，而且业绩优良，它们之间的兼并常常以自愿合作的友好方式进行。同时，更多的企业与以往或将来的竞争对手合作，双方站在战略高度，有计划地主动调整资源配置。

以电信业为例，随着发达国家纷纷开放电信市场，全球电信业进入了一个巨变阶段。在这个潮流下，为取得未来对电话、电视以及互联网的控制，各电信公司纷纷借助并购巩固自身的强势地位。在德国，德国电信与美国Ameritech联手兼并了匈牙利Matav电信公司，在英国，强大的英国电信（BT）不断对外兼并，1996年2月BT与美国第二大长途电信公司MCI联手收购了以色列第二大电信公司25%的股权（1996年11月BT买下MCI）；在美国，老牌的电信公司AT&T继1998年1月8日宣布斥资110亿美元收购经营地方电话业务的讯港公司TCG（Teleport Communication Group）之后，6月27日，又宣布与其老对头BT共同投资100亿美元组建了合资企业，双方各占50%的股份。

国际金融危机爆发后多年世界经济缓慢增长，但从2014年开始，全球企业并购市场活跃，交易规模显著提高，达 3.29 万亿美元，同比增长 41.8%。2015 年全球企业并购热潮持续，总规模达 4.26 万亿美元，同比增长 29.5%。根据联合国贸易和发展会议（UNCTAD）发布的数据，2015 年全球直接投资增长 36%，约为 1.7 万亿美元，达到国际金融危机以来的最高水平。2016 年第一季度，全球企业并购规模虽仅为 5974 亿美元，同比下降 24%，但依然高于 2014 年第一季度 5671 亿美元的规模，显示出市场依然处于比较活跃的状态，全球企业并购市场已走出国际金融危机爆发后相对低迷的状况（见图 1-10）。

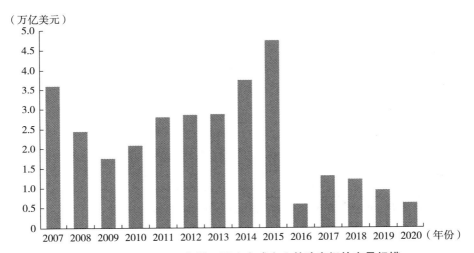

图 1-10　2007~2020 年第一季度全球企业并购市场的交易规模

资料来源：根据汤姆森路透集团等主要国际咨询公司发布的数据整理得到。

2. 并购活动行业

（1）并购活动涉及的行业相对集中。其中，银行业的兼并尤为引人注目。有代表性的是：1995 年 3 月，名列日本第六位的三菱银行和名列第十位的东京银行合并，成立东京三菱银行；1995 年 8 月，美国排名第四的化学银行与排名第六的大通曼哈顿银行合并；1998 年 4 月，美国第三大银行——国民银行与美洲银行合并，合并后的新美洲银行是自大萧条以来美国第一家真正意义上的全国性银行；欧洲德意志银行收购美国信孚银行后，资产总额达 8200 亿美元；巴黎国民银行成功地收购巴黎巴银行后，资产规模一跃成为法国的第一大商业银行。

2013 年开始，生物医药、工业制造、房地产、电子信息等行业的并购交易成为全球企业并购市场中较为活跃、交易总规模较大的领域。在 2015 年全球企业并购资金的行业分布中，医药行业并购额达 7240 亿美元，居首位；科技行业、房地产业并购额分别为 7130 亿美元和 4580 亿美元，居第二位、第三位。2016 年第一季度，超过 100 亿美元的五大巨型并购案主要涉及化学、制药、工业制造和金融等行业，而能源行业的大型并购已难觅踪影(见表 1-24)。

表 1-24 2016 年第一季度全球巨型并购案(按交易额排序排列)

时间	并购企业		目标企业			交易额
	企业名称	国别	企业名称	国别	所在行业	(亿美元)
3月3日	中国化工	中国	先正达 (Syngenta AG)	瑞士	化学	430
1月11日	希尔公司 (Shire Plc)	英国	Baxalta	美国	制药	320
1月25日	江森自控 (Johnson Controls)	美国	泰科国际 (Tyco International)	美国	工业制造	162
3月16日	德国证交所 (Deutsche Boerse AG)	德国	伦敦证交所 (Lonbdon Stack Exchange LSE)	英国	金融	149
2月9日	阿波罗全球管理 (APO)	美国	安达泰公司 (The ADT Corporation)	美国	工业制造	123

资料来源：根据汤姆森路透集团等主要国际咨询公司发布的数据整理得到。

(2)出现了不少跨行业的并购案，而且多发生在一些巨型企业之间。美国西屋电气公司(Westinghouse Electric Corporation)以 54 亿美元收购哥伦比亚广播公司(Columbia Broadcasting System，CBS)，又以 39 亿美元兼并无线广播公司；而与此同时，以生产军用飞机著称的诺思罗普·格鲁曼公司又以 36 亿美元收购了西屋电气公司的部分股权；美国电信巨头 AT&T 在 1998 年的资本市场上更是大显身手，1998 年 6 月 25 日，斥资 480 亿美元收购美国有线电视公司 TCI(Tele Communications Inc.)；1999 年 2 月 1 日，AT&T 又宣布与美国有线电视公司时代华纳公司合资成立一个新公司，由 AT&T 控股 77.5%，负责对现有华纳有线电视网络进行全面改造，使原有的单向传输系统变为双向传输系统，进而在未来几年内向用户提供从交互式电视、电话到高速上网等一揽子服务。

(3)跨国界的兼并、收购成为新的热点。在电信业，1996 年 11 月，英国电信公司兼并美国的 MCI，两家合并后年收入增加到 400 亿美元，盈利 47 亿美元；1998 年 6 月 15 日，加拿大的北方电信公司与美国的 Bay Networks 公司宣布达成并购协议，前者出资 91 亿美元并购后者；在制药行业，最大的并购是在美国企业和瑞典企业之间进行的，即美国的普强制药公司与瑞典法玛西亚医药公司的合并，交易额高达 130 亿美元；在石油工业，1998 年 8 月，英国石油公司与美国阿莫科石油公司宣布合并建立一个资本总额为 1100 亿美元的石油巨擘；在汽车行业，1998 年 5 月，德国的戴姆勒–奔驰汽车公司和美国的克莱斯勒汽车公司发表声明，宣布已签署一项总额高达 380 亿美元的合并协议；在电脑产业，1997 年 8 月，韩国三星公司以 35 亿美元收购美国著名的电脑企业虹志公司（AST）；在银行业，1998 年 11 月 30 日，德意志银行以 101 亿美元收购美国银行家信托有限公司，新银行的资产已达 8000 亿美元，这次收购行为在当时被称为美国金融机构被外国银行收购的最大案例。

3. 从全球角度考虑企业长期发展战略

按照现代化大工业的生产理论，规模经济是提高企业生产效率的重要手段。一般而言，企业扩大规模主要是通过资本积累和并购两条途径实现的。其中，后者是最为便捷的方式，它能在短期内迅速集聚资本，扩张实力，推动企业成为巨型企业。在以往的历次并购浪潮中，往往把达到规模经济的目的放在首位，追求协同效应，即"1+1>2"效应。但在这次世纪之交的企业并购中，参与的企业不单纯追求生产规模的扩大（因为多数企业本身就是久负盛名的大公司，其生产规模、经济实力已具相当规模），更多的是出于对企业长远发展战略的考虑和追求竞争上的长期战略优势。

例如，波音公司兼并麦道公司，其着力点显然已不再仅仅是扩大生产规模，而在于利用各自的技术市场优势，在民用客机和军用飞机的制造上继续在全球飞机制造领域占领先地位，以同欧洲"空中客车"公司在世界范围内长期抗衡。又如，新成立的花旗集团将原花旗银行的商业银行业务和旅行者公司的证券、保险业务融合起来，开创了美国金融界"超市式服务"的先河，正是顺应全球金融业务"全能化"的发展趋势。再如，未来的通信业将全面进入 IP 领域，为迎接这新一轮的竞争，世界各知名通信厂家纷纷开始了各自独具匠心的战略转移方案。著名的通信系统供应商美国朗讯科技公司（Lucent Technologies，以下简称"朗讯"）于 1997 年 9 月宣布全面进军数据通信领域，并且详尽地公布了其网络策略，其目的是使数据网络产品的营业额占其总营业额的 60%，而且高端产品与 Nortel、低端产品与 Cisco 等公司全方位竞争。为了实现这一目标，朗讯开始采用与数据通信厂家合作及合并的方式。1996 年 10 月至 1999 年 1 月，对数据网络业界，朗讯大大小小共有 12 次并购活动，以不断充实数据网络部门。1999 年 1 月，朗讯正式以 200 亿美元的价格收购了美国著名的计算机网络厂商 Ascend 公司，两家合并后，朗讯将成立一个由原 Ascend 的组织和朗讯原来的数据网络系统、光纤系统及软件部门组成的宽带网络部门，由首席执行官和全球总裁 Dan Stanzione 亲自领导该部门。这一举措充分显示了朗讯决意在未来的网络业界与各路英豪一争高低，也表明朗讯实现了由传统的通信厂商向数据通信领域挺进的重大战略转移。

4. 美国和欧洲继续主导全球企业并购市场，亚洲企业并购市场兴起

2001 年 9 月之后，包括跨国并购在内的全球并购热潮急剧降温。与 2000 年 3.5 万亿美元的全球并购规模相比，2001 年全年将下降到 2 万亿美元左右。而且，平均每件交易规模也大为降低，超过百亿美元的跨国并购案件已是屈指可数，在 2001 年全球 10 大跨国并购案中，发生在 IT 产业中的惠普与康柏、德国电信与美国声流并购事件名列前茅，交易规模达几百亿美元，但与 2000 年英国沃达丰集团以上千亿美元代价收购德国的曼内斯曼相比，已是天壤之别。

并购本身不会创造企业效益，它毕竟不是提高企业核心能力的一剂万灵药。我们不难找出许多这样或那样的成功与失败的案例。比较著名的失败案例大概非德国宝马公司收购英国罗弗公司莫属。在买下罗弗公司后，宝马公司曾投入巨资改造该公司，但收效甚微。结果宝马公司反而险些被罗弗公司拖垮，最终不得不将其以极低廉价格一卖了之。国外的一些研究表明，企业并购双方要经过两年左右的关键时期。两年后的企业绩效明显提高，才能说明并购产生的积极影响。在全球范围内的失败并购案例中，80% 以上直接或间接起因于并购后企业文化整合的失败。因此，企业并购是否成功，当然与并购具体操作过程有直接关系，但关键还是要看并购后的企业能否进行有效整合，企业竞争力是否真正增强，而这些会通过企业的绩效高低充分表现出来。经过近两年的整合，雷诺公司控股后，日产公司显现了新的生机，在日本国内外市场上的竞争能力增强，企业绩效显著提高。但这样的成功案例毕竟不多，因此，资本市场的投资者对这类企业并购的反应也并不都那么积极，这也是惠普收购康柏的当天股市不升反跌的真正原因。正是在这种并购后的机会成本非常高的背景下，企业家们不得不对以并购寻求企业扩张的做法持更加谨慎的态度。

与欧美并购热浪的降温相比，亚洲日益成为发达国家跨国公司投资的重点，而且亚洲地区完全可能是继欧盟之后的企业并购最为活跃的地区。尽管近年来亚洲企业并购频率降低了不少，但这与全球经济滑坡对该地区金融市场的影响有关。就具体的国家和地区看，这种并购下降的势头可望接近谷底，并转为更加活跃的趋势。新加坡、中国香港以及澳大利亚是亚洲地区并购最为活跃的国家

（地区），之所以如此，最为重要的原因是中国经济的崛起及其加入世贸组织后所带来的巨大并购商机。一方面，中国许多大企业正在进行资本运作和企业重组活动，并购将成为中国的一个规模庞大的市场。摩根士丹利公司甚至认为，在未来十年中，中国可能将在国际资本市场上筹集 2000 亿美元，以推动大型国有企业的改造重组，这也将极大地刺激境外企业的并购欲望。另一方面，受中国因素的影响，亚洲其他国家（地区）将加速产业结构调整，加快企业并购与整合的步伐，以迎接中国经济崛起所带来的机遇与挑战。因此，以中国内地、中国香港、日本、新加坡、韩国为核心的亚洲地区并购活动，必将成为全球企业并购活动的新亮点。

在全球企业并购市场中，美国和欧洲的并购市场占据了十分突出的地位。多年来，两大经济体的并购交易规模总和占全球交易总规模的 60%。近年来，由于中国企业并购市场交易规模不断扩大，以及中国企业在亚太地区的并购日益频繁，再加上日本的企业并购规模，使亚太地区成为除美、欧以外全球第三大企业并购市场。2015 年，美、欧及亚太地区并购金额合计占全球比例高达 95% 以上（见图 1-11）。

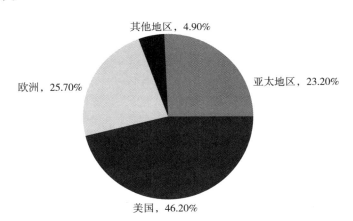

图 1-11　2015 年全球企业并购交易金额的地区构成

资料来源：中债资信评估有限责任公司，中国社会科学院世界经济与政治研究所. 中国对外直接投资与国家风险报告（2017）："一带一路"：海外建设新版图［M］. 北京：社会科学文献出版社，2017.

在三大地区中，美国企业并购市场交易规模基本保持逐年增长的态势。2015年，美国企业并购市场总交易额达 1.97 万亿美元，同比增长 39.7%。值得关注的是，2016 年第一季度美国企业并购市场稍显沉寂，并购规模仅为 2415 亿美元，同比下降 33%。欧洲受债务危机影响一直处于经济低迷状态，直到 2014 年欧洲企业并购市场规模才开始大幅增长，达 8978 亿美元，同比增长近 40%；2015

年，欧洲企业并购交易规模更是突破万亿美元，达 1.1 万亿美元，同比增长 22%；2016 年第一季度，欧洲企业并购交易规模为 1746 亿美元，同比仅下降 2.6%。在美国、欧洲和亚太三大经济体中，亚太地区企业并购市场近年来起伏 最小且增长最快。2015 年，亚太地区企业并购额达 9836 亿美元，同比增长 45.7%。值得关注的是，2016 年开始，亚太地区企业并购市场呈现相对低迷的状 态。其中，第一季度亚太地区企业并购规模仅为 1321 亿美元，同比下降 34.1%。 在亚太地区企业并购市场中，中国企业并购规模的强劲增长十分引人瞩目。普华 永道的统计显示，尽管 2015 年中国 GDP 增速降至 6.9%，但国内企业并购交易 总额仍达 7340 亿美元，同比增长 84%。

第二章

并购理论、原则与效应

本章概要

　　在西方的公司并购史中，西方学者从各种角度对并购活动进行不同层面的分析探讨，提出了许多理论。有学者将所有这些理论按并购事件的先后顺序分为三种类型：并购动因理论、并购过程理论和并购效应理论。但总的来看，学者对公司并购的理论研究尚未形成一个公认的系统分析框架，众说纷纭。本章主要介绍并购的相关理论和操作效应，主要涉及并购动因理论、并购过程理论、并购原则、财富效应以及经济效果。

学习目的

1. 了解并购动因理论、并购过程理论。
2. 了解企业并购原则。
3. 了解并购财富效应、经济效果。

第一节　并购理论

一、并购动因理论

　　西方学者从各种角度对并购活动进行不同层面的分析和探讨，有学者将所有这些理论按并购事件的先后顺序分为三种类型：并购动因理论、并购过程理论和并购效应理论。有关并购的理论包括效率理论、代理理论、交易成本理论等九个理论。

什么原因驱使着企业进行并购？这是企业并购理论研究首先要回答的问题。企业并购作为现代经济史上一个十分突出的现象，西方学者对其产生和发展做了广泛而深入的研究。为了便于比较各种学派对并购动因的解释，下面对不同理论背景下的并购动因进行梳理和评述。

（一）效率理论

效率理论的基本出发点：并购活动能改善企业经营绩效，增加社会福利。因而认为企业并购是有益的。通过并购改善企业经营绩效的途径有两条。

1. 规模经济效益

根据这一理论，并购活动的主要动机是寻求平均成本的降低。因此，人们普遍认为，扩大经营规模可以降低平均成本，提高利润。平均成本降低的规模经济可以分为两个层次：第一个层次是在工厂，包括众所周知的技术经济和生产专业化的工程建设；第二个层次是在公司，包括研究开发、行政管理的经济效益，经营管理与财务。此外，合并的"协同效应"也可以补充。这种兼并使目标企业的效率超过其组成部分的效率之和。互补活动的结合可以产生协同效应。如果一个拥有强大研发团队的企业与一批优秀的管理者合并，就会产生协同效应。

横向并购后，企业可以选择降低单位成本、重新配置资源或共享互补资源的生产技术或组织结构，以提高企业的创新能力和市场覆盖能力。Grossman、Hart和 Moore 提出了不完全契约理论，即 Grossman-Hart-Moore 模型（GHM 模型）。不完全契约理论解释了纵向并购效率的来源，当企业之间的资产具有重要的互补关系，或者一家企业对另一家企业有重要的专项投资时，一体化并购是有效的，可以减少企业的停滞和投资不足问题。

财务协同也是企业并购效率的来源之一，两家业务现金流不完全相关的企业合并可以起到共同保险的作用，减少被合并企业现金流的波动，从而降低企业的破产风险和成本。在外部资本市场不发达或受到约束的情况下，通过多元化并购建立内部资本市场，可以获得内部资本市场带来的信息优势和较低的资本成本优势。此外，并购还可以实现合理避税、减轻企业税负的效益，税收优势已成为并购收入的来源之一。然而，金融协同的观点在理论上受到质疑，主要是因为在有效的资本市场中不可能实现任何形式的金融协同。Weston 等（2004）还认为，在并购中，税收可能是一个强化因素，而不是影响并购的主要力量。

2. 经营管理效应

20 世纪 80 年代初，以 Jensen 和 Ruback（1983）为代表的一批学者认为，并购效率的提高是推动并购的主要原因，这种效率来源可以是并购企业与目标企业管理效率的差异。当并购企业的管理效率高于目标企业时，两企业合并可以将目标企业的管理效率提高到与并购企业相同的水平，从而使企业从管理效率的提高中获得更多的价值。

一些经济学家强调管理对企业的经营效率起着决定性的作用，认为企业间的管理效率是并购的主要驱动力，当 A 企业的管理效率高于 B 企业时，A 企业和 B 企业的合并可以提高并购的效率这一假设意味着并购能够提高目标企业的效率。实际上，这一假设似乎过于乐观。在此基础上，可以进一步说明并购企业有剩余的资源和能力投资于目标企业的管理。这个理论有两个前提：

（1）并购企业拥有过剩的管理资源。如果它们的资源容易选择，并购就没有必要了。但是，如果管理团队是一个不可分割的组合或具有规模经济性，则必须通过并购加以利用。

（2）外部管理者的介入可以改善目标企业的低效率管理。这一理论在一定程度上解释了并购效率的动因。它可以用相关的知识和信息来解释相关产业的并购活动，但却不能解释多元化并购的意义。

（二）代理理论

1976 年，Jensen 和 Meckling 从所有权结构的角度提出了代理成本问题。在他们看来，代理成本来源于管理者而不是企业的完全所有者。在某些情况下，股东的目标可能与管理者的目标相冲突。股东的目标是企业财富最大化，而管理者的目标通常是获得薪酬、增加休闲时间、享受奢侈和规避风险。为了保证管理者能够为股东的利益而努力工作，公司必须为此付出代价，这就是所谓的代理成本。代理成本主要包括：监督管理者行为的成本，调整公司组织结构以限制管理者行为偏离组织目标的成本。由于管理者不是完全所有者，如果不及时采取行动，就会失去获利机会，增加机会成本。由此可以推断，在股权高度分散的上市公司，代理问题将更加严重。

要解决代理问题，降低代理成本，可以考虑两个途径：一是组织机制的制度安排。Fama 和 Jensen（1983）指出，在所有权与控制权分离的情况下，决策管理与决策控制的分离可以限制代理人侵蚀股东利益的可能性。同时，通过薪酬安排和经理人市场可以缓解代理问题。二是市场机制的制度安排。股票市场为企业股东提供了一种外部监督机制，因为股票价格反映了管理者决策的影响。股价的低水平会给管理者带来压力，迫使他们改变行为，更多地为股东着想，从而降低代理成本。当这些机制不足以解决代理问题时，收购被视为最后一种外部控制机制。公开收购或代理竞争导致的收购将使公司现任经理被潜在竞争对手取代。特别是，如果由于效率低下或代理问题导致公司业绩不佳，那么，收购的威胁将始终存在。

就代理问题而言，有以下几种解释。

1. 并购的目的是降低代理成本

Fama 和 Jensen（1983）认为，通过适当的组织程序可以解决代理问题。在所有权与经营权分离的情况下，决策的制定与实施是经营者的职能，而决策的评价与控制则由所有者来管理。这种内部机制设计可以解决代理（Agent）问题。并购为解决代理问题提供了一种外部机制。当目标企业的代理人存在代理问题时，可以通过收购股票的控制权来减少代理问题。

2. 代理人行为

该理论认为，所有权与控制权分离后，企业不再遵循利润最大化的原则，而是选择能够使公司长期稳定发展的决策。1969 年，穆勒（Muller）提出了代理人报酬由公司规模决定的假设。因此，代理人有动机扩大公司规模，接受较低的投资回报。还有学者认为，通过并购可以增加收入，提高工作保障程度，管理者的主要目标是公司的发展，接受了增长最大化和快速发展理念的公司最有可能参与并购活动。

对上市公司而言，控制权收益由经理享有，而货币收益由股东享有或股东与经理分享。此时，对经理有利的并购可能有损股东利益，对股东有利的并购可能有损经理利益。而实际的并购是否以及在何种程度上偏离帕累托最优，不仅依赖并购的决策权在经理与股东之间的分配、经理持有的股份，而且依赖两者之间的转移支付如何安排。

尽管在控制权收益和货币收益分离的情况下，经理和股东之间的利益冲突会导致无效率，但只要受损的一方与受益的一方之间存在有效的补偿机制，无论决策权在谁手里，都可以避免无效率。尽管在现实中确实存在着诸如"金降落伞"这样的补偿机制，但补偿不可能是完全的，从而无效率是不可能完全避免的。这时，增加经理的股份，也许是减少并购障碍、阻止无效并购发生的最有效手段。可见，补偿机制越完善，经理持有的股份越多，并购就越接近帕累托最优。

3. 自由现金流说

这一理论源于代理问题。自由现金流的减少有利于减少公司所有者与管理者之间的冲突。所谓自由现金流，是指公司以正的净现值支付全部投资计划后的现金。如果公司要实现价值最大化，自由现金流应该完全传递给股东，但这会削弱管理者的权力。同时，再投资所需资金将在资本市场筹集和监控，从而降低代理成本。闲置现金流的分配会缩小管理者控制下的资源规模，相应地降低管理者的权力，从而降低代理成本。然而，管理者往往不会将这些现金流分配给股东，而是投资于利润较低的项目，或者进行大规模的并购以扩大企业规模，从而造成较大的代理成本。

除了减少企业的自由现金流，适度的债权比经理人承诺的现金分红更有效，因为企业将来必须支付现金，更容易降低代理成本。对于那些面临低增长、规模逐步缩小，但仍有大量现金流的公司，要控制好财务资本结构。此时，并购的含义是公司可以通过并购活动适当提高负债比例，从而降低代理成本，增加公司价值。

从代理理论的角度对企业并购进行探讨是非常有价值的。虽然并购机制能够降低代理成本的观点是正确的，但可以肯定的是，并购的目的并不仅仅是控制代理人的行为。同时，代理理论不能确定企业的边界。

（三）交易成本理论

Coase（1937）首先提出了交易成本。他指出，并购之所以存在，是因为可以替代市场，节约交易成本。交易成本理论不再把传统的消费者和制造商作为经济分析的基本单位，而是把交易作为经济分析的基础。认为市场运作的复杂性将导致完成交易的高交易成本（包括搜寻、谈判、合同签订、监督等成本）。为了节约这些交易成本，可以用一种新的交易形式来代替市场交易。这一理论不仅解释了并购活动，而且认为并购的目的是节约交易成本。通过并购节约交易成本主要体现在以下几个方面：

第一，企业通过研发投入获取产品知识。在信息不对称和市场外部性的情况下，知识市场难以实现。即使能够实现，也需要付出高昂的谈判和监督成本。此时，我们可以利用同一企业的专业知识通过并购来达到节约交易成本的目的。

第二，商誉作为一种无形资产，会遇到外部性问题。因为一个商标使用者可以通过降低其产品的质量来获得成本降低的大部分好处，而商誉的损失是由所有商标使用者共同承担的。解决这一问题的办法有两种：一种是加大监管力度，保证合同规定的最低产品质量，但会大大增加监管成本；另一种是通过并购将商标使用者变为企业内部成员。作为企业内部成员，降低质量只会带来损失而不会带来好处，消除了机会主义动机。

第三，一些企业的生产需要大量的专业化中间产品。然而，这些中间产品市场存在着供给不确定性、质量控制和机会主义等问题。此时，企业往往通过契约来确定交易条件，但这种契约会限制企业自身的适应性。当这一矛盾难以解决时，可以通过并购将合作伙伴转变为内部组织来解决上述问题。

第四，为了开拓市场，一些生产企业需要大量的招商引资。因为这种投资是专门针对某一企业的某一产品进行的，所以具有很强的资产专用性。同时，销售企业具有显著的规模经济性，在一定程度上形成了加入壁垒，限制了竞争对手的加入，造成了市场上的一些问题。当市场出现一些问题时，一旦投入了强大的专业资金，就会承担对方违约造成的巨大损失。为了降低这种风险，我们不得不付出高昂的谈判和监督成本。当成本高到一定程度时，并购就成为最佳选择。

第五，企业通过并购形成一个规模庞大的组织，将组织内部职能分离，形成以管理为基础的内部市场体系。一般认为，企业内部组织活动与行政指令协调的管理成本低于市场运作的交易成本。

（四）市场势力理论

Comanor（1967）提出了市场势力理论，这一理论认为：企业规模的扩大会增加企业的势力，企业可以通过并购活动来减少竞争对手，提高企业的经营规模，增加市场份额，增加长期盈利机会。以下三种情况可能导致旨在增强市场势力的并购活动：

其一，在需求下降、产能过剩、降价竞争的情况下，多家企业联合起来，在行业合理化中取得更有利的地位。

其二，在国内市场因国际竞争而受到外来势力的强烈渗透和冲击的情况下，企业之间形成了大规模的合资企业，以应对外来竞争。

其三，随着法律的完善，企业之间的有些联系，如勾结等变成非法，在这种情况下，一些不法行为可以通过并购"内化"，达到继续控制市场的目的。

（五）价值低估理论

价值低估理论认为，企业并购的动因在于目标企业价值的低估。例如，由于目标企业管理层的无能或经济环境的变化，使得目标企业的价值在某一时期被低估了，即目标企业资产的市场价值与其重置成本之间存在着差异，两者的比例用 q 表示。假如并购企业的 q 比例等于 1，目标企业的 q 比例为 0.6，并购企业在目标企业市场价值的基础上再支付 50% 的溢价进行收购，对并购企业来讲也是值得的，与重置成本相比，还节约了 10%（收购价格为 0.6×1.5＝0.9）。

（六）信息与信号理论

这一理论主要是从信息不对称的角度来研究的。管理层作为内部人，比外部人拥有更多关于公司的信息，并购可以表达和传递这些信息。如果一家公司被收购，市场会认为公司的一定价值没有被外人掌握，或者公司未来现金收入会增加，从而推动股价上涨。Dodd 和 Ruback（1977）、Bradley（1980）的研究表明，无论收购成功与否，目标企业的股票价格通常都呈现上升趋势。究其原因是，收购行为表明了市场对目标企业股价的低估。从极端的角度来看，即使目标企业不采取任何管理改进措施，市场也会对股价进行重估。Roll（1986）认为，当并购企业采用自身股份收购目标企业时，会向市场发出并购企业股份被高估的信号；当企业进行股份回购时，市场会将其视为一个重要信号，即管理层掌握了自身股票价值被低估的信息，企业将获得良好的成长机会。

（七）产权理论

产权理论是运用不完全契约的方法，通过分析产权分配的效果来研究企业并购问题。它是交易成本理论的一个重要突破。主要代表是经济学家 Grossman、Hart 和 Moore。根据产权理论，产权安排的重要性在于契约的不完全性。因为人们不可能预见到未来可能出现的所有情况或者即使预见到了，也写不出来；或者即使预见到了，也因为法院无法确认或者监管成本太高而无法执行。因此，契约是不完整的。这种合同的不完全性导致了所谓的"剩余控制"问题，即在契约没有明确规定的情况下的权力归属和行使问题。剩余控制权的配置反过来又影响了事前的投资动机，没有剩余控制权的一方由于担心事后利益损失而降低了投资意愿。因此，控制权的配置与激励和效率密切相关。

根据产权理论，当合同不完备时，需要随着时间的推移进行修改或重新协商。重新谈判是有代价的。其中，有些是事后成本，是在重新谈判的过程中产生的；有些是事前成本，是在重新谈判的预期中产生的。此外，不完全合同还有第三个成本，即由于不完全合同，各方可能不愿意进行关系专用性投资。所谓关系专用性投资，是指只对特定的合作伙伴有价值。一旦投入，为了收回成本，只有继续与对方保持关系才更有利于投资。关系专用性投资会导致被"困住"，影响交易双方在交易后的议价地位，从而影响事先的投资决策。而这种关系专用性投资是"最佳"情况下的最佳选择。通过并购，可以提高关系型投资的积极性。因为，通过这种方式，一方面，我们可以获得更多的剩余控制权，这样我们就可以获得投资创造的大部分盈余。因此，并购能够带来效益。另一方面，并购带来了成本，即目标企业进行关系型投资的积极性下降。因为它的剩余控制权较少，所以它在自己投资创造的增量盈余中所占的份额会减少。由此可见，并购既有优势也有劣势。因此，是否合并或如果合并时，谁更适合合并，可以归结为不同的所有权或产权结构最终带来的总盈余较大。

(八)公司控制权理论

Manne(1965)提出的公司控制权理论指出，公司控制权是一项有价值的资产，且其价值独立于规模经济或垄断利润等其他因素，当公司的管理层不称职时，公司的效益会越来越低迷，当接管者对公司进行管理改进后，公司的经营会有所改善，收益也会越来越可观。正是由于存在着一个活跃的公司控制权市场，很多的并购活动才得以发生，而且公司控制权市场的存在还能在一定程度上保证公司的管理能够高效进行，有力地保护没有控制权的小股东的利益。

(九)财富再分配理论

在并购理论中，另一个话题是并购只是财富的再分配。并购消息公布后，由于投资者(股东)的信息不完整或观点不一致，股东对股票价值的判断会产生差异，导致并购企业和目标企业股价波动。这种价格波动不是企业经营的结果，而是财富转移的结果。并购企业与目标企业之间的财富转移使得目标企业的市盈率发生变化。投资者往往利用并购企业的市盈率对目标企业进行价值重估，导致目标企业股价上涨。同样，并购企业的股价也会上涨，反之则相反。

财富再分配理论的核心观点是并购将导致公司利益相关者之间的利益再分配。并购的利益将从债权人转移到股东，或者从普通员工转移到股东和消费者。因此，公司股东会赞成这种有益的并购活动。

在某种程度上，税收效应也可以看作政府(公众)对目标企业兼并利益的再分配。在税法完备、执法严格的成熟市场经济国家，通过并购取得税收效应的主要途径有：一是结转净经营亏损和税收抵免，二是增加资产基础，扩大资产折旧，三是以资产收益代替一般收益，四是增加资产负债率，私营企业和老年业主避免遗产税。

一般来说，在企业并购过程中以及债转股的情况下，股东从债权人的损害中获益的情况并不多见。然而，在杠杆收购中，由于负债/股权比例过高，有时会损害债权人的利益。对于员工而言，如果在并购后的重组过程中，公司为了增强竞争力而采取裁员或降低工资率的措施，那么，员工的利益将受到损害。

二、并购过程理论

对并购过程的研究有很多理论模型。对这些模型的总结可以分为三类：小股东"搭便车"问题、多个购买者之间的竞价、目标企业管理层的防御策略。

（一）小股东"搭便车"问题

在一个持股范围广泛的公司里，不可能向小股东支付报酬来监督管理层的业绩。原因在于，这些股东很容易搭上其他股东的监督工作的"顺风车"，分享企业经营改善带来的利益。

解决小股东"搭便车"问题的一个办法是允许收购方稀释（Dilute）收购成功后未被要约出售的目标企业剩余股份。通过修改公司章程和限制少数股东的权利，可以明确地实现这种稀股（Grossman and Hart，1980）。或者，并购企业可以通过向目标企业提供高价投入或以低价从目标企业购买产品来实现这一目标。预期的稀有性将允许股东以低于收购后的价格出售股票。如果有可能减少股本，收购方将从收购中受益。

避免小股东"搭便车"问题的第二个常用方法是宣布两个等级的优惠。在这种要约中，并购企业将以一级价格购买目标企业一定比例的股份，然后以二级价格购买剩余股份（用于后续合并）。二级价格将低于预期的改善后的股票价格，因此，收购将有利于买方。然而，支付的平均价格可能代表了想象中的改善价格的公平划分，如果没有小股东"搭便车"，改善价格将包含在单个投标中。Bradley、Desai 和 Kim（1983）表明，并购企业之间的竞争将导致一级和二级之间的价差最大化，这将使股东不出售股票的成本最大化。如果对赎回价格没有控制，对稀有股也没有限制，那么，底线价格将为零。

Bagnoli 和 Lipman（1988）证明了当存在有限股东时，买方可以克服小股东"搭便车"问题。他们指出，当存在有限股东时，一些股东必须变得重要，因为他们意识到其可以影响投标结果。在这一模式中，一些股东扮演着非常重要的角色，因为股东决定了竞价收购是否成功。因此，小股东不可能"搭便车"，而那些独家的工具对成功的收购是不必要的。

在目标企业股权分散的情况下，收购机制存在的另一个问题是收购后目标企业的激励问题(Burkart et al.，1998)。由于小股东的"搭便车"行为，并购企业支付的溢价无法提前得到补偿。收购后，公司将从控制权中谋取私利，以弥补收购过程中的成本和损失。然而，随着目标企业持股比例的增大，从控制权中谋取私人利益的机会成本越大，越能够缓解并购企业的道德风险。因此，并购企业将尽可能少地持有目标企业的股份，以实现收购后道德风险收益的最大化。

现实中，各国都存在一定程度的股权集中，甚至在股权相对分散的美国，很多上市公司都有大股东。Bagnoli 和 Lipman(1988)指出，当股权集中时，一些关键股东直接影响收购的成功，并购企业可以克服"搭便车"问题。在 Bagnoli 和 Lipman(1988)的基础上，Ferguson(1994)研究了股权相对集中的目标企业的收购过程。他认为，目标企业获得的收购溢价反映了其在收购过程中的谈判能力。股权集中度越高，谈判能力越低，目标企业获得的收购溢价越小。

大股东对收购过程的影响随着其所持股份(或表决权)的增加而增大。有控股权的，经控股股东同意，方可转让控制权。由于控制权价值包括控制权的私人收益和部分企业的市场价值，私人收益的大小也影响着控制权的转移过程。当现任控股方的私人利益相对于新控股集团的私人利益非常小时，即使股权价值损失超过私人利益的增加，新老控股方的控制权转让仍然是困难的，这是有利的。

解决小股东"搭便车"问题的第三条出路是让大股东(或外人"暗中"囤积大比例股份)发起竞购，而不是稀释股份。这是 Shleifer 和 Vishny(1986a)、Hirshleifer 和 Titman(1990)以及 Chowdhry 和 Jegadeesh(1994)分析的主题。

(二)多个收购者之间的竞价

大部分"搭便车"问题的模型假设只有一个收购者，当存在多个收购者相互竞争时，收购者的策略会有很大的变化。在竞争性标购模型中，一般假设目标股东有一个保留价格，并且在高于保留价格的出价中，他们总是接受最高的出价。在这个假设下，多个收购者之间的出价竞争过程就简化为他们轮流出价的拍卖过程。但在不同的模型中，多个收购者轮流出价的过程可有不同的假设。

存在多个投标公司竞争时，竞争过程通常用英式拍卖模型来描述。在不考虑投标成本和信息结构的理想情形下，出价最高的投标公司(对目标企业估价最高)赢得竞争，竞争导致有效率的控制权配置。但是，实际的投标竞争过程复杂得多，竞争可能导致出现扭曲的控制权配置结果。

Baron（1983）假设，只有当第一个收购者的出价被拒绝时，第二个收购者才能出价，并且收购者只有一次出价机会。Giammarino 和 Heinkel（1986）也假设收购者只有一次出价的机会，但是假设无论第一个收购者的出价是否被拒绝，第二个收购者都可以出价。Khanna（1987）研究的情形类似于出价无成本的英式拍卖，即第一个收购者出价后，第二个收购者随即发出新的出价，出价最高者获得目标企业。Fishman（1988）研究的情形类似于 Khanna 的研究，但其假设收购者为了获取关于目标企业价值的信息，必须承担一定的研究成本。因此，第二个收购者在观察到第一个收购者的出价后，修正对第一个收购者保留价格的信念，并且根据修正后的信念决定是否研究目标企业以及是否参与竞价。第一个收购者在决定其初始出价时会考虑第二个收购者的反应，往往会出一个很高的初始价格来遏制第二个收购者参与竞争。一旦第二个收购者决定参与竞价，博弈就回到无成本拍卖的情形。与 Fishman 的研究不同，Hirshleifer 和 Titman（1990）考察了收购者在出价时要承担成本的拍卖过程。Daniel 和 Hirshleifer（1993）的模型解释了实际竞价中跳跃报价的现象。他们证明，在一个有成本的连续竞价的竞争性收购过程中，唯一合理的均衡是：均衡竞价揭示收购者的保留价值，并且竞价跳跃式上升，直到拍卖结束。

（三）目标企业管理层的防御策略

目标公司管理层的反收购行动一直备受争议。这是因为，从防御动机的角度来看，有两种完全不同的可能性：管理层可能会反对收购，以保护其现有的控制权利益（Walkling，1985），或者他们可能会反对收购，因为他们认为收购方低估了公司的价值。前者损害股东利益，后者保护股东利益。因此，从防御性动机的角度来判断管理层的防御性行为是否应该受到限制是很困难的。然而，目标管理层的防御的确对收购的结果影响很大。

Grossman 和 Hart（1980）认为，如果收购方不能稀释成功收购后剩余股份的价值，那么，防御是不可取的。因为在这种情况下，即使没有管理层防御，收购方也不会非常积极地收购目标企业，管理层防御后收购方的积极性也会降低。而且，成本防御策略使收购方在成功收购后承担了巨大的成本，这类似于反稀释机制，因此，会产生与稀释机制相反的效果，即减少潜在收购方对公司的研究，从而降低了成功收购的概率（Hirshleifer and Titman，1990）。防御策略有很多，如毒丸计划、拒鲨条款等。

但是，如果收购方有大量稀释收益，那么，管理层的防御会使收购方提高收购价格，因为收购方放弃收购的机会将大大丧失。随着收购价格的上升，成功收购的概率也会上升。目标股东可以从较高的收购价格中获得更多的利润（DeAngelo and Rice，1983）。

Berkovitch 和 Khanna（1990）研究了一种特殊的价值降低防御策略（VRDS）。这种防御策略有两个特点：①歧视性，即一部分购买方收购目标企业后，防御策略使公司价值降低较多，另一部分购买方收购目标企业后，防御策略使公司价值降低较少；②不可撤销性，即防御行动一经启动，防御策略即不可撤销，不能撤回。与 Shleifer 和 Vishny（1986b）的研究不同，在 Berkovitch 和 Khanna（1990）的模型中，防御策略并不强迫购买者退出收购，而是迫使他们付出更高的代价。他们引入了基于 Fishman（1988）的模型的歧视性 VRDS。如果没有 VRDS，第一个买家可以使用较低的遏制性投标来限制其他潜在买家参与竞争。但是，如果目标管理层使用 VRDS，第一个买家将被迫采用更高的遏制性投标，以防止其他潜在买家加入竞争。因为通过 VRDS，目标管理层可以在第一个购买者成功收购后，使公司的价值降低更多，使其他购买者获得更多的利润，从而鼓励潜在购买者加入收购行列。因此，第一个买家需要提供更高的价格，以降低目标管理层使用 VRDS 的积极性。因此，目标股东很可能获得更高的收购价格，从而获得更多的利润。

综上所述，许多理论已经证明，目标企业管理层运用歧视性防御策略可以消除一些潜在的购买者，或者促使购买者提供更高的价格，从而使目标股东获得更多的利益。

第二节　并购原则

市场经济应当是规范的经济，企业并购应当是规范的市场行为。并购原则的建立，有助于引导并购行为的规范性与有效性，对并购效应做出判断。

一、并购目的的主次分明原则

西方并购思想存在两种主流观念，一种观念认为，并购是企业获得管理上价值最大化的行为，进而指出，并购的最主要目的是实现管理价值最大化，管理者通过并购来扩大企业规模，增加企业资源，强化管理者的自身权力，控制更大范围的资产、更多的员工、更好的产供销渠道。并且认为，并购产生的动力是管理者的扩张动机，并购并非最佳的企业经济效益最大化行为。另一种观念认为，并购的最主要目的是实现企业利润最大化，即效益最大化，理由是并购可以通过金融推动、协同效应、管理方法改善等来提高效率，进而可以推论，获取更大的利润是并购方进行并购的动力。

结合中国国情，国内企业并购目的具有复杂性、层次性和系统性。在范围上可能有中央政府目的、行业目的、地方政府目的和企业目的，在性质上可能有经济目的和政治目的，在各种不同的经济目的间又存在对立统一性。概括起来说，并购的目的主要有：①有利于扩大规模；②有利于提高产品在国内外市场上竞争能力；③可以提高行业生产经营水平，如钢铁企业间并购可以带动中国钢铁业转变增长方式；④促成管理价值最大化；⑤实现利润最大化；⑥提升企业知名度，增加商誉价值。

企业间并购的最主要目的是并购方从长远角度获取最大化的利润，或者说是最大限度地实现资产的保值增值，而其他各种经济目的或政治目的都是相对次要的，处于从属地位。这个原则要求人们在并购活动及并购后整合过程中，面临经济效益目的与其他政治目的、社会目的或经济目的发生冲突时，应当优先考虑经济效益目的。

二、并购行为的企业本位原则

并购后重组行为主体的企业化原则，是指企业并购实质上应当是企业间发生的经济行为，是资产经营的一种方式，是适合市场经济发展要求的一种产权交易形式。进而，重组主体的行为一定要成为"企业的行为"，或者说根本上是一种企业行为，而不是政府行为或者说本质上不属于政府行为。因此，在考虑问题、作出决策、制定行为准则时，一定要从"企业"这个本位出发，要遵循企业并购是市场经济运作中的企业行为这一基本原则，不宜违背市场法则或出于地方保护而采取不必要的行政式并购或"拉郎配"式的并购。否则，将不利于资产优化配置和企业的健康发展。从实践看，非企业行为式的并购是导致企业并购失败的一个重要原因。

三、实施方案中的科学论证原则

一项大的并购活动也是一项复杂的系统工程，不仅需要周密的行动战略，而且需要科学、可行、最优的行动战术。

并购程序如下：①委托银行、咨询机构等对被并购方等进行公开的全面系统的调整，以全面深入地了解产品结构、财务资产负债、经营能力等具体情况。②委托资产评估，清理债权债务，确定并购方式与价格。③由有关方进行并购谈判，签订并购协议，办理有关审核事宜和产权转让的法律手续等。

这些看上去很简单的程序，如果某一环节出现疏忽或差错，都有可能影响并购的成效和资产重组成本，甚至导致失败。因此，并购的程序及其所涉及的调查方案、并购目标确定方案、评估方案、并购方式的方案等，都要加以科学论证（并购程序的相关内容将在本书后面章节中详细讲解）。

在西方国家，有近50%的并购是失败的，而普华永道会计师事务所的调查表明，对目标企业没有缜密的发展计划、融资出现预料不到的困难等，是其中的重要原因。因此，在并购的具体方案中，不仅要求实施程序方案十分完善，而且要在并购后的发展方案、资产整合方案、人才调整方案和融资方案等方面加以科学论证。

四、并购边界的整合显著有效原则

实施并购战略的一个重要问题就是并购哪些行业的哪些企业，并购多大的量才能算作"适度"。这里就涉及诸如资金和管理能力等问题，而概括起来说就是整合力及其作用的效用问题。所谓整合力，就是并购企业所拥有的重组与调整包括目标企业在内的所有生产经营要素与环节的能力。整合显著有效原则，就是指并购企业为实现长远发展战略，运用所拥有的整合能力，能够十分有效地整合目标企业及其资产等有关方面。

从规模经济理论分析，规模经济并非规模越大越"经济"，规模经济在效益上同样有递增、稳定和递减三种状态。从西方巨型企业集团的兴衰史与发展现状来看，并非所有的巨型企业集团的发展能力、获利能力与竞争能力都很强，IBM公司、通用公司等世界500强中的公司曾一度陷入困境和出现巨额亏损。从我国企业发展现状来看，盲目地扩大企业规模、非理性并购其他企业往往无助于提高企业自下而上的发展能力，不利于企业发展战略的实现。

五、行业选择的产业政策导向原则

企业并购是企业开展多元化经营的有效途径。因此，企业尤其是企业集团在谋求发展、寻找新增长点和规避产品单一与经营范围较小的市场风险时，往往进行跨行业并购，进行横向扩张或混合式重组。从国外大企业集团成功发展经验的角度看，这确实是有效途径。对于国内企业来说，也概莫能外，该方向是不能被否定的。但是，在这期间充分把握国家产业政策的中长期导向，是实施并购的重要原则。

产业政策导向是调整社会总供求关系失衡状况的一种体现，涉及税收政策扶持、信贷政策倾斜、社会相应需求增加等。这些都有助于并购后资产保值增值能力的提高，有助于促进并购的成功。

六、并购进程中的循序渐进原则

实施并购战略应遵循循序渐进原则。这是因为：第一，即使是十分充分的理论论证，也与实际中的具体操作存在很大差距。复杂的资产空间结构、资产性质结构、资产形态结构以及多变的市场供求关系、行业发展态势和政治经济环境，决定了企业并购战略的实施是一个有序的、渐进的层层推进过程，操之过急势必事与愿违。第二，大多数企业缺乏并购大型企业的实践经验，而并购本身又是一项技术性、策略性很强的经济活动，客观上需要一个逐步摸索的过程。

第三节　并购效应

一、并购财富效应

在方兴未艾的并购形势背后，应当注意并购可能带来的负面作用。这是因为在世界范围内的并购事件中，多数并不成功。麦肯锡公司研究了 1972～1983 年英美两国最大工业企业的 116 项收购案例，以 1986 年的财务资料为分析依据，结果显示只有 23% 的收购取得收益，失败率为 61%，另外 16% 成败未定。默塞尔管理公司也对 200 家大型公司的合并做了调查，发现合并后的 3 年内有 57% 合并企业的盈利落到了同行后面。在中国，许多并购发生后的企业形势也相当严峻。因此，对并购的效应做正反两方面的深入探讨，对于如何更好地把握这一经济现象和提高并购成效有一定的现实意义（欧阳春花，2001）。

（一）财务协同效应

所谓财务协同效应是"1+1>2"效应，即企业并购后的整体经济效益或价值大于原独立企业经济效益或价值的简单总和。财务协同是指企业并购所带来的财务利益，在当前的企业并购实践中，财务协同不仅包括税法内部规定、财务会计实务、证券交易等带来的纯货币利益，也包括资金集中使用和资金结算等金融活动内部化、外商投资内部化所带来的金融运行能力和效果的提高。这种利益不是由于效率的提高而产生的，而是由于法律法规、会计实务和证券交易的内在规定而产生的纯粹的货币利益。

1. 运作聚合效应

并购的低成本扩张属性从根本上决定了企业财务运作的有效性表现为资本回报率的提高、债务成本的降低、偿债能力的提高和企业财务杠杆运用能力的提高。并购后，企业可以通过一系列的内部化活动配置资金，将一方的低成本内部资金投入到另一方的高效项目中，从而提高并购后企业资金的整体使用效果；资金充裕的企业可以通过并购发展潜力有限的企业来提高企业资金的使用效率，结果表明，这样做是促进企业发展的；由于规模和实力的扩大，企业融资能力大大增强，可以满足企业发展过程中的资金需求；企业通过并购获得高回报投资项目后，很容易成为股市的热点，从而改变企业在资本市场上的形象，方便企业在更有利的位置筹集资金，降低投资成本，财务部门人力资源和技术实力的提高，有利于优化企业财务决策，充当与资本市场的联系中心，通过并购，我们可以获得优惠的资金供给，如低息贷款、免收部分利息、延迟还贷；分摊范围扩大，平均管理成本降低，单位产品管理成本大大降低；销售渠道相同，销售范围扩大，节约销售成本；并购后，强大的财务整合可以使企业更具竞争力，以适应外部环境的变化，增强企业的竞争性和垄断性。

当并购产生规模经济时，也可能产生一些不利影响，包括：

（1）企业并购后管理范围和管理水平的不断提高，使管理难度加大。

（2）并购后企业间的磨合需要时间和精力，在一定程度上影响并购的整体经济效果。

（3）由于竞争激烈，产品生命周期大大缩短，加上并购后企业规模的惯性效应，往往导致产品积压、经营困难增加。

（4）并购后，由于信息沟通不畅，行动速度慢，特别是以裁员为代价的激进组织重构，目标企业员工往往对公司的经营感到茫然，大大降低并购的实际效果，企业有必要明确并购不仅仅是企业规模的简单扩张，也不一定产生"1+1>2"效应。如果没有正常的制度管理和顺利磨合的运行机制，并购的规模经济效应可能会逐渐消失，产生"1+1<2"效应。

如今的经济大局表明，并购活动的主流已经从简单的横向和纵向并购发展到混合并购，作为资本运作的重要手段，企业的混合并购或许是为了寻求财务协同。例如，衰退中的所谓"夕阳"产业，往往现金流入相对丰富，但却苦于缺乏合适的投资机会，导致资金闲置、使用效率低下，发展前景日益暗淡。因此，它们希望从其他企业中寻找高回报的投资机会，从而形成相对的资金供给。同时，成长中的"朝阳"产业大多具有良好的投资机会，而内部资金相对匮乏，外部融资成本可能更高。在这种情况下，并购在供需之间建立了一个渠道，在并购集团内部形成了一个小型资本市场。它一方面降低了资金成本，另一方面获得了充裕的资金，可以抓住良好的投资机会，更合理地利用资金。由此可见，融资与投资行为的内部化和一体化已经成为并购的重要成果。保持和提高融资能力一度成为并购的主要目的。例如，公司经营不善，融资能力逐渐丧失，企业的地位和权力受到影响，进行并购是"明智之举"。此时，保持或维持上市公司的融资能力已成为并购的根本动力，相关资料显示，通过并购各方的努力，通过整合关联交易、资产置换等手段，上市公司的业绩将大幅提升，这些公司发展迅速，大部分恢复或保持了上市公司的融资能力。

2. 合理避税效应

税法对个人和企业的财务决策有很大的影响。不同类型资产的税率不同，股息收入和利息收入、营业收入和资本收入的税率差别很大。由于这种差异，企业可以采取一些财务处理方法来达到合理避税的目的。在西方现行税法中，税收对企业合并的激励作用有的与并购形式无关，有的与并购形式密切相关。

（1）企业可以利用税法中的亏损递延条款来达到合理避税的目的。所谓亏损递延，是指企业在一年内发生亏损时，不仅可以避免缴纳当年所得税，还可以将亏损递延抵销以后几年的盈余，企业根据抵销后的盈余缴纳所得税。因此，如果企业在一年内亏损严重，或者企业连续几年不盈利，且企业累计亏损数额较大，往往会把企业作为兼并的对象，或者企业会考虑兼并一个盈利的企业，以便充分利用它的税收优势。企业往往会被视为合并的对象，而合并后的企业会先统一核算，会计核算可以弥补对方在企业中的损失，从而达到避税的效果。

例如，B企业与C企业合并时，如果B企业不以现金购买C企业的股份，而是按一定比例将C企业的股份转换为B企业的股份，那么在整个过程中，C企业的股东既得不到现金，也得不到资本利得，这一过程是非常复杂的，是免税的。通过这种并购方式，企业可以实现资产的流动和转让而无须纳税。资产所有者实现了追加投资和资产多元化的目的。

（2）运用税法，可以根据不同类型资产的不同计税方法，合理或有意识地避税。目前，包括我国在内的许多国家在股息收入和利息收入、营业收入和资本利得的适用税率上存在较大差异。这种差异的存在，使得并购企业能够在税法允许的范围内，通过一定的财务会计实务来规范避税行为，从而获得财务协同效应。企业还可以考虑税前扣除利息的特点。并购企业将首先以可转换债券的形式向目标企业发行待支付的股份，然后在适当期限内转换为股份，或者采取其他杠杆收购方式。这样，既可以少交所得税，又可以通过递延债券的资本利得，达到实际少交资本利得税的效果。

例如，并购企业不直接将目标企业的股份转为新股，而是先转为可转换债券，一段时间后再转为普通股。这在税法上有两个好处：一是企业对这些债券所支付的利息从其收入中提前扣除，税款由扣除利息后的盈余乘以税率确定，这样就可以少交所得税；二是企业可以保留这些债券的资本收益，直到它们转换成普通股，由于推迟支付资本利得，企业可以少支付资本利得。

（3）采用不同的并购支付方式达到避税效果。例如，并购企业收购目标企业，如果目标企业股价被高估（高于其实际价值），可以采用股票支付方式；如果目标企业股价被低估，考虑到股价上涨的预期，可以采用现金支付方式。同样，对于目标企业来说，收到并购企业的现金后，必须立即纳税；如果收到股票，可以等到股票卖出后再按规定纳税。目标企业也获得了延期或减税的收益，其协同效应明显。

3. 价格预期效应

财务协同效应的另一个重要组成部分是预期效应。预期效应是指股票价格对并购后股票市场评价变化的影响。预期效应对企业并购有很大的影响，是股票投机的主要依据，它刺激了企业并购的发生。在西方市场经济中，企业一切活动的根本目的都是增加股东的收入。而股东收入的多少在很大程度上取决于股价。

一个企业的股价虽然受多种因素影响，但主要取决于对企业未来现金流量的判断，只能根据企业过去的业绩粗略估计。因此，市盈率（PE）往往被视为衡量一家公司价值的指标，这一指标反映了市场对企业的主观评价。其内在含义是：企业在支出时的股价等于其每股收益与并购时的 PE 值的乘积。

预期效应对并购具有很大的激励作用，类似于金融市场的套利机制。实务界和理论界基本一致认为，企业财务管理的目标是实现公司价值最大化，这不仅包括公司创造的现值，还包括公司创造的价值。公司潜在或预期的收购能力以及股价是公众通过市场对企业价值的公允评价。投资者对公司潜在盈利能力的预期越高，公司的价值就越大。可以看出，预期效应通过投资者对股价的预期，会给企业带来包括财务协同在内的各种效应。

例如，股票价格在一段时间内呈现相对稳定的趋势。B 企业并购 C 企业时，由于并购企业资产规模较大，通常以 B 企业的市盈率作为并购后企业的PE 值。当 C 企业市盈率低于 B 企业，但每股收益高于 B 企业时，说明市场由于各种原因对 C 企业的评价较低。合并后，B 企业对 C 企业的每股收益进行平均，可能增加合并后的每股收益，导致 PE 值上升，B 企业和 C 企业股价大幅上涨。

从理论上讲，协同效应直接说明两公司在一起比两个单独公司更有价值。以B 公司(并购企业) 和 C 公司(目标企业) 为例，合并前公司的市场价值分别为PVB 和 PVC，合并后公司的市场价值为 PVBC，那么，具有协同效应的公司应该能够使并购收入的价值大于 0。即

$$并购收益价值 = PVBC - (PVB + PVC) > 0$$

(二) 优势互补和经营协同效应

每个企业在自身发展的过程中，都有自己独特的方面，比如技术、市场、产品和服务、管理方法和理念，甚至企业文化。通过并购，企业不仅获得了原有的利润，而且借助企业的资产、市场和经验，还可以通过功能互补增强企业的整体竞争力和运营协调能力，形成独具特色的新型企业文化。这主要体现在：①通过功能互补的并购，创造新的企业文化，提升企业的整体功能和形象；②通过并购后管理者的组合互补职能，实现管理理念和管理模式的转变和创新，使企业重新焕发活力；③通过并购，可以扩大产品和服务的范围，提高市场竞争力。

例如，1997 年 2 月 5 日公布的摩根士丹利与迪恩威特合并就是美国大公司间功能互补型重组的典型案例。通过这次合并，创造了一个市值达 210 亿美元的高层次、集投资银行与零售证券经纪业务于一体的全新投资银行。在中国，上海实业(集团)有限公司在企业缺少金融功能的条件下，依靠产权纽带将境外金融功能与境内产业功能融为一体，创造了功能重组的典型案例。

基于优势互补的并购最具有挑战性，但同时给其成功带来了更多的不确定性。企业并购后的文化和管理理念的磨合需要并购双方极大的耐心和有效的配合。因此，对并购的文化冲突管理甚为重要。如果企业在并购前制定详细周密的

计划，采取各种方式进入目标企业中去理解推动企业运转的各种正规与非正规文化因素，评判并购后可能带来的一切影响和公司克服困难的胜算程度，那么，并购将会使企业获得成功。否则，就根本不应该去并购。一个企业发展到一定的阶段，成为较为成熟的企业之后，就会形成一种特有的企业文化和管理理念。在经济全球化的今天，唯有产品、市场与企业文化、管理理念的有效结合才是企业不断发展的根本动力所在。这也是国外著名公司强调通过并购实现"取长补短""友好合作""共同发展"的根本原因。

优势互补还体现在经验成本曲线的获取上。在许多行业，企业积累越来越多的生产经营经验后，单位成本就有下降的趋势。成本下降的主要原因是工人操作方法和操作熟练程度的提高、专用设备和技术的使用、对市场分布和市场规律的逐步了解、生产过程操作成本和管理成本的降低。这种凭经验降低成本的现象，对一些对劳动力素质要求较高的企业最为有利。这些企业的工人必须从事更困难、更复杂的生产作业。经验的积累可以大大提高劳动者的劳动熟练程度，使经验成本曲线的作用尤为显著。由于经验的内在特性，企业不能通过复制、雇佣对方企业员工、购买新技术或新设备等方式获得这种经验，这使得有经验的企业在成本上具有竞争优势。采用新的投资方式进入新的业务领域时，新企业的成本必须高于原企业(除非新企业在技术和效率上有重大突破)。为了积累经验，保持与原企业成本的平衡，新企业必须承担因价格低于或接近成本而造成的巨大投资损失。

企业通过并购发展，不仅获得了原企业的生产能力和各种资产，而且获得了原企业的经验。

经验成本曲线效应在混合并购中起着特别重要的作用，但这里的经验不仅限于经验成本曲线效应，还包括企业在技术、市场、专利、产品和管理等方面的专长，以及优秀的企业文化。通过并购，企业可以相互分享或学习，达到互补的效果。如以生产"万宝路"闻名的菲利普莫里斯，从20世纪60年代开始就意识到卷烟市场将逐渐萎缩，因此，有意识地转移卷烟利润，兼并了食品行业的一系列企业。公司的基本战略是将公司转变为一家利润丰厚的卷烟经销商。20世纪末，公司的战略被证明是成功的。

从历史上看，并购更愿意进入那些新的业务领域，在这些领域，经验往往是有效的进入壁垒。通过横向并购、纵向并购、混合并购，实现企业各部门之间的经验共享，形成强大的竞争优势。当然，并购并不能完全替代内部投资，但在某些情况下，并购对提高企业发展效率起到辅助作用。

（三）经营多样化效应

从理论上讲，企业在某一行业停留的时间越长，所承受的风险压力就越大。由于行业间竞争日益激烈，产品的生存周期缩短。随着替代产品的不断涌现，企业必须重视新兴产业或相关产业的发展，时机成熟时坚决开展多元化经营。

多元化经营有两种方式：一是通过新项目进行多元化经营，二是通过并购进入其他行业和市场。企业进入一个新的生产领域，可以通过投资一个新的行业，也可以通过并购的方式来实现，在采用投资新建的方式时，必须充分考虑各种进入壁垒和新增产能对行业供需平衡的影响。如果新增产能较大，行业内可能存在产能过剩，将引发价格战。在采用并购方式时，可以大大降低进入壁垒。由于此次并购并没有给行业增加新的产能，行业内部的竞争结构在短期内保持不变，因此价格战或报复的可能性大大降低。美国第三次并购浪潮中的多元化重组和 20 世纪 80 年代流行的杠杆收购是实现多元化经营的第二种方式。

多元化驱动的并购具有以下功能：其一，企业产品和服务的增加可以扩大企业产品和服务的需求，在一定程度上分散了单一产品或服务需求减少带来的风险。其二，社会的进步、市场需求模式的改变和行业中不可预知的波动性的增加，将促使企业通过实施多元化经营来跟上时代和科技的发展，从而实现长期发展。

例如，中国的"三九集团"就是一个通过多角化并购取得成功的典型案例。曾经靠 500 万元贷款起家的"三九集团"，通过股份制融资，用有形资产、无形资产兼并劣势企业，仅 3 年就使企业总资产达 54 亿元，从过去单纯以制药为主的企业发展成为以制药业为主，集酒业、食品业、高效农业、旅游业、房地产业、连锁商业、汽车制造业几大产业于一体的多角化经营，成功地实现了产业风险的转移。

在追求多样化经营时，有些企业往往只注重并购本身，忽视了多样化经营的根本理念，即"核心能力"的培育和强化。多角化经营虽然能规避部分风险，但过于追求多样化也容易导致企业核心能力的弱化。此外，多角化经营将导致企业产品生产和服务管理方式的多样性，这实际上对管理者本身提出了更高的要求。再者，不同产品生产企业并购后的磨合也需要时间。因此，如何以提高企业核心能力为前提，谨慎地选择多角化并购这一资本经营方式，从而提高并购的实际效果的做法需要引起相当的重视。现实中也不乏企业多角化经营失败的例子，巨人集团就是其中之一。该集团在其黄金时期盲目追求多角化，淡化其固有的核心产品，不惜血本搞医药产业和房地产，后来公司资源耗尽，不得不走进破产深渊。

（四）价值重组效应

并购过程中的价值重组也是决定并购成败的重要因素，并购消息一经公布，由于投资者（股东）的信息不完整或观点不一致，股东对股票的价值会有不同的判断，造成并购企业和目标企业股价波动。这种价格波动不是企业经济状况的结果，而是价值重组的结果。并购企业与目标企业之间的财富转移使得目标企业的市盈率发生变化。投资者往往利用并购企业的市盈率对目标企业进行价值重估，从而导致目标企业股价上涨。同样，并购企业的股价也会上涨，反之亦然。

并购中的价值重组一般表现为并购企业与目标企业股东之间的财富转移。有人认为可能是债权人的财富转移给股东；也有人甚至认为可能是劳动力或消费财富的转移。结果表明，并购产生的资本利得并不能使债权人受益。即使通过债务形式的并购提高了负债率，债权人也不会受到负面影响。但是，如果杠杆收购导致负债大幅增加，将对债权人产生很大的负面影响。

关于并购价值的重组，我们将在后面章节中进行详细分析。

（五）信息与信号效应

信息与信号效应旨在解释为什么无论收购成功与否，目标企业的股票价值在要约收购中总要永久性增加。这一理论可分为两种：

1. 信息效应

前提是要约收购能够产生新的信息，而重新估值是永久性的。信息效应可以分为两种形式：一种是收购活动会传播目标企业被低估股票的信息，促使市场对这些股票进行重估，而目标企业和其他各方不需要采取特殊行动来推动重估，即所谓的信息效应"坐在金矿上"的解释；另一种是将信息传递给目标企业的管理者，从而鼓励他们依靠自身实力实施更有效的战略，即所谓的"背后鞭策"的解释。不需要任何外部力量来推动收购要约以外的价值重估。

2. 信号效应

信号效应是信息效应的变形结果。信号效应是指特殊行为会传递其他形式的重要信息。信号的释放可以通过多种方式包含在并购活动中。企业收到收购要约的事实，可能会向市场传递这样的信息：企业具有迄今尚未确认的附加价值，或者企业未来的黄金流量会增长。并购企业利用普通股收购其他企业时，可能被视为并购企业普通股价值被目标企业或其他方高估的信号。商业企业回购股票时，市场会将其视作一个信号，表明管理层掌握了自身股票价值被低估的信息，企业将获得有利的新业绩和长期机会。

二、并购经济效果

（一）并购财富效应

1. 企业效益和社会福利效应

Deneckere 和 Davidson（1985）证明了在线性对称需求和产品差异的假设下，伯特兰德模型（Bertrand）下的并购会导致并购后产品价格的上涨。当使用拍卖模型（Bertrand 理论的一个应用）来考虑成本的不确定性时，可以得出合并后产品价格上涨的结论。Salant（1983）的研究表明，在线性需求函数假设下，Cournot 模型中竞争对手产量的扩张将使企业合并无利可图。然后，Perry 和 Porter（1985）研究了在寡头垄断市场结构下，并购后存在成本优势或竞争对手产量扩张不盈利时，并购将盈利。Farrell 和 Shapiro（1990）系统地研究了不同兼并模式后 Cournot 寡头垄断市场结构的社会福利、产出变化、市场价格、企业效率等问题，如不合作兼并（只改变生产计划）、资产转移和学习经验等，并分析了线性需求与固定成本、线性需求与二次成本函数、固定线性需求与固定线性成本函数，分析了该方法的应用。研究表明，通过比较并购前后企业的边际成本函数，可以推断并购是否会降低产出；通过分析市场份额和产出响应函数，可以判断并购对社会福利的影响。

Farrell 和 Shapiro 研究的不足之处在于，他们只考虑产品没有差异的行业，而没有考虑行业内的合谋现象。现有理论模型在考虑非线性需求、产品差异化、规模经济和非对称一致性产品等因素时，对并购效果的判断能力较弱。Berry 和 Ariel（1993）讨论了市场实证研究的最新发展，重点是当前并购研究的应用。此外，还讨论了在不同产品市场中使用的静态均衡模型，认为基于对称线性需求的简单理论模型不能解释用更现实的模型得出的结论。研究表明，为了避免静态并购分析的误导效应，应采用动态均衡模型。Khemani 和 Shopiro（1993）运用有序利润模型来检验加拿大竞争法中合并条款的执行情况。通过对 75 个案例的分析，认为不仅要考虑市场份额和集中度，还要考虑进口竞争和进入壁垒。Matsusake（1993）认为企业的利润率比企业的行业和规模更重要。研究表明，国营企业的利润率没有民营企业高，最大的国营企业利润率最低。

但对并购的福利还没有达成共识，Jensen 和 Ruback（1983）综合研究了 13 篇文献，得出结论：①并购后目标股东的平均回报率为 50%，敌意收购的平均回报率超过 30%；②收购股东的平均回报率为零，而敌意收购的平均回报率为 4%；③并购没有改变结果，并购增加了两家企业合并价值 8.4% 的利润；④目标管理层的收购行为损害了股东的利益。Bradley、Desai 和 Kim（1983）的研究对目标企业股东的收益影响最大，认为标的股东在未中标后，可以在未来几年内以第一次投标的价格继续进行新的投标。如果第一次未中标导致目标企业股价上涨，且 5 年内没有新的并购计划，股价将基本回落至原有水平。毫不夸张地说，该研究产生了很大的影响，其观点已经渗透到并购市场的每一个角落。

2. 股东短期财富效应

短期事件研究法主要考察并购公告前后 1~3 个月内股东财富和收益的变化，Dodd 和 Ruback（1977）研究了 1973~1976 年的要约收购，发现并购企业的股东获得了 8%~12% 的显著正异常收益，而目标企业股东的超额收益率高达 19%~21%。Dodd（1980）研究了 1971~1977 年的并购事件，发现目标企业的股东获得了 13% 的超额收益，而并购企业的股东获得了负的超额收益。Jensen 和 Ruback（1983）在前人文献的基础上总结出，成功的并购活动将为目标企业股东带来 20%~30% 的超额收益。相对而言，并购企业股东取得的非经常性收入很少。Jarrell 和 Poulsen（1989）研究了 1962~1985 年的并购活动，发现目标企业股东的超额收益在 20 世纪 60 年代为 19%，20 世纪 70 年代为 35%，1980 年至 1985 年为 30%；在此期间，并购公司股东的超额收益率呈下降趋势，20 世纪 70 年代下降到 2% 左右，20 世纪 80 年代下降到 -1%，这一趋势与西方国家不同，政府加强并购控制与目标企业的防卫战略有关。Bruner（2002）对 1971~2001 年的 100 多篇文献进行了总结和分析。得出如下结论：在成熟市场中，目标企业股东的收益远高于并购企业股东的收益，超额收益达到 10%~30%；并购企业的收益不明显，且有下降趋势；目标企业与并购企业合并的收益公司也不确定，即合并对社会的净影响是不确定的。

3. 股东长期财富效应

一些研究者认为，投资者总是错误地估计并购事件的影响。因此，短期事件研究方法不能很好地反映并购对股东财富效应的影响。长期事件研究方法考察了并购公告前后 1~5 年的股东财富与收益。但由于时间较长，难以消除诸多不可控因素的影响，因此，对股东长期财富效应的研究也存在争议。Agrawal 等（1992）在研究 1955~1987 年的并购事件后指出，目标企业股东在并购后一年的累计异常收益率为-1.5%，两年的累计异常收益率为-4.9%，三年的累计异常收益率为-7.4%。并购后，目标企业股东的长期回报普遍恶化。Loughran 和 vijh（1997）发现，在现金支付的并购中，并购企业的股东在并购后 5 年内有显著的正异常收益；而在股票支付的并购中，并购企业的股东在 5 年内有显著的负异常收益。Rau 和 Vermaelen（1998）采用稳健的方法进行研究，发现合并中的被并购企业在合并后三年内表现不佳，而要约收购中的被并购企业获得了显著的正异常收益；其中，价值型并购公司（B/m 值高）在并购中获得 8%的显著正异常收益，在要约收购中获得 16%的显著正异常收益，魅力型并购公司获得 16%的显著正异常收益，Agrawal 和 Jaffe（2000）总结了 1974~1998 年并购公司的长期绩效，得出如下结论：采用现金支付的并购公司的长期绩效为正，采用股票支付的并购公司的长期绩效为负；并购中并购公司的长期绩效为负，而要约收购中并购公司的长期绩效不为负，甚至不为正。Gregory（1997）发现，在公告后两年内，混合并购的累计异常收益率为-11%，而同行业并购的累计异常收益率为-3%。

4. 公司并购绩效

会计研究方法运用会计数据，从多个角度考察并购后的公司绩效，试图为股东寻找并购收益的来源。如果并购真的能为股东创造价值，一定程度上会体现在经营业绩的提升上。

Healy 等（1995）研究了 1979~1984 年美国最大的 50 起并购交易，发现与同行业其他公司相比，并购后被并购公司的经营能力有了显著提高，而绩效的提高与股东价值的增加高度相关。Franks 和 Harris（1991）也发现并购后被并购公司的经营绩效逐渐提高，一些研究也发现并购后被并购公司的经营绩效逐渐恶化。实证结论的不一致可能是不同的绩效衡量方法、样本选择和比较基准造成的。然而，在解释不同的结果时，值得注意的是，并购后企业绩效的下降并不一定意味着并购损害了企业价值。如果说收购重组是对产业冲击的一种回应和调整，那么重组后的业绩未必好于冲击前的业绩基准。Martynova（2006）使用了四种不同的衡量指标来反映企业的经营绩效。1997~2001 年欧洲对并购的研究发现，并购后被并购企业的经营业绩显著下降，但在控制了同类企业的业绩后，经营业绩的下降就会变得微不足道，这说明业绩下滑是与收购无关的宏观因素造成的。

（二）并购经济效果评价

并购效果的经济评价主要集中在两个方面：一是并购方式的选择、目标企业价值的评价和并购支付方式的评价，二是并购完成后，在并购企业与目标企业完成了一系列整合之后，并购企业对并购投资行为效果的评价，所以评价的时间不够，重点是重组后，而不是重组前或重组期间。究其原因，并购的完成只是一瞬间，但并购能否真正成功，取决于一个漫长的整合期。目标企业与并购企业在理念、组织、财务等方面的协调与效率，以及并购企业实现预定目标的能力，不是一蹴而就的，而是一个复杂、庞大、漫长的系统工程。

因此，评价的第二个方面占主导地位。如果仅从一般财务指标的分析来看，结论对并购效果的影响并不全面。比如，关注并购后的当期经营效益，如果公司当期经营利润为正，就意味着公司当期收入大于支出，这反映在资产负债表上所有者权益的增加，从而增加了股东的财富。通过比较并购后目标企业的资本运营效益与并购前的资本运营效益，可以衡量并购后目标企业的成长性绩效，该指标是以账面价值衡量投资者的投入价值。它既不能衡量企业资产价值随时间的变化，又忽略了所有者权益的机会成本。鉴于此，我们还需要重点对一些具有实际经济意义的指标进行评价。

1. 经济增加值评估

由于并购企业可以自由变现投资于目标企业的资本，并将获得的资本投资于其他资产，因此，对并购企业并购绩效的评价是并购企业至少应获得并购投资的机会成本，即按权益计量的经济价值从营业利润中扣除。

只有计算出资本的机会成本，股东才能从经营活动中获得增值收益。因此，利润低于股权机会成本的企业的股东财富正在减少。从并购投资的角度看，如果并购企业预期其投资回报率为8%，只有并购后从目标企业获得的税后利润超过8%的部分才能体现并购企业的实际利润和股东财富的实际增长。

2. 市场附加值评估

评估并购后的市场增加值，即从资产市场价值的角度来衡量并购投资创造的利润。如果并购获得利润，目标企业的最终利润必须大于按初始资产市场价值计算的资本成本，而不仅仅是超过按初始资产经济价值计算的资本成本。因此，该指标是对经济增加值的修正，反映了市场对目标企业未来整体盈利预测的修正，评价了并购在较长时间内的成长效应。

3. 企业集成战略目标的实现程度评估

并购是实现经济非均衡增长的重要机制。并购战略目标能否实现的评价和检验应从微观和宏观两个方面入手。本书从以下几个方面研究了企业并购的效益：

（1）是否实现生产关系的变化。并购是企业内部结构变化的一种行为，是一种企业组织形式。它可以利用并购形式的不断变化来调整生产关系，从而对生产力的发展起到积极的作用。例如，在资本主义早期，由于生产力发展的有限性，企业只在生产同类产品的个别分散的小企业之间进行并购活动。进入垄断阶段后，企业会吞并同一部门的小企业，或者将许多小企业合并成几个大的垄断企业，从而达到对某一部门的垄断。可见，并购使企业扩大了生产规模，提高了劳动生产率，降低了投资成本。然而，并购对提高生产率的作用有限。如果超过一定限度，就会成为阻碍生产力发展的桎梏。因此，它对生产关系转变的贡献应该有一个最优边界。

（2）是否达到合理的规模效应。从产品生产规模经济和企业规模经济两个方面考察规模经济。

第一，对产品生产规模经济的影响，主要包括并购能否对资产进行必要的补充和调整，形成规模经济，尽可能降低生产成本；此外，并购能否使企业在保持整体产品结构的前提下，实现各生产环节产品的单一生产，避免产品品种的转换，并购能否有效解决专业化带来的生产工序分离问题，减少生产环节的间隔，降低作业成本和运输成本。

第二，对企业规模经济的影响，主要包括并购是否使得单位产品的管理费用大大减少，是否极大地节省营销费用，并将集中起来的资金用于研究开发和新产品的试制等方面。在研究和评价企业规模合理化时，还必须考虑企业的市场规模，如果某一企业生产的一项产品，其企业规模具有一定的合理性，而产品的市场规模不一定合理，也就是说，在企业生产规模具有一定的合理性条件下，该企业生产产品的市场占有率超过一定量的合理限度，就会出现产品过剩；如果该产品的市场占有率过低，则在这一市场范围内，难以与其他企业进行竞争，无法起到规模经济应有的效应。

4. 是否有利于产业结构的调整

产业结构调整是我国经济运行机制的关键环节，对整个国民经济的发展具有重要作用。至于并购是否促进了产业结构的调整，我们应该关注以下几点：

（1）是否促成新兴技术部门的发展。部分先进技术的领导者由于资金实力有限，难以形成规模化生产体系。这些企业利用自身的技术优势，兼并一些资金雄厚的企业，迅速扩大科技成果，形成新的产业板块。一个典型的例子是电信业和计算机相关产业的相互渗透，形成了尖端通信的信息产业，导致了 AT&T 和 IBM 之间的激烈竞争。这是当前美国垄断集团争夺新兴边缘行业的突出体现。

（2）是否提高存量资产的运营效率。如上所述，国有资产存量刚性是中国经济增长效率低下的深层次原因。长期以来，解决结构性失衡一直是治标不治本，以牺牲经济增长为代价收效甚微。突破僵化的存量制度，建立存量资源的社会流动机制，是实现我国经济非均衡增长的根本途径。并购作为企业所有权或产权转移的一种方式，本质上是对现有资源的调整和优化，有利于提高资源配置效率，促进产业经济结构调整，其意义重大深远。美国发达的并购机制由于成熟的市场机制和资源配置利用的高效率，促进了存量要素的再分配，也吸收了增量要素向边际效益高的产业的快速流动。这些产业往往能够适应需求和技术的变化，具有发展前景。但是，那些已经进入成熟期或衰退期的产业明显萎缩，一些生产要素从这些产业中退出，流向新兴领域，从而实现产业经济结构的演进。相反，新兴企业部门也通过兼并迅速增长，从而使衰退企业部门的生产要素得到重新配置。

5. 是否达到市场优势效应

如何评价企业集团并购后的市场优势效应？《罗马条约》对并购后市场优势的解释是："市场优势地位不能仅仅根据企业的市场占有率或其他与相关市场结构相关的数量因素来考虑。首先，市场优势地位是一种支配市场的力量，一个企业对市场运行产生重大的、可预见的影响的能力，一个企业不顾其他竞争对手而独立行动的能力，表明它具有市场优势地位，即使它的市场份额不大。"1973 年，欧盟委员会在《企业合并控制条例》第 1 条中进一步提出：在评估合并规则时，应考虑以下因素：供应商和消费者之间选择的可能性，有关企业的经济和财务实力，受影响的市场结构，而相关商品或服务的供求趋势。由此可以看出，市场的主导地位并不要求企业彻底摆脱竞争压力。要从企业的绝对规模和相对规模来判断相关企业是否具有市场支配地位。企业的相对规模反映了市场竞争、垄断控制或少数厂商相互依赖的程度。主要评价依据如下：

（1）产品市场份额。相关企业的市场份额，特别是并购后新企业与主要竞争对手的相对市场份额，关联市场的主导地位和相对市场份额高于其他竞争对手的显著特征是证明关联企业具有主导权的有力证据。

（2）领先的定价权。为了获得最大的垄断利润，目标企业应该对其主要产品拥有主导定价权，通常将其产品的价格提高到略低于会使需求急剧下降的价格，而其他企业只是被动地成为价格接受者。

（3）资本优势。在考察不同市场的企业并购案例时，资本实力因素显得尤为重要。资本实力包括资本、营运资本和融资难度。财务实力相对较小的企业与财务实力较强的大企业合并后，小企业可以以大企业的财务实力为依托，在市场上形成支配地位。

（4）市场准入壁垒的渗透能力。市场准入壁垒决定了市场的开放程度。在一个准入壁垒很强的市场中，由于缺乏潜在的竞争对手，企业可能通过各种形式的并购形成渗透优势，使被并购集团拥有比其他竞争对手更高的市场份额。

（5）供应商或消费者对相关企业的依赖。供应商或消费者的依赖可能是由自然垄断或合法垄断（如专利）引起的，也可能是由对其他企业生产能力的限制引起的。例如，小企业凭许可证为大型汽车生产企业生产零部件，由于其生产能力局限于某一车型甚至某一品牌的汽车零部件，大企业可以对其形成主导力量，尤其是在大型汽车生产企业占主导地位的情况下，这种对零部件供应商的主导力量更为明显。

第三章

公司价值评估

 **本章概要**

　　当我们打算对目标企业进行并购时，首先且必须解决的问题：目标企业是否值得并购且其价值是多少，并购企业需要付出多少？这里的一个关键、基本和最困难的问题是，从持续经营的角度出发，是否可以对目标企业的价值作出合理的估计。本章介绍了当前企业并购中公司价值评估的方法体系，重点介绍了成本法、市场法、收益法等常见的价值评估方法及其适用性。此外，本章还阐述了无形资产的评估方法、经济利润价值与企业全面价值管理、企业价值评估支持系统、创值评估体系等方法体系，以便全面了解公司价值评估的多种方法体系，充分理解公司价值评估，为财务运作奠定基础。

学习目的

　　1. 掌握公司价值评估的常用方法。
　　2. 了解并购实务中无形资产的评估、经济利润价值与企业全面价值管理、企业价值评估支持系统、创值评估体系。

第一节　公司价值评估及其方法体系

一、并购过程中的核心问题——公司价值评估

　　无论是竞争性并购还是协议性并购，并购企业与目标企业共同关注的焦点问

题无疑是买卖的成交价格。当我们打算对目标企业进行并购时，首先且必须解决的问题：目标企业是否值得并购且其价值是多少？并购价格如何提出才能在确保并购中标或成功的同时，达到并购的战略意图，维护整合后公司长远利益的最大化。此间一个关键的、基础性的，同时也是最困难的问题，便是能否以持续经营的观点对目标企业的价值做出合理的估算。

　　作为一项重大而复杂的资本性投资活动，并购企业重要的不是如何获得目标企业的土地、厂房、机器、设备等个别性的经济资源，而在于谋求对目标企业整体性产权，即目标企业法人权利的控制与取得。对目标企业价值的评价，必须基于一种有机的复合性概念来考虑，我们首先应当考虑价值评估的体系是怎样的。因此，对目标企业的价值进行评估十分重要。

（一）价值评估特殊性

　　并购活动中存在诸多的利益相关者，在交易定价时往往存在着对立的双方，因此，并购中的企业价值评估是一个动态的博弈过程，在具有一般企业价值评估属性的基础上存在特殊性。由于企业通过并购获得的利益和并购动机有着紧密的联系，在成熟市场下的并购动机主要是在协同效应总价值的增值理论假设前提下，其并购时点的总价值不会发生改变，经营协同效应、管理效率的提高、财务协同效应等都是总价值的增值来源。所以在对目标企业并购前的评估结论里并不包含协同效应所创造的增值。因此，理性的市场经济下的并购价值博弈考虑如表 3-1 所示。

表 3-1　并购价值博弈

并购双方	收获	支出
并购企业（收购方）	目标企业股权现值+往后由协同效应带来的增值	目标企业的现时价值
目标企业（出售方）	股东出售股权带来的溢价	股权

　　如表 3-1 所示，对并购企业来说，如果收购价格低于考虑到目标企业协同效应后的企业价值，就视此次并购是有利可图的。而从目标企业来看，不低于目标企业根据现有的方式持续经营可能获得的最大价值就是有利可图的。由此在考虑到目标企业协同效应后的企业价值小于目标企业按现有的方式所持续经营可能取得的最大价值时，该并购交易可能不会取得成功。在这种并购活动中，作为独立的第三方资产评估机构，为目标企业所做的评估结论是目标企业按现有的方式持

续经营将可能获得的最大价值，评估机构对并购企业做的评估结论是在考虑了收购方协同效应之后目标企业可能获取的最大价值，评估机构将其称为投资价值，该价值一般作为并购交易的价值参考依据。所以，评估机构出具的公正客观的评估结论也是各方博弈、制衡的结果。

（二）价值评估影响因素

从理论上来讲，并购中企业的价值主要取决于目标企业可以给投资者带来的未来收益，也就是企业的盈利能力。对于一个企业来说，如果可以拥有稳定的获利能力，能够使企业获得相对稳定的现金流入，就可以不断地提高它的市场价值。企业获取未来现金的能力直接决定了企业的价值。也就是说，企业的价值评估就是在综合分析和考虑了企业价值直接因素与间接因素之后所下的结论，间接因素还可分为外部因素（环境因素）以及内部因素。

1. 直接因素

直接因素即获利能力，是用来确定企业价值的直接及最终的决定性因素。获利能力是衡量企业创造价值的能力的指标。它反映了企业的未来收益。经营现金流量的大小和折现率是企业获利能力的最直接体现，共同决定企业的价值。在预测企业未来现金流量和评价历史现金流量的同时，也是对企业未来发展前景的一个预期，然而未来的预期却是一个综合性因素作用的过程。此外，贴现率的高低体现了企业未来所要面临的风险，也是众多因素一起作用的结果。因此，企业价值评估在考虑贴现率和现金流量的同时，也要考虑它们背后存在的各种价值驱动因素。

2. 间接因素

（1）外部因素。微观商业环境和宏观环境组成企业面临的外部环境。前者包括影响竞争状况和行业环境等的各种因素，如行业的经济特征、发展前景、市场竞争力、行业的关键成功因素等。后者主要包括政治环境、社会环境、经济环境和技术环境等。总的来说，外部环境是影响企业价值的外部因素，可以通过作用企业内部各个盈利的有关因素而最终影响企业未来的获利能力，从而影响企业价值的衡量。

（2）内部因素。企业内部的各种因素主要可以分成三个层次：第一个层次为表层，也就是企业的获利能力的外部表现，通过财务指标来进行衡量；第二个层次是中间层，是企业获利能力的主要来源，主要是从企业内部运作、顾客以及创新和学习这些方面来影响企业的获利能力和竞争优势，主要体现在非财务指标上；第三个层次是核心层，是竞争优势和企业获利的真正来源，也是企业所独有的资源与能力，它不能够被其余企业所模仿，被称为企业的核心能力。

总之，影响企业价值的因素非常繁杂。不同的行业、不同的企业类型和不同的历史时期具有不同的影响范围和程度。在知识经济条件下，企业的人力资本、组织体系、企业文化、经营战略、创新能力等无形资源对企业的可持续发展和盈利能力的影响较大，也是构成企业可持续发展和企业核心能力的主要方面。因此，要知道目标企业的盈利能力，有必要对其外部和内部因素进行全面的检查和评估，同时审查财务指标和非财务指标；定量分析和定性分析都是必需的。从某种意义上说，企业估值是科学与艺术相结合的过程。

二、公司价值评估方法体系

公司并购的成功取决于公司估值的准确性，因此，企业价值评估在企业并购中非常重要。在现实的经济生活中，通常存在企业整体转移合并的情况，如企业合并、购买、股份经营等，涉及企业整体价值评估。在此类情形中，必须对整个企业的价值进行评估，以确定合资企业或转售的价格。但是，企业的价值或购买价格绝不仅仅是简单地评估了每项之后的资产价值和债务的代数和。人们并购企业的目的是通过经营企业来获取利润，所以有许多因素决定着企业的价格，当中最重要且最基本的是企业利用自身资产的获利能力。因此，企业价值评估是对企业资产综合体的整体和动态价值评估。而企业资产是对企业的一项或多项资产的价值进行的评估，这是部分静态评估。它可以表示为：

企业价值＝企业所有单项资产的公允评估价值之和－企业确认负债额的
  现值＋商誉价值　　　　　　　　　　　　　　　　　　　　（3-1）
企业价值＝目前净资产的市场价值＋以后可能经营年限之内每年所有
  可能回报的现值之和　　　　　　　　　　　　　　　　　（3-2）

（一）企业价值评估需要考虑的影响因素及内容

在具体操作中，如何准确估计未来的收益？如何准确估计可能的使用寿命？企业价值的关键在于它是否可以为所有者带来报酬，通常从未来风险和未来报酬两个方面考虑。因此，企业的盈利能力以及企业将面临的风险状况和风险水平是评估企业价值时需要考虑的两个主要因素。而这两个主要因素受以下两个因素影响：一是企业资产；二是企业外部影响因素，如社会政治、经济环境、市场环境和技术环境等。因此，企业价值评估包含两个方面的内容：一是企业以往经营业绩的评估分析；二是企业未来经营前景的预测分析。

1. 经营角度

从经营业绩的角度来看，在确认并购的效果时，要考虑以下方面：其一，该企业目前的盈利能力以及获利的主要原因。其二，该企业的财务状况及其形成原因。这对未来的业务运营和未来的投资项目选择产生影响，以及对未来的投融资方式产生限制。其三，将公司与条件相似的其他公司进行比较，分析二者在把握商机、对社会的贡献和社会声誉方面的差异，并分析在管理能力和公司运作机制水平方面存在的问题。当前使用的分析方法通常是财务分析方法，该方法评估企业的偿付能力、盈利能力和抗风险能力，并找出存在的问题。从以上三个方面来分析企业当前的"价值"，即市场当前的价格。

2. 业务前景角度

从业务前景的角度来看，在确认合并和收购的效果时，应考虑以下方面：其一，公司是否有继续经营的机会。其二，公司是否有新的投资机会。

（二）公司价值评估的方法

从收购方的角度来看，目标企业的估值等于收购前目标企业的独立价值与并购企业希望在收购后增加的目标企业资产价值之和。我国在公司价值评估领域的研究方法主要有市场法、成本法和收益法。其中，市场法主要是通过市盈率、市销率和市净率来衡量公司估值，成本法主要是指重置成本法，收益法主要是 EVA 法（Economic Value Added）和 DCF 法（Discounted Cash Flow）。

1. 市场法

市场法使用市场上相同或相似公司的近期交易价格，通过将其与目标企业进行比较来确定目标企业的价值。基于市场替代理论，投资者对相同类型和相似类型资产的出价往往会保持一致。使用市场法时，首先应在市场中找到一个与目标企业相似的交易案例；其次通过可比公司法进行比较和分析，以确定目标企业的价值。

市场法的评估思路可用下式表示：

$$\frac{V_1}{X_1} = \frac{V_2}{X_2} \qquad (3-3)$$

式中：V_1 为被评估企业价值，V_2 为可比企业价值，X_1 为被评估企业与企业价值相关的可比指标，X_2 为可比企业与企业价值相关的可比指标，X_1 和 X_2 是同一类型的指标。

使用市场法进行评估时，最重要的就是可比公司的选择，需要具备以下条件：首先是，一个活跃的公开市场。其次是市场中有可比公司及其交易活动。

式（3-3）中的 V/X 通常称为价值乘数，反映市场法的灵活性。有两种特定的方法可供选择：参考企业比较方法和合并案例比较方法。参考企业比较方法表明该选择是可比公司在同一行业或相似行业中，而合并案例比较方法则是选择可比公司的并购案例，应用前提条件是市场中已经存在相同或相似公司。

2. 成本法

成本法是企业价值评估方法中的基本方法之一，即通过估测重置成本考虑其他涉及具体资产的已存在的损失贬值的评估方法。具体公式如下：

$$资产的评估价值 = 资产的重置成本 - 资产贬值 \tag{3-4}$$

式中：资产贬值包括资产的实体性贬值、功能性贬值以及经济性贬值等。

由于成本法是一种基于资产重置成本的评估方法，并且资产置换成本信息的获取相对广泛和简单，结合重置成本与市场价值之间的内在联系，成本法已成为一种广泛使用的评估方法。在使用成本法时，还必须注意资产的实际折旧问题。实物折旧是通过现场观察获得的，反映了资产的特定用途，而会计折旧是根据惯常应计的会计方法和要求而定的。

在使用成本法时评估资产时，除了要准备一定的历史资料用于评估资产，被评估资产还需要注意以下前提条件：①资产的状态应是持续使用或者假设持续使用。②具备可再生、可复制的特征。

需要注意的事项包括：①形成资产价值的耗费是必要的。耗费体现的是行业平均水平，需要明确，并且它是形成价值的基础。②考虑最佳使用和加速变现的情况。

3. 收益法

收益法是通过估测被评估企业未来现金流量，运用折现的方法来确定评估对象价值的评估方法。收益法评估企业价值的大小取决于目标企业未来创造价值的能力，未来能够持续存在并有创造价值能力的企业才是有价值的。

收益法的基本原理是现值原理，按照未来不同的现金流量来源分为三类，有股利现金流量模型、股权自由现金流量模型（Free Cash Flow to Equity，FCFE）和企业自由现金流量模型（Free Cash Flow for the Firm，FCFF）。其中，股利现金流量模型是通过对企业未来现金股利的派发值的预测来评估企业的价值。公式如下：

$$P_0 = \sum_{t=1}^{n} \frac{D_t}{(1+r)^t} \tag{3-5}$$

式中：P_0 为普通股现值，D_t 为每期股利现金流量，r 为折现率，t 为第 t 期，

n 为共 n 期。

按照股利支付的特征，股利现金流量模型划分为零增长模型、固定增长模型和阶段增长模型。

股利现金流量模型是考虑将股利作为未来发展可以取得的唯一现金流，但我们把定义的范围进一步拓宽，若将模型中的股利指标替换成股权自由现金流量，模型就变成了股权自由现金流量模型（FCFE），它作为股利现金流量模型的拓展，同样包含了零增长模型、固定增长模型以及阶段增长模型三种。无论是股利现金流量模型还是股权自由现金流量模型都是评估企业的股权价值时常用的模型，如果将模型之中的股利指标替换成企业自由现金流量，这时的模型就是用来评估整体企业价值的企业自由现金流量模型（FCFF），它与前两种模型的不同之处在于折现率的选择使用上，前两种评估的是企业的股权价值，在折现率方面选用了企业的股权资本成本；而后者是评估企业的整体价值，所以在折现率上需要选用可以衡量企业整体水平的折现率，一般来说会选择使用企业的加权平均资本成本作为其折现率。在使用收益法评估企业价值时，需要考虑三个基本的因素：①被评估企业未来的预期收益。②折现率。③被评估企业的持续时间。

这三个因素会在很大程度上影响企业价值的评估值，企业的未来预期收益一般可供选择的有净利润、净现金流量、利润总额等，由于净利润和净现金流量都是归属所有者的税后的净收益，在评估企业价值时一般选用净利润或净现金流量作为企业的预期未来收益。折现率实质上是预期的回报率。这是投资者在一定风险下进行投资所需的最低回报率。在评估企业的价值时，通常将平均资本成本用作其折现率。成本由债务资本成本和权益资本成本的加权平均值计算得出。收益法的收益期限是指企业持续获得现金流量的时间，一般来说，有三种方法确定：其一，永续法。在评估企业价值时大多采用这种假设。当企业的经营期较长时（一般 30~50 年），可认为是近似无限期限。其二，合同年限法。将法律合同的约定作为企业持续获得现金流量的时间。其三，经济寿命。企业的现金流量为 0 的时间，为企业的收益期限。

〔案例〕

市场法

假定需要对目标企业 T 公司的价值进行评估，财务人员认为，影响 T 公司股票市场的价值的主要因素是销售收入、股东权益和净利润。财务人员发现，市场中存在三个相似的公司，即 A、B、C 公司。相关情况见表 3-2。

表 3-2　A、B、C 公司的基本情况

估价指标	A 公司	B 公司	C 公司	平均
市销率(市场价值/销售额)	1.2	1.0	0.8	1.0
市净率(市场价值/股东权益账面价值)	1.3	1.2	2.0	1.5
市盈率(市场价值/净利润)	20.0	15.0	25.0	20.0

在实际工作中，为了验证公司之间的相似性，财务人员应该考虑公司的规模差异、产品的相似性、公司的生命周期、最近的发展趋势以及影响市场价值的其他重要因素。

假定 A、B、C 公司在主要特征上与目标企业 T 基本一致，就可以计算各个公司股票市场价值分别与销售额、股东权益账面价值和净利润之间的比例(市销率、市净率和市盈率)，然后对三家公司的相关指标进行平均，作为评价 T 公司市场价值的基础。在表 3-2 中三个公司的相关指标是比较接近的，离散程度并不是很大，因此，以这三个公司的相关指标的平均数作为估价的基础是可行的。如果三个公司的相关指标之间差异很大，那么平均数会失去其应用的作用。重新选择相似公司或相关指标是可能的解决方案。

财务人员假定在未来的决策期间，T 公司的相关情况如表 3-3 所示，即预期销售收入为 1000 万元，股东权益账面价值为 600 万元，净利润为 50 万元，结合相似公司的平均市销率、市净率和市盈率指标，就可以从三个角度对 T 公司的价值进行估计。

表 3-3　T 公司的估价

指标名称	数据(万元)	平均比例(倍)	估计的股票价值(万元)
销售收入	1000	1.0	1000
股东权益账面价值	600	1.5	900
净利润	50	20.0	1000
平均值	—	—	970

在表 3-3 中，根据不同的计算基础，T 公司股票价值预计分别为 1000 万元(市销率)、900 万元(市净率)和 1000 万元(市盈率)，这三个结果是比较接近

的，因此，可以将这些结果进行平均以计算 T 公司的价值，即 970 万元。

市场比较方法的优点是可用于确定非上市公司的价值，也可以用于预测上市公司股价趋势。在运用市场比较方法分析并购公司要约收购目标企业所需支付的价格时，要注意不同环境中的市场价值。由于相似公司并没有面临要约收购，其市场价格主要反映正常经营情况下投资者对公司价值的预期，计算出来的 T 公司股价也是正常经营情况下的价值。但是，如果并购公司发出要约收购，意图并购 T 公司，那么 T 公司的股价会变化，以反映对公司价值的影响，通常溢价率高达现行市价的 30%~40%。在计算并购公司需要支付的代价时，就需考虑可能的溢价率。如果近期内市场中并购平均的溢价率为 20%，那么，在并购过程中，T 公司的股票价值应当是 1164 万元，即并购公司需要支付的价格为 1164 万元。

[案例]

收益法

一、现金流量模型

已知某目标企业的财务状况和利润表简表如表 3-4 所示。公司当前的所得税税率为 40%，2012 年固定资产投资为 600 万元，当年偿还债务所支付的现金为 75 万元，新增债务 50 万元，优先股股利为 10 万元，2011 年和 2012 年营运资本分别为 95 万元和 115 万元。

表 3-4　财务状况和利润简表

单位：万元

项目	2011 年	2012 年
销售收入	4200	4400
减：经营费用	2730	2900
减：折旧	500	505
息税前利润	970	995
减：利息支出	100	102
减：所得税	348	357
净利润	522	536

请计算该公司 2012 年度股权自由现金流量和公司自由现金流量。

FCFE = 536(净利润) + 505(折旧) − 600(资本支出) − 20(营运资本净增加) +
　　　50(新增债务) − 75(偿还债务) − 10(优先股股利) = 386(万元)

FCFF = 995(EBIT) × (1 − 0.4) − 600(资本支出) + 505(折旧) −
　　　20(营运资本净增加) = 482(万元)

二、定价模型

运用定价模型对目标企业估价时，并购后公司成长性也是非常重要的影响因素。成长性差异会造成现金流量的大小和期间分布差异，从而影响对当前价值的估计。根据成长性的差异，定价模型可以分为零成长估值模型、固定成长估值模型、多阶段成长估值模型。

1. 零成长估值模型

如果第 0 年目标企业的自由现金流量(FCFF$_0$)为 100 万元，预期未来的增长率为 0，公司的资本成本(WACC)为 12%，那么，目标企业当前的价值为多少？

$$P_{0, FCFF} = \frac{FCFF_0}{WACC} = \frac{100}{0.12} \approx 833(万元)$$

如果目标企业未来的股权资本成本(k$_e$)为 16%，每年的债务偿还和利息支付额(税后)为 20 万元，那么，目标企业当前的股权价值为多少？

$$P_{0, FCFE} = \frac{FCFE_0}{k_e} = \frac{100 - 20}{0.16} = 500(万元)$$

2. 固定成长估值模型

公司下一年度的预期自由现金流量为 100 万元，WACC 为 12%，预期每年现金流量增长率(g)为 6%，则该公司的价值为

$$P_{0, FCFF} = \frac{FCFF_1}{WACC - g} = \frac{100}{0.12 - 0.06} \approx 1667(万元)$$

如果公司股权资本成本为 15%，股权现金流量每年增长 10%，当前股权现金流量为 200 万元，则该公司的股权价值为

$$P_{0, FCFE} = \frac{FCFE_1}{k_e - g} = \frac{200 \times 1.1}{0.15 - 0.10} = 4400(万元)$$

3. 多阶段成长估值模型

公司的自由现金流量预期在今后 5 年内，年增长率为 35%，然后增长率下降为正常增长率 5%。当前公司自由现金流量为 400 万元，在高速增长期内的资本

成本为18%，在稳定增长期内的资本成本为12%。请估计该公司当前的价值。

$$P_5 = \frac{400 \times (1.35)^5 \times 1.05}{0.12 - 0.05} \approx 26904(万元)$$

$$P_{0,FCFF} = \sum_{t=1}^{5} \frac{400 \times (1.35)^t}{(1.18)^t} + \frac{26904}{(1.18)^5} \approx 14815(万元)$$

假定公司债权的账面价值为10000元，每年的利息为800万元，4年后债权到期。该债权每年付息，到期还本。假定公司的债务资本成本为10%，请计算该公司股权的价值。

$$BV_0 = \sum_{t=1}^{4} \frac{800}{(1.10)^t} + \frac{10000}{(1.10)^4} = 9366(万元)$$

$$P_{0,FCFE} = P_{0,FCFF} - BV_0 = 14815 - 9366 = 5449(万元)$$

第二节 并购实务中的无形资产评估

在实际工作中，无形资产的价值评估已成为讨论公司价值的重要因素。但要对无形资产价值进行科学的评估，首要的问题不是评估方法，而是分析无形资产价值评估的影响因素。

一、影响因素

（一）影响无形资产价值评估的外在因素

1. 价值观念方面的因素

从无形资产的特征来看，价值观念对无形资产价值评估的影响主要体现在以下几个方面：

（1）价值观念规定了无形资产价值评估的前提。无形资产价值评估是对无形资产价值这种特殊事实的反映，是掌握无形资产价值的观念活动，因此，无形资产价值评估的首要任务是评估标准的确立，但由于无形资产是基于科技成果及法律的特殊规定形成的一种无形财产权，其客体主要表现为无形的科技成果等。由于其无形的性质，可以确定它在权利的产生，侵权的履行，法律的保护以及其价值的形成、转移和实现方面与一般的有形财产完全不同。因此，无形资产的价值不能通过"社会上必需的劳动时间"来衡量。从哲学的角度来看，无形资产的价值属于哲学的范畴。它是对主体与客体之间相互作用的主观描述，反映了客体主观过程的性质和程度。因此，无形资产的价值评估具有主观特征和绩效，这使得无形资产的价值评估标准成为主体可以主观掌握的标准。在评估无形资产的价值时，无形资产价值评估的主题不是创建要评估的评估标准，而是依赖社会价值。因此，评价标准已成为哲学理论体系中一系列困难和疑惑的源头。

（2）价值观念规定了无形资产价值评估的性质。由于无形资产价值构成的复杂性和使用价值的间接性，无形资产价值评估的难度大于有形财产。无形资产价值评估的标准对其价值评估是至关重要的，无形资产价值评估标准的正确与否、合理与否，将直接影响无形资产价值评估的性质。同时，由于无形资产价值评估标准是评估结论的前提，如果评估标准不同，那么得出的结论自然不同。来自不同文化背景的评估主体之所以对同一无形资产价值产生不同的评估结论，主要是由于评估主体所持的价值观念不同，评估主体所依据的评估标准也不同。

（3）价值观念影响着无形资产价值评估的范围和深度。在无形资产价值评估中，无形资产价值作为评估的对象，虽然也属于事实，但它是一种特殊的事实。因为评估主体经常面临相反或相冲突的评估结论，这就要求评估主体在评估中必须调节、调整这些相反或相冲突的评估结论，并且在评估过程中应具有"权衡"的能力，这就是无形资产价值评估的"张力"和"弹性"。一定的价值观念对这种权衡和化解有着重要的影响。

（4）价值观念规定了无形资产价值评估的方向和终点。从抽象的理论原则上讲，评估可以无限地延伸和继续下去，以求得最满意的评估结果，但问题是无形资产具有时间性特征，它只在法定的时间内有效，法定的时间就是无形资产价值的有效期，期限届满就失效。因此，无形资产价值评估的主体将无形资产价值的期望值设定在什么范围，受到价值观念的制约。

2. 科学认识水平方面的因素

无形资产随着实用技术和商品经济的发展而产生。因此，无形资产的价值评估与科学认识水平是分不开的。一个国家的科学认识水平将影响和制约该国无形资产价值的评估。科学认识水平对无形资产价值评估的影响是巨大而明显的。

（1）科学认识水平规定了无形资产价值评估对象的范围和广度。无形资产是随着人类文明与科学技术的发展而发展和完善起来的，无形资产保护制度作为社会对智力活动成果完成人的回报，在科技进步、经济发展和国际交流中发挥了十分重要的作用。因此，无形资产价值评估主体在进行无形资产价值评估时，必须以对无形资产价值有一定认知为前提。而对无形资产价值认知的程度有多深，则根本上取决于评估主体所处的社会与时代所达到的科学认识水平。可以说，一个社会一定时期所达到的科学认识水平，在宏观上规定了该社会的评估主体对无形资产价值评估的范围和广度。

（2）科学认识水平规定了评估主体对无形资产价值评估的深度和精度。无形资产作为一种无形财产权，包括精神权利和财产权利两部分内容。精神权利是指有直接人身内容的权利，它不能与创造知识产品的自然人或法人分离，不能转让，不能继承，不能赠予，一般来说也不受时间和地域的限制。财产权利是指有直接经济内容的权利，它可以与创造知识产品的自然人或法人分离，可转让，可继承，可赠予，同时受时间和地域的限制。无形资产与有形财产及其他无形财产相比，具有自己的特征，按照法律规定，无形资产主要有专有性、时间性和地域性三个特征，除此以外，有的学者认为，无形资产还具有公开性、可复制性的特征。因此，无形资产价值评估的深度和精度必须依靠科学认识水平的发展，而科学认识水平的发展，一方面在广度上延伸，另一方面在深度上拓展。

（3）科学认识水平对无形资产价值评估主体在思维能力、思维方法、评估方法等方面产生影响。无形资产是通过智力劳动而产生的智力成果，蕴含着人类的智慧、文明，它不仅给人们带来精神上的享受，而且智力成果本身有事实上的使用价值，通过对智力成果的使用可以获得经济利益。科学不但提供无形资产价值认识的知识，而且提供无形资产价值评估的方法。无形资产价值评估方法是由评估主体掌握的，是借助评估标准对无形资产价值实施评估的手段和工具。通过评估方法，可以把无形资产的价值呈现在某种便于认识的形式和过程中。这就要求无形资产的评估主体具有一套明确的逻辑程序，从多角度、多方面、多层次来分析无形资产的价值，而无形资产价值评估的形式和过程，自然受到科学认识水平的制约。

3. 其他方面的因素

除了价值观念和科学认识水平两个主要因素，无形资产价值评估的影响因素还有文化分布状态、设备条件、评估成本等。文化分布状态的不平衡是一种客观存在，同时也是一种变化中的现象。正是由于文化分布状态方面的原因，评估主体对无形资产价值的评估必然是多元的、多样的。设备条件则是无形资产价值评估中主客体相互作用中介性因素。无形资产最主要的特征是"无形"，"无形"使无形资产的价值评估比有形资产复杂得多，因此，在进行无形资产价值评估时，设备条件是不可缺少的工具和手段。由于在无形资产价值评估中，模型化方法已得到广泛的应用，并且需要对大量的信息进行检测、获取、接收、传输和储存等，若没有计算机等现代设备是无法进行有效的评估活动的。评估成本是无形资产价值评估中值得注意的一个问题。无形资产价值评估活动同其他一切活动一样，总要付出一定的代价，这就是评估成本问题，一般来说，无形资产价值评估所花费的成本越高，评估的精度就越高。

（二）影响无形资产价值评估的内在因素

1. 评估客体方面的因素

评估客体是指主体实践的对象、认识的对象或主体行为对象本身。确定谁是主体、谁是客体，只能根据它们在一定对象性质关系中的地位来决定。在无形资产价值评估中，评估者是主体，无形资产本身是客体。由于无形资产是一种无形财产权，这一特征把它同一切有形财产及人们就有形财产享有的权利区分开。作为无形财产的一项专利权，当其所有人行使权利转让时，可能是制造该种专利产品的"制造权"，也有可能是销售该种专利产品的"销售权"，而不是专利产品本身。无形资产由于无形，其权利人只有在主张权利的诉讼中，才显示出自己是权利人，这使得权利人之外的使用人侵权的可能性大大高于有形财产的使用人。

无形资产的这一特征，不但给无形资产保护、侵权认定以及贸易等方面带来了比有形资产在相同的情况下更加复杂的问题，而且给无形资产价值的评估带来了新的难题。但从哲学的角度来看，无形资产价值评估是评估主体把握无形资产价值运动的观念活动，表现出一种规范意识或规定主义的特征。所以无形资产的发育水平、复杂性程度、矛盾显化程度等，对其价值评估所能达到的精度有着重要的制约作用。从总体上讲，无形资产本身在以下两方面对其价值的评估存在影响：

第一，无形资产自身的成熟程度以及矛盾暴露的程度。无形资产作为其价值的承担者，其状态如何、性质怎样、有哪些功能，都直接影响着主体对其价值的评估。无形资产在未达到成熟阶段之前，许多矛盾也未能充分暴露出来，这种情况会使主体对它的认识受到影响，在这种情况下，主体的评估不会达到成熟的程度。

第二，各类无形资产价值冲突的显化程度。无形资产是由专利权、商誉等共同构成的一个复杂的系统，同时，各类无形资产的现实关系又是多方面、多层次展开的，这样一来，各类无形资产之间、主体的不同需要之间、几种对象与同一需要之间、几种需要与同一对象之间都会有冲突。无形资产的价值冲突有由客观条件引起的一面，也有由于评估主体的行为失误而导致的情况，因此，可以说，无形资产价值冲突是难免的，甚至可以说是带有必然性和普遍性的。并且，相冲突的价值之间很难达到协调，这自然会影响主体，使之难以做到两全。从这里我们也可以看出，对无形资产的协调管理势在必行。

2. 评估主体方面的因素

评估主体是现实的人，尽管无形资产价值评估活动是观念活动，却是现实的人所进行的观念活动。现实的人对无形资产的需求表现在不同的层次上，而影响现实的人对无形资产需求的主要因素除了自身的属性特征，还有经济的、社会的、心理的、道德的、环境的等诸多因素，这些影响因素以某一时间的集成状态影响着评估主体对无形资产价值的评估。评估主体的身体条件对无形资产价值评估活动的制约性，按现代决策学、领导科学的有关理论，主要体现在三个方面：一是主体年龄。年龄体现了人类生活发展的基本阶段、身体和心理功能的一般情况，以及这些条件对人类心理状态的影响。二是健康状态。一个人的健康状况不仅表明各种生理功能是否可以正确执行，还影响心理和精神状态。健康状态不佳，必然会导致无形资产价值评估活动范围的缩小，精力不济总要使工作时间缩短，这些都会影响信息的获取，影响对一定信息的可信性的验校。三是身体的临机状态。临机状态带有很大的随机性和偶然性，但它对于无形资产价值评估活动却有直接影响。临机状态受到评估主体健康和年龄两大因素的影响，但同时又有自己的相对独立的品格和作用。若评估者年事已高，健康状态不佳，一般来说其临机状态往往不佳，对于精神条件，按现代人才学的有关理论，大致可分为三个方面：

第一，心理素质。心理素质包括意志、情感、性格、气质等，这些因素综合运动过程中表现出来的带有某种稳定性的东西，在本质上属于非智力、非理性的范畴。因此，不同的无形资产评估主体，由于其生理条件、心理条件以及社会地位、生活阅历、经验和体验的不同，其心理素质是不同的，这种差异自然会对评估主体产生影响。

第二，知识的数量和质量。无形资产评估主体拥有的知识的数量和质量在很大程度上制约着评估所达到的水平和精度，知识的数量主要表现在知识面的广和窄、知识的多和少。由于无形资产涉及的面很广，某一方面知识的缺乏自然会造成评估主体在这方面产生盲区。知识面太窄，知识太少，肯定不利于做出可靠的评估。知识的质量取决于两个方面：从要素方面来看，是一定知识的深刻程度和准确程度；从整体方面来看，则要看一定知识被组织、被结合起来的体系化程度，以及各种知识是否有合理的结构。

第三，能力结构。能力是一个很广泛的概念，一般来说，包括感知能力、计算能力、分析能力、理解能力、反思批判能力等。各种能力既依赖天赋，也要依靠后天的锻炼。不同的评估主体，不仅从总体上说能力有高低之分，而且各种能力在不同的人身上的分布也不平衡。

总之，评估主体的身体条件和精神条件都对无形资产评估有着重要的制约作用，从主体方面制约了一定评估所能达到的精度和水平。评估者必须正视这种制约作用，以使评估始终受理智的监督和控制。

二、量化方法

在公司并购的过程中，无形资产评估受许多因素的影响，可分为以下几个方面：

> 无形资产的成本
> 无形资产的使用寿命及摊销
> 无形资产能够创造的价值
> 同行业无形资产的发展前景和无形资产的价值评估标准
> 无形资产的未来发展方向
> 转让无形资产的成本、支付方式等

这些影响因素有助于我们对无形资产做出正确、合理的评估，并实现双方的公平正义。在企业无形资产评估过程中，可以参考很多模型，也可以选择很多方法。在合理的选择中，应考虑无形资产的垄断性和特殊性，并应充分考虑无形资产的未来利润，衡量其带来收益的能力。

在并购实务中，可通过基本指标和修正系数指标评估企业的价值：

（一）基本指标

基本指标可以清楚地反映企业的当前资产价值状态，如无形资产收入的当前价值、有形资产的当前市场价格或重置成本，以及企业当前获利能力的收益状态。一般而言，人们大多选择成本收益法，在评估无形资产时考虑到资产的现值并消除资产的折旧。但是，在使用这种方法基于双方的协议进行无形资产评估时，应注意差异和发展趋势。当下企业并购中的无形资产评估方法主要包括市场法、成本法和剩余收益估值法，不同的方法从不同的角度进行资产评估。

1. 市场法

市场法是一种资产评估方法。该方法找到与被并购企业的无形资产在市场中的价值相当的参考，比较和分析两者之间的差异，并调整价值。该方法的重点是找到与被评估的无形资产同等的参考。以品牌为例，如果与市场上评估的品牌相当的品牌价值为 55 万元，综合考虑多种因素，该品牌资产的价值估计约为 55 万元。

2. 成本法

成本法是根据无形资产当期估值的重置成本确定其无形资产价值并扣除损失的方法。该方法侧重于无形资产的成本投入与损失。计算公式为无形资产的价值等于重置成本减去各种损耗，此处的重置成本可以通过使用历史成本或当前价格转换成本来确定。例如，如果合并公司的无形资产的重置成本为 99 万元，各种损失为 28 万元，则根据成本法，无形资产的价值为 71 万元。

3. 剩余收益估值法

剩余收益估值法是从会计收入中扣除所有权资本成本后的余额。剩余收益的基本观点是，仅当公司的净利润超过股东要求的报酬时，才被视为获得了正的剩余收益。根据此理论，无形资产的价值等于公司所有者权益的账面价值的现值加上预期的剩余收入。

（二）修正系数指标

修正系数指标是基于业务运营中非量化影响因素对基本指标和公司价值的影响程度，使用某些方法通过修正系数来显示上述因素的变化对公司价值的影响，并修改基本指标，从而获得更加准确客观的企业评估价值。评估标准可以根据国家或同行业、类似企业的水平进行分类，一般可以分为优、良、中、低、差等几个等级。然后根据每个影响因素的重要性设置不同的权重，以修改企业价值水平的整体水平图。

对修正系数及其评价标准框架可做出这样的分析：

其一，衡量企业无形资产的价值是根据资产在使用期间可创造的收入的现值确定的，这是国际惯例。为了更准确地反映该值，可以设计修正系数 A。修正系数 A 将反映企业经营水平对无形资产使用情况的影响。换句话说，管理水平高的公司将能够更好地利用现有无形资产。因此，修正系数 A 可以使用 Wall 评分法或我国 1999 年财政部针对国有企业的评分规则计算过去企业的综合绩效得分的方法（百分比系统）来计算。用它来修改公司当前无形资产的估计或实际年收入。

公式为：

$$目前年收益×修正系数 A = 平均未来年收益评估值 \qquad (3-6)$$

其二，无形资产的使用期限以合理的利用年限值为基础，再乘以修正系数 B 予以调整。因为该项无形资产究竟可以用多久，很大程度上取决于本行业同类科技发展水平高低，如果科技发展速度快，则此项无形资产寿命很有可能缩短，或立即被取代。所以，修正系数 B 应向反方面取值，即企业技术革新程度越快，修正系数 B 取值越小，修正系数 C 用于修正无形资产的价值。由于相同的重置成本或可变现净值在不同的企业中使用的方式不同，因此，修正系数 C 的公式为：

$$修正系数 C = 企业资产的使用效率/同一行业中相似资产的使用效率$$

$$(3-7)$$

除无形资产外，企业商誉还可以使用修正系数进行评估。企业商誉是指公司未来可能的商机创造的收入的现值之和。公式为：

$$未来收益现值之和 = \sum_{t=1}^{n} \frac{第 t 期的期望收益}{(1+折现率)^t} \qquad (3-8)$$

式中：年收益期望值受将来可行解决方案的期望回报和许多因素的影响。可以理解为：

$$年收益期望值 = 预期的未来收益×修正系数 D \qquad (3-9)$$

$$预期的未来收益 = \sum 在各种情况下的收益水平×发生各种情况的概率$$

$$(3-10)$$

$$修正系数 D = 企业人力资源的潜在水平×因素重要程度(50\%)+$$
$$销售收入中技术创新和开发成本的比例×因素重要程度(30\%)+$$
$$市场竞争后的风险状况×因素重要程度(10\%)+$$
$$企业的当前业务状态(得分值)×因素重要程度(10\%) \qquad (3-11)$$

专家可以根据雇佣条件、激励机制和人员结构来评估企业人力资源的潜在水平。分数基于百分比系统，可以根据不同行业的适当重要性选择就业条件、激励机制和人员结构，以选择权重比。技术创新和开发成本占销售收入的比例在很大程度上决定了公司的未来发展潜力。因此，公司应根据其收入比例进行评分。在实践中，该值应该适当地根据该公司位于行业的特性来选择。

上述无形资产和商誉评估框架表明，公司价值不仅与公司当前拥有的资产的价值有关，而且与如何使用这些资产以及公司采用的管理政策和方法密切相关，并且这些又与公司的人才有关。资源状态与管理决策者的才能和质量有关。因此，有必要根据个人资产评估来修改公司资产的价值，以使其更能反映公司的真实价值。在评估中，修正系数的适当性非常重要，关键在于修正系数的计算方法是否科学、完善。

三、存在的问题

在无形资产评估时，要注意以下问题：

第一，重视无形资产的界定与评估。在企业并购中，有必要准确定义无形资产，并在此基础上进行评估。无形资产可以分为广义和狭义两种。广义上的无形资产包括金融资产、专利权、商标权等，而狭义上的无形资产仅指专利权和商标权。在公司并购中，主要是对无形资产的评估，如专利、商标权、经验和渠道。特别是对渠道等无形资产的评估不能忽略，因为可以直接量化金融等无形资产，还可以销售专利和商标等无形资产。为了进行评估，在企业并购中容易忽略渠道，并且这些资产不容易评估。这就需要仔细分析企业并购中的各种无形资产，并进行准确的评估，以为企业并购决策提供依据。

第二，无形资产的协同效应。无形资产的协同效应主要表现为并购后品牌、技术和文化等无形资产的内部效应，可以减少专利使用费等支出。同时，企业文化的协同作用可以帮助改善企业文化，增强企业人员的凝聚力，提高企业的运营效率。无形资产的协同作用对企业的长远发展有着深远的影响。过去，评估公司的价值侧重于对公司资产的评估，而忽略了协同效应的影响，这通常会影响并购价格的上限，进而影响并购决策。为了更好地为公司管理层提供有效的决策信息，在评估企业并购的企业价值时，应进一步考虑协同作用对评估价值的影响，而不仅限于对实际资产的评估。协同效应可以为企业带来更多的增值。当协同收益加重大资产评估的价值大于收购价时，对收购方有利。

第三，选择合适的无形资产评估方法。不同的无形资产评估方法在使用难度、可操作性和合理性方面有很大差异。对于企业并购如何选择无形资产评估方法，不仅需要考虑方法的可操作性，而且还要考虑并购需求和实际条件的约束。从难度角度来看，成本法比较容易，而收益法则比较困难。从合理性的角度来看，成本法具有不真实、滞后的特点。收入法面向未来，可以更全面、更真实地反映无形资产的未来获利能力。在企业并购中，有必要权衡各种无形资产评估方法的利弊，并找到可以被合并双方接受和认可的合适的评估方法。考虑到难以完全量化无形资产评估这一事实，可以在企业合并和收购中使用有针对性和定量的组合来确保资产评估的真实性。

第四，做好无形资产未来收益预测。对于并购公司而言，收购无形资产的最终目的是为公司带来预期的收益。因此，收入预测分析是确定公司并购的重要基础。如果公司认为无形资产的价值不高，不能给公司带来良好的收益，则将不可避免地减少无形资产的估值；反之，将增加企业无形资产的估值。在分析无形资产收入预期时，应充分考虑间接收入和长期收入，注意外部因素变化对收入的影响，并确保收入的准确性。

第五，注重并购后无形资产的有效整合。合并完成后，有必要整合合并后公司的无形资产，通过整合实现优势互补，最大限度地发挥无形资产的重要作用。以企业品牌整合为例，如何整合被收购企业的品牌，确定品牌定位，做好双品牌或多品牌管理，是无形资产有效整合的关键。

无形资产价值评估

甲企业为生产制造企业，为了使企业生产的 A 种产品更新升级获得更高利润，拟从乙企业通过转让方式获得一项专利 C，使用专利 C 后产品升级换代并在市场中销售量大幅提高，且销售价格也随之上涨，与此同时成本也略有增加。已知该专利的重置成本为 200 万元，专利成本利润率为 400%。该企业资产的重置成本为 6000 万元，成本利润率为 13%。该企业年实际生产能力为 25 万件，每件生产成本为 100 元，预计未来四年的市场出售价格分别为 150 元、160 元、130元和 130 元，第五年至第八年的售价保持在 120 元。其折现率为 15%，企业所得税税率为 33%。

现委托评估机构评估专利 C 的所有权转让价值，且拟选取利润分成法计算该专利的价值。评估基准日为 2008 年 12 月 31 日。经机构调查人员核实，该专利是一项实用新型专利技术，2003 年 1 月 1 为申请日，2004 年 1 月 1 日获得审批，该专利尚未允许第三方使用，专利权原所有人也不曾使用且上述分析均切合现实情况。

要求：根据上述资料，试确定该专利使用权的利润分成率以及该专利转让价值的估计。

（1）约当投资量的计算：

无形资产约当投资量＝200×（1+400%）＝1000（万元）

购买方约当投资量＝6000×（1+13%）＝6780（万元）

(2)利润分成率的计算：

无形资产利润分成率=无形资产约当投资量/(购买方约当投资量+无形资产约当投资量)×100%=1000÷(6780+1000)×100%≈12.85%

(3)剩余收益期的计算：

按我国《专利法》规定，实用新型专利的保护期为10年，自申请日开始计算收益期。

无形资产剩余收益期=10-5-1=4(年)

(4)实施专利后超额收益的计算：

第一年：(150-100)×25×(1-33%)=837.5(万元)

第二年：(160-100)×25×(1-33%)=1005(万元)

第三年=第四年：(130-100)×25×(1-33%)=502.5(万元)

第五年至第八年不在法律保护期内，因而不计算超额收益。

(5)该专利的转让价值：

P=837.5×(P/F, 15%, 1)+1005×(P/F, 15%, 2)+502.5×(P/F, 15%, 3)+502.5×(P/F, 15%, 4)=837.5×0.8696+1005×0.7561+502.5×0.6575+502.5×0.5178≈2078.75(万元)

此案例按照收益法的基本原理，把握了收益法应用中的关键问题——超额收益与收益期限的确定，从而通过折现计算出无形资产的现值。在收益期限的确定中考虑了合同规定的有效期以及实际剩余使用寿命；超额收益则严格按照利润分成率法测算，体现了收益法的特点。需要注意的是，在实际评估中，评估人员还要关注因市场波动、政策变更、技术更新和资产收益水平的变化而影响折现率的变化情况，以此科学地运用收益法评估无形资产。

第三节 经济利润价值与企业全面价值管理

一、经济利润分解

在现代企业组织中，每个业务部门在资金和运营管理方面都具有独立和自主的权利，即管理自己的资金，承担成本和利润管理以及资金管理的职责，并提升具有一定投资决策权的公司部门的投资管理能力。这些管理活动通常反映在实现经济利润中。根据计算经济利润的公式，经济利润可分解为三个因素：投资回报率、单位资本成本和投资资本(见图3-1)。可以进一步分解影响投资回报率的销售利润率和资本周转率，并且可以从损益表和资产负债表中获取分解后的财务信息。因此，公司可以跟踪进一步细分的价值链，分析和评估各个部门和运营部门在创造公司价值中的作用，然后根据细分的价值因素进行价值分析。

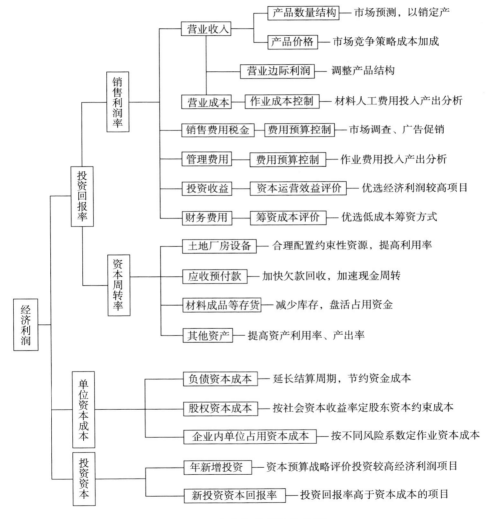

图 3-1　企业经济利润的分解

资料来源：李晓明，袁泽沛 . 论企业价值评估与全面价值管理 [J]. 武汉大学学报(社会科学版)，2002(3)：312-318.

二、企业价值因素分析

根据投资资本收益率、资本成本和投资资本增长率的分解因素，可以研究企业价值的变化，并进行企业价值因素分析。

首先，找到确定经济利润的方法。例如，通过提高售价或削减成本来提高利润率；要求业务部门减少销售费用、管理费用和辅助费用；降低库存和应收账款水平，加快资本周转速度，提升销售利润率和资本周转率，并提升经济利润。

其次，部门绩效评估应与企业价值评估相统一。有必要使部门业务的发展与企业的整体业务战略相协调。简单地评估投资回报率很容易忽略公司的长期发展能力，而从短期利益出发，以减少必要的资本投资趋势。提升一个部门的投资回报率的行为有时会降低企业的价值。使用经济利润评估指标，可以为具有不同风险的投资项目选择不同的资本成本，可以设置不同的风险系数来调整资本成本，可以评估不同部门和不同资产项目的经济利润。投资建设高经济效益项目和部门，提高资本收益率和资本集约化经营水平。

再次，在生产和经营过程中，应将经济效益分析从企业或部门扩展到每个产品，每个产品或客户的经济利润应分别计算。根据基于活动的成本核算方法，将某些资产分配到单独的产品中。如果库存直接属于单个产品，则可以在特定生产产品的范围内使用专用的生产设备、工具、测试设备和其他资产。根据此类受限资源的消耗程度，将其分配到产品和服务项目之间。也可以采用相同的消耗标准，如将机器时间、折旧、维护和电力成本分配给产品。将运营成本分析与经济利润分析相结合，不仅可以解决对公司财务报告的误解，纠正主观上将企业间接费用分配给产品的趋势，还可以使管理人员掌握生产经营链的盈利能力，并专注于发生经济损失和有价值缺陷的区域。对于特定的业务以及单个产品和经济利润为负的客户，及时采取措施改善治理，维持、调整和扩大投资收益高于单位资本成本的经济业务。

最后，有必要对价值影响因素进行全面的情景分析。确定关键价值影响因素是一个创造性的过程。对于与各种决策对应的价值影响因素，绘制有助于决策的价值影响因素树形图和因果关系图。例如，营业利润率可以基于产品和地区或消费者将其分解并分析其各自的因果关系。另外，价值影响因素不能被孤立地看待。例如，价格上涨增加了营业收入，也可能导致市场份额下降。为此，可以使用场景分析来分析各种因素对企业或企业内业务部门价值的影响，以了解价值因素之间的关系，并帮助管理人员了解业务战略与价值之间的关系。价值影响因素和情景分析将管理行为对公司价值的影响联系起来，分析各种冲突的影响因素，找出主要的关键因素，并采取相应的价值评价措施，使价值量化更加可信。

三、全面价值管理评价的特点和方法

从经济利润的角度来看，公司价值除了内部来源，还与外部竞争环境密切相关。可以表示为：

企业创造的价值=消费者剩余+生产者利润

$$=（消费者效用价值-商品价格）+（商品价格-生产成本）$$

$$(3-12)$$

因此，保持长期竞争优势的公司必须同时实现不低于其竞争对手的消费者剩余满意度，并获得更大的销售利润。决定价值创造的消费者效用价值和生产成本取决于公司在市场竞争中的产品差异定位、成本定位和经济规模定位。如果以较低的生产成本获得相同或更高的消费者效用价值，则必须根据市场变化制定相应的差异化战略、成本领先战略和集中注意力战略。因此，基于价值的管理是一项系统性的、战略性的、适应性强、全面的和长期的工作，是对企业价值链的全成员和全过程管理的系统性组织活动。公司价值影响因素改善整个公司组织内的战略和业务决策，从而可以提高公司价值。由于创造企业价值的主体是经营和使用资本的人员，价值管理的重点不仅在于方法，更重要的是，促使所有员工重视创造企业价值，规范所有员工结账和处理财务的过程，形成企业文化。

在管理程序方面，全面的价值管理实现了价值目标计划、价值指标分析、价值管理评估和价值问题处理的四个阶段的循环管理。

第一阶段：价值目标计划。评估战略决策计划，在不同的业务战略之间做出选择，并确定企业价值目标。

第二阶段：价值指标分析。分解公司价值目标，衡量实现特定目标所需的资源投入和产出收益，并确定应自上而下实现的特定价值绩效目标。

第三阶段：价值管理评估。在价值评估责任中心的基础上，很明显，责任中心的绩效指标按业务运营和价值链划分，并跟踪和评估实施结果。

第四阶段：价值问题处理。发现价值缺陷，识别关键价值影响因素，权衡各种影响因素，找出影响价值的主要问题，并采取价值对策。每个周期管理都达到了新的水平，以提高价值管理水平。

第四节 企业价值评估支持系统

一、市场价值评估的战略管理体系

行业生命周期可分为四个阶段：发展、增长、成熟和衰退。在经济衰退时期，销售和利润急剧下降，产能严重过剩，竞争激烈。企业可能面临一些不可预测的风险。企业在运营中将面临各种市场竞争风险。高利润将吸引潜在的竞争者进入，分享原始的市场份额，刺激现有公司之间的价格竞争，并减少毛利润。传统产品将面临替代品的威胁，必须及时评估新旧产品的性价比，并做出产品决策。原材料供应商还存在议价空间以提高价格而产品购买者降低价格，从而增加业务成本并减少收入的威胁。企业的竞争优势还将随着市场竞争环境的变化而发展。当优势发展时，经济利润增加并且价值流入。当保持优势时，经济利润保持不变，价值稳定。当新竞争者进入市场环境和消费者效用价值变化时，公司将无法适应，竞争优势将被削弱，经济利润将下降，价值将流失。

因此，通过分析与行业生命周期和各种竞争因素相关的价值指标，可以及时发现风险，建立风险评估系统，量化风险损失，进行风险控制，加强风险管理以及防止各种风险的发生。此外，建立预警系统以适时改变竞争策略，以跟踪和监视产品市场份额和消费者需求的动态变化。定期预测和分析消费市场需求以及需求价格弹性和产品市场份额，并评估公司在整个行业中的地位、新的市场机会以及相对于竞争对手的优势和劣势。通过评估市场价值，评估目标企业的业务战略。

二、核查全面预算的价值指标体系

现代公司业务经营的多元化、经营区域的扩大以及管理权的下放，使得统一的目标计划和下放的管理控制在企业的整个业务流程中占据了更加重要的地位。为此，每年需要为企业的核心业务项目和资金制订全面的管理计划，该计划的价值就是综合预算。在每个会计年度开始之前，分解经营过程的价值链，根据价值指数反映企业的各种收支构成，并使用会计预算法控制公司的年度经营目标和各个部门与项目的年度目标。公司的价值指数将向公众发布，为业务管理提供预算受限的价值指数信息。

综合预算(全面预算)是协调、控制和评估企业所有部门和运营中心的基础。综合预算主要包括三个部分：经营预算、财务预算和专项决策预算。企业总体预算中的各种预算是前后连接的，并且相互连接。它基于企业的业务目标、对市场需求的研究和预测，并以销售预算为主导，包括生产、成本、现金收入和支出等。整个预算系统以预计的财务报表终止。综合预算应采用统一的格式和编制程序，将其纳入计算机信息系统的管理中，建立预算网络，自动跟踪和检查，与会计期间的实际金额进行比较，分析差异，评估绩效，以及促进价值思维、价值创造。

三、价值责任中心的考评组织体系

基于团队进行全面的价值管理，应根据责任和控制范围的不同将其分为成本中心、利润中心和投资中心。成本中心是评估实现最低成本目标的组织单位。利润中心是旨在获得最大净利润的组织单位。投资中心是组织单位，其业务目标是获得最大的投资收益和经济利润。通过对不同责任中心进行责任目标的相应评估，可以实现整个企业价值管理的全面控制。从经济利润分解的价值指标：投资回报率、资本成本、资本占用以及进一步分解的运营成本和费用，是每个责任中心的绩效评估指标。成本中心的责任目标和评估指标主要包括可控成本、标准成本和费用预算；利润中心的责任目标和评价指标主要包括利润、营业利润率；投资中心的责任目标和评价指标主要包括经济利润、投资回报率、总资产周转率。除了评估财务指标，每个责任中心还可以根据通过平衡计分卡方法创造经济利润的因果链评估非财务指标，如客户、内部业务流程、员工学习和成长、客户满意度、市场份额、交付率、产品合格率、优质产品率、产品创新、生产周期、员工培训和技术、管理水平的提高、内部控制体系和工作程序等，实现企业全过程价值评估。

第五节　创值评估体系

创值(价值创造)评估系统的基本指标包括创值、创值率和权益价值创造率。每个指标均具有不同的含义和应用。根据价值创造系列指标，我们可以全面衡量公司股东的真实价值、市场增加值和其他适用指标，这些指标广泛用于公司投资分析和并购计划的选择。

一、计算公式与指标含义

(一)创值评估体系的计算公式与指标含义

创值即价值创造,就是减去资本成本(包括债务资本成本和权益资本成本)后的资本收益。公式为:

$$创值 = 税后营业利润 - 资本投入额 × 加权资本成本率 \quad (3-13)$$

式中:税后营业利润根据资产负债表进行调整,包括利息和其他与资金使用有关的付款。利息支付折算成收入后,也应扣除税款。

资本投入额是业务实际占用的资本额,与我们通常熟悉的总资产和净资产的概念略有不同,通常介于两者之间。具体计算包括资产负债表中某些资产类型项目和负债的重新调整和合并。

$$资本投入额 = 股权资本投入额 + 债务资本投入额 \quad (3-14)$$

$$加权资本成本率 = 股权资本比例 × 股权资本成本率 +$$

$$债权资本比例 × 债权资本成本率 × (1 - 所得税税率) \quad (3-15)$$

在创值的计算中,最困难的是股权资本成本的计算。通常用无风险收益加上企业投资的风险补偿来表示。最常见的方法是使用资本资产定价模型(Capital Asset Pricing Model,CAPM)。

$$R = R_f + \beta × (R_m - R_f) \quad (3-16)$$

式中:R 为股权资本成本率,R_f 为市场无风险报酬率,R_m 为市场风险报酬率,β 为股票的风险系数。

创值是一个全面的积极指标。公司的所有经营行为都是如何最大限度地创造公司的价值。因此,无论其利润指标如何,总创造价值越大越好。

除了分析和比较价值创造指标,更重要的是它们的增长。价值创造的增加会增加市场价值,价值创造的减少会减少市场价值。因此,对公司经营业绩以及是否具有投资价值的评估主要在于其价值创造能力是否较上期有所增加。增长幅度越大,运营绩效越好,公司价值增长幅度也越大。

(二)创值率的计算公式与指标含义

创值率由单位资本投资创造的价值决定。它衡量公司资本运营的效率。实际上,它等于公司投资的实际资本收益率与加权资本成本率之差。

创值率＝创值/资本投入额＝投入资本回报率-加权资本成本率　　（3-17）

与净资产收益率一样，创值率也是一个积极指标。高指数表示该公司具有较高的运营效率。只有保持一定水平的价值创造率，才能真正保持有效的增长。但是，价值创造率并不是越大越好。只要公司的价值创造不断增加，其价值创造率略有下降也是合理和适当的。因为只要创造价值不断增加，公司的价值就可以最大化。价值创造的最大化与价值创造率的最大化不同步。因此，在价值创造最大化的前提下，价值创造率的小幅下降有利于公司的发展。

股权创值率是由股东投资于单位资本中创造的价值决定的。它从股东的角度看待公司价值的增长，并在一定意义上反映了股东的投资回报率。

股权创值率＝创值/股权资本额　　　　　　　（3-18）

与创值相比，创值率及股权创值率的重要性在于，价值创造反映了公司的价值创造"规模"和抵抗风险的能力，但在一定程度上价值创造无法反映"效率"，计算是人为的，因此，在确定机会成本时可能会有偏差。对于大型公司，如果计算出的机会成本小于实际机会成本，则估计的总价值创造可能会大大增加，从而使本来会消耗价值的公司成为正数。因此，股权创值率越大，公司的运营越有效。

二、评价公司并购绩效标准

由于权益资本成本的计算方法不同，公司的资本成本也不同。因此，采用 EVA 指标评估公司的经营绩效与评估公司的资本保值和增值存在不同的标准和要求。根据公司的具体情况和评估原则，存在以下标准：

（一）基本标准

基本标准和要求是公司的净利润应大于或等于股本的时间价值，可以将其称为基本 EVA 值。具体计算公式为：

$$基本\ EVA = NOPAT - IC \times \left(\frac{D}{D+E}\right) \times R_d \times (1-T) - IC \times \left(\frac{E}{D+E}\right) \times R_F \quad (3-19)$$

式中：NOPAT 为税后营业净利润，IC 为投资资本，D 为长期债务，E 为所有者权益，R_d 为长期债务的成本，R_F 为无风险收益率投资，T 为企业所得税率。

根据式（3-20），当指数为零时，表示资本所有者的投资资本没有损失，即资本价值得以保留。通常，当指数大于零时，表明资本所有者的投资资本价值增加，经营业绩良好；当指数小于零时，表明资本所有者的投资资本遭受损失，经营业绩不佳。

（二）理想标准

理想标准和要求是公司的净利润应大于或等于权益资本的普通股成本，可将其称为理想 EVA 值。具体计算公式为：

$$理想\ EVA = NOPAT - IC \times \left(\frac{D}{D+E}\right) \times R_d \times (1-T) - IC \times \left(\frac{E}{D+E}\right) \times R \qquad (3\text{-}20)$$

式中：R 为根据资本资产定价模型计算出的普通股成本，其他符号与上述含义相同。

根据公式，当指数小于零时，表示公司的经营没有达到投资者期望的水平。资本所有者的投资不仅不能维持价值，而且遭受损失和经营业绩不佳；当该指标为零时，表明该资本所有者的投资资本已实现价值保值，经营业绩为中等水平；当指数大于零时，表明资本所有者已经获得了所投资资本的价值，并具有良好的经营业绩。

三、创值评估体系与利润评价体系比较

公司的目标应该是最大化股东价值。股东价值包括两部分：一是股权价值，即股东直接投资于企业的本金；二是创造价值，即企业通过生产和经营活动创造的增值。

公司的价值创造似乎由公司的利润组成，但事实并非如此：利润的计算没有考虑权益因素，权益具有机会成本。从股东的角度来看，有多种投资选择。如果其他投资机会更具吸引力，则可以改变投资方向。因此，公司必须向股东支付他们放弃其他投资机会时所损失的收益，即机会成本。该机会成本应该是股权的"自然"增值部分，而不是公司的额外创建，也就是说，只有不包括股权资本成本的利润才是公司的增值部分。在企业合并决策中，仅考虑目标企业的利润是不够的。为了真正了解企业的价值是否增长，股东权益是否得到保障，还必须从利润中扣除股权的机会成本。从企业的角度来看，股本成本是公司为了获得特定的投资机会并从资本市场吸引资本所必须达到的投资回报率。如果资本收益率低于投资者要求的收益率，将很难在资本市场上吸引资本。

具体而言，创值评估系统与利润评估系统相比具有以下特征：

（一）使用信息的安全性

利润指数不考虑免息补偿的资本占用，而仅使用公司运营信息的一部分来评估公司，因此，它是单方面的；价值创造考虑了公司实际使用的所有资本，包括

股权资本和其他无息补偿资本，即充分利用公司提供的所有公开信息，因此，评估更加全面。

（二）反映结果的真实性

为了实现某些目标，如获得股票的权利，与做市商合作，避免退市等，一些上市公司通常不得不进行某些利润操纵。由于这种利润操纵直接针对利润指数，无法通过利润指数本身找到。但是，在计算价值创造率时，由于考虑了所有实际使用的资金，可以真正衡量企业的实际运营状况。

（三）揭示价值的明确性

创值揭示了公司价值的来源，表明最大化价值创造意味着最大化股东价值。它清楚地表明，如果创造的价值是正的，那么企业将增加价值，创造的价值越大，增加的价值就越大；如果创造价值为负，则企业将贬值。利润没有这种清晰度。当利润为正数时，公司不一定会增加价值。

创值率反映了企业的资本运营效率、企业的项目收益率以及企业选择优秀项目的能力。其一，创值率可以准确衡量公司的融资政策。除了发行股票，公司的融资方式还有发行债券或贷款。在目前低利率的情况下，贷款的使用较为便宜，而上市公司则表现出分配资金的冲动，这表明其融资政策没有遵循股东价值最大化的原则。其二，在确定资本投资方向时，可以根据项目创造的价值来做出决定。对于具有较高价值创造率的项目，可以投资更多；对于创值率低的项目，可以减少投资；对于负值率的项目，不应进行投资。这些功能是公司运营水平的基本表现，因此，创值率反映了公司价值的增长潜力，并衡量公司价值增长能力。高创值率表明公司管理完善，将来更有可能增加价值；低创值率表明该公司的运营和管理存在问题，其可持续发展值得怀疑。创值率的突然下降表明了公司增加价值的能力遭受重大挫折，之后这种情况的进一步发展是企业损失。

创值的计算应考虑股权的机会成本，而具有不同风险的公司所要求的机会成本率是不同的。风险公司的机会成本率很高，在计算创值时会有更多的扣除，抵销后创值将不再包含风险的影响，因此，具有不同风险的公司可基于利润指数考虑这一因素。它模糊了不同公司的风险边界，并比较了处于同一级别的具有不同风险的公司。这显然是不合理的。

简而言之，创值评估系统可以完全、真实地反映公司的实际运营状况和运营能力。只有价值创造才是企业价值的源泉，利润只是表象。从价值创造公式的角度来看，价值创造越高，利润就越高；但是低价值创造并不意味着利润低。

四、在企业并购决策中的应用

(一)创值在上市公司并购价值分析中的应用

在资本市场上，收购方最关心的是如何评估上市公司的真实价值。价值创造可以帮助收购方更准确地判断上市公司的实际价值与市场价值之间的差距，从而做出正确的并购决策。

在价值创造评估系统中，公司股东的真实价值是股东权益的折现和公司未来价值的创造。该值在理论上存在，但在实践中不为人所知，因为将来的价值创造仅在将来才知道。通常可以在某些假设下估算此值，这称为公司股东的期望值；公司的市场价值是指公司在股票市场上作为开放整体的价值，通常使用总市场价值来表示。

收购方可以通过比较市场价值与实际价值之间的差距来确定公司是否具有购买价值：市场价值低于实际价值，意味着公司的价值被低估并且可以投资；市场价值高于实际价值，意味着该公司的价值被高估并且不应被购买。

从长远来看，价值创造是上市公司真实价值的决定性因素。市场价值围绕真实价值波动，但与此同时，它经常受到短期政策和市场供求等系统性因素的影响，并偏离了真实价值。也就是说，公司的真实价值是相对稳定的，但其市场价值往往会急剧波动。因此，建议投资者基于价值创造评估系统做出投资决策时，可以根据市场状况的突然变化不断调整投资时机和投资组合。

(二)创值率指标在上市公司利润变化趋势中的预警作用

价值创造率指标可以在企业利润损失的预警中发挥作用。如果公司的价值创造率显著下降或变为负值，则明年的业绩需要保持警惕。根据一些学者对公司价值创造率变化趋势的实证分析，可以发现上市公司在以下三种情况下会出现经营亏损：

一是价值创造率已经连续两年徘徊在较低水平；二是价值创造率急剧下降，下降到接近于零(尤其是当它下降为负值时)；三是价值创造率持续下降，下降到接近于零(特别是当它下降到负值时)，价值创造率的排名也继续下降，并下降到非常低的位置。

应该注意的是，价值创造率预警不是万能药。一些公司的损失无法提前反映在财务报表中，价值创造率也无济于事。此外，价值创造率只是预警，并不意味着一定会有损失。同时，价值创造率指数和利润指数各有侧重，不能相互替代。利润指数本身有时会起到警告的作用。

（三）创值评估体系在并购前后公司价值管理中的应用

创值评估系统不仅可以作为价值评估的手段，而且可以应用于公司的管理决策系统。目前，以创值为中心的新型企业管理系统已在全球范围内广泛采用。无论是《财富》500强公司还是许多小型私人公司，以及银行、行业和政府管理部门，它们都在积极引入和应用创值管理。它带来了良好的运行效果。从国外创值管理的应用实践来看，创值管理能够逐步取代传统的利润目标管理作为企业管理决策系统，并带动公司价值增长的原因在于，它涵盖了财务预算、财务决策、业务重组和收购、股东交流和奖励金等重要信息，在公司的管理过程中起着重要作用。

1. 价值管理

创值管理结束了公司内部绩效评估标准混乱的局面，成为公司进行融资决策、业务重组、激励补偿、制定发展战略的重要参考依据。

创值即价值创造的概念终结了传统利润管理体系下业务目标极度混乱的局面，将复杂的评估指标整合为统一的标准，即如何改善公司的价值创造并为企业创造最大价值。一般来说，公司有不同的业务部门，并且公司的总体利润目标通常是通过利润分解来实现的。结果每个部门将部门的利润最大化作为主要业务目标，而忽略了对投资资金来源和资本规模的考虑。部门经理为了争取部门的利润增长，首选通常是说服老板提供更多的资金（资源），而不是试图提高业务运营效率，因为实现前者显然更容易。这种行为的结果通常是某些行业的投资不足，而另一些行业的投资却过高。

创值（价值创造）管理系统能够有效解决这一问题的关键原因在于，价值创造管理系统将每个业务部门视为一个独立部门来计算资本成本和资本收益，并将为每个业务部门提供激励和价值创造与增长挂钩。资本成本的计算要求每个管理者仔细评估其投资行为，并有效地抑制了各个部门之间的竞争和资源滥用现象。管理者为股东创造价值的水平决定了股东和管理者自身的回报，这不仅有效地抑制了部门行为的短期趋势，而且有效地促进了公司价值的长期增长。

2. 价值率

我们可以利用创值率的预警机制对上市公司进行价值判断。就投资者而言，发布创值率预警的公司应尽量避免这样做。对于公司的经理而言，在警告创值率之后，至少应从以下几个方面进行审查：

一是评估现有的投资活动，看创值率是否为负。如果创值率为负，则应该停止投资并尝试提取资金。如果创值率是正数，则可以使用额外的投资来提高公司整体价值创造率，从而改善公司绩效。

二是重新评估新的投资活动，看价值创造率是否为正。如果创造价值的比率为负，则不要进行新的投资。

三是公司是否在尽最大努力增加现有资产的收入并促进创值率的增长，即在不增加资本投入的情况下更有效地增加收入。

四是公司的融资政策是否适当。在考虑发行股票融资或债务融资时，是否基于增加价值创造率的原则。

因此，价值创造评价体系将在中国企业并购中具有广泛的适用性。我们认为，随着该评估体系的深入应用，将发掘出更多的应用价值，这将改变投资者的并购理念，引导中国企业的重组和并购市场朝着规范化方向发展，并按照国际惯例进行操作。

〖案例〗

益佰制药并购

一、企业概况

近年来，益佰制药进行了大规模的并购。截至 2017 年 12 月 31 日，益佰制药因并购产生的商誉已达 21 亿元，占总资产的 30.14%。但是，在如此大规模的合并背后，被收购的子公司能否为母公司带来真正的绩效？

二、EVA 分析

EVA(经济增加值)的特征是从各个方面考虑企业的资本成本，并以企业的增加值为最终目标，以便更好地衡量企业的绩效。EVA 的计算公式如下：

$$EVA = NOPAT - NA \times WACC \tag{3-21}$$

1. NOPAT(税后营业净利润)

考虑长期费用的长远影响性，表 3-5 为益佰制药 2013~2017 年的营业利润，经过调整，得到的税后营业净利润(NOPAT)能够反映企业资产的获利能力和真实的经营成果。

表 3-5　2013~2017 年益佰制药的税后营业净利润(NOPAT)

单位：百万元

年份	2013	2014	2015	2016	2017
NOPAT	556.77	602.97	289.82	606.33	624.79

2. NA(投入资本)

企业在经营过程中支出的所有资本，即投入资本。益佰制药经过具体调整计算后的 NA 如表 3-6 所示。

表 3-6　投入资本(NA)

单位：百万元

年份	2013	2014	2015	2016	2017
NA	2330.89	4091.13	4630.24	5576.70	6352.43

3. WACC(加权平均资本成本)

这里使用资本资产定价模型，即 $K_s = R_f + \beta(R_m - R_f)$，得出权益资本成本。益佰制药 2013~2017 年的 β 系数分别为 4.58%、0.86%、46.99%、61.91%、11.58%，平均市场收益率(R_m)分别为 -6.95%、54.29%、8.67%、-11.81%、7.52%。无风险报酬率(R_f)为 6.69%。对于债务资本成本的计算，使用到期收益率法得出债务资本成本平均值为 6.14%。随后根据公式：加权平均资本成本=权益资本比重×权益资本成本+债务资本比重×税后债务资本成本，计算加权平均资本成本，具体如表 3-7 所示。

表 3-7　加权平均资本成本(WACC)

年份	2013	2014	2015	2016	2017
权益资本(百万元)	1932.46	3441.65	3585.54	4240.08	4688.88
债务资本(百万元)	402.52	760.52	1052.55	1529.37	1689.89
WACC(%)	6.33	6.31	6.22	6.14	6.14

4. EVA(经济增加值)

根据表 3-5 至表 3-7 的计算结果，计算出的 EVA 如表 3-8 所示。

表 3-8　经济增加值(EVA)

单位:亿元

年份	2013	2014	2015	2016	2017
EVA	2.70	1.94	-0.70	1.12	0.79

　　除了为负值的 2015 年,益佰制药 EVA 呈现下降趋势,其创造价值的能力在下降。从公式及计算结果中可知,投入资本大规模增加,占比急速提高。从表 3-6 中可知,2013 年的 NA 为 2330.89 百万元,但 2017 年为 6352.43 百万元,这几年大规模增加 NA,增速约为 173%。

　　下面进行创值能力指数(创值率)的评价。创值能力指数(创值率)是指经济增加值除以经营净投入。经济增加值(EVA)表示绝对数目,不能排除资产规模的影响,也不能体现创造财富的效率。创值能力指数(创值率)作为一个相对指标,可以用于不同企业的创值能力比较。所以,此处选取同行业其他代表企业——恒瑞医药进行对比分析,见表 3-9。

表 3-9　创值能力指数(创值率)

公司	年份	2013	2014	2015	2016	2017
益佰制药	EVA(亿元)	2.70	1.94	-0.70	1.12	0.79
	经营净投入(亿元)	23.30	40.91	46.30	55.76	63.52
	创值能力指数(%)	11.63	4.63	-1.53	2.01	1.30
恒瑞医药	EVA(亿元)	10.64	12.42	18.58	22.64	31.58
	经营净投入(亿元)	90.48	117.21	112.80	154.86	129.95
	创值能力指数(%)	15.95	15.31	18.25	18.88	19.21

　　如表 3-9 所示,益佰制药的创值能力指数(创值率)比恒瑞医药低并且总体呈下降趋势,而后者的创值能力指数(创值率)总体呈上升趋势。形成对比的主要原因是,益佰制药的经济增加值并未随投入资金的大幅增加而增加,而是呈下降趋势。其经济增加值与净运营投资之间的匹配程度不及恒瑞医药。因此,益佰制药的大规模资本投资并未产生预期的经济附加值,频繁的企业并购并没有有效地提高益佰制药的价值创造能力。

第四章

并购中的财务操作

本章概要

基于前面章节的学习，对如何评估目标企业的价值有了初步认识，本章将结合财务分析对并购中的财务操作进行介绍。本章在介绍并购方式的财务利弊、并购的融资方式的基础上，重点介绍并购中的成本与风险因素、并购过程中的现金流预测法，最后详细阐述并购财务指标评价方法，以便读者深入理解并购中的财务操作与财务分析，能够运用于实际。

学习目的

1. 了解各种并购的财务利弊、并购的融资方式。
2. 了解并购中的成本与风险因素。
3. 掌握并购过程中的现金流预测法，并能够运用于价值评估中。
4. 了解并购财务指标评价。

第一节　并购的财务利弊分析

基于第一章企业并购基本原理的学习，初步了解了并购方式，下文从财务角度，对横向并购、纵向并购、混合并购进行财务利弊分析。

一、横向并购的财务利弊分析

（一）横向并购的财务优势

1. 快速提高企业及其产品或服务的声誉和知名度

横向并购以专业化为根基，立志于产品或服务专业化，推进财务专业化运营。从产业发展和产品定位方面选择一个或几个细分市场，促进企业深入了解细分市场的需求，集中精力进入这些细分市场，并争取在这些市场中占有更大的份额。

2. 有利于提高财务实力和稳固竞争地位

横向并购就是并购经营相同业务的企业，把竞争对手的企业纳入本企业。基于业务内容增加的角度，新产品或劳务与企业现有产品和劳务之间的关系极为密切，这两者相似或者相同。因此，通过并购与本企业有同业竞争关系的企业或业务，可以减少竞争对手。企业规模的扩大和实力的增强提高了企业的信誉度，从而拓宽了融资渠道。企业可以较低的成本获得更多的资金，声誉和商标等无形资产也将获得升值。因此，企业的抵抗风险能力也随之增强。

3. 节省成本费用开支，充分利用剩余资源

规模经济理论认为，相对于横向并购之前，横向并购之后，若企业投入（包括资本、劳动力等）能够得到合理的安排以及分配，则职工的工作效率、产品合格率等都会有明显的提升，形成物尽其用、人尽其才的良好局面和企业氛围，因此，会产生一定的规模经济效益，这也是促进企业不断进行横向并购的重要原因之一。同时，在管理方面，规模经济也有较好体现。例如，拥有多家工厂或分支机构（分公司）的控股公司或集团公司可以使用专门的会计、资金、营销、研发以及法律事务等方面的人才。除此之外，企业的销售队伍以及用于营销的广告费用和售后服务，仅在企业的产量足够大时，才会产生一定的规模经济效益。

4. 并购双方可以取长补短，提升财务整合效果

企业进行横向并购的主要原因之一是想获得对方的专长，弥补自身的缺点，形成该行业更具有竞争力的企业。因此，以专长互补为主要并购原因的横向并购可以快速提高并购双方的经营效益，形成竞争优势。但是，专长互补不仅是指技术方面的互补，还是除技术以外的其他资源的互补整合。例如，资金方面，不同工厂或者分公司由于各自的产销时间不同，资金呈现较强的流动性和互补性，流动资金的运用可以更加均衡，比较容易建立一定的现金储备。同时，横向并购有利于企业将产品投入不同的市场，降低多家企业同时瞄准一个市场而产生市场竞争风险。

（二）横向并购的财务劣势

1. 财务目标过于明显，财务风险相对较高

通过上述财务优势分析可知，横向并购的财务目标较集中和暴露，倘若市场需求发生突变，将可能冲击现有产品或劳务，引发行业竞争激烈，产品的生存周期缩短，而横向并购后企业规模的惯性作用将会导致产品积压，增大企业的经营风险，不仅会使经营难度增加，还可能导致企业经营亏损，甚至造成企业危机。

2. 盲目追求规模经济，超过适当的规模界限，可能会出现规模不经济现象

从实践中可知，规模经济效益程度与横向并购、水平整合程度并没有呈一定的正相关关系。企业在并购后需要一定的时间和精力整合资源，这段时间和花费的精力会影响企业整体的经济效益。除此之外，规模经济效益还是有限度的，在一定的限度内，单位产品的成本会随着产量、企业规模等的提高而降低，但超过适当的界限，可能会出现规模不经济。例如，大型加工设备加大到一定程度时就需要专门的强化结构，内部结构因规模扩大而更趋复杂，这种复杂性会消耗内部资源，使成本上升。

3. 横向并购后企业的管理幅度和层次增加，管理难度加大

从财务角度来看，选择横向并购需要满足以下条件：产品未能充分满足市场需求；生产能力未能充分发挥或扩大生产能力的财力不够充裕；在定价、促销和销售渠道三个方面存在缺口和薄弱环节等。

企业规模的选择与管理能力是分不开的。规模的扩大对管理者的能力和企业现有的制度结构提出了更高的要求。由于信息沟通不畅，决策行动特别是并购后的组织重建步伐放慢，被收购方的员工常常感到无法从企业的新运营模式入手，实际效果可能与预期不符。当然，这些限制也可以通过适当的方法来克服，如实施分散管理。

因此，基于财务视角，产品不能完全满足市场需求、生产能力尚不充裕、在营销（定价、促销、销售渠道等）方面存在差距和薄弱环节等，是在选择横向并购时需要满足的前提条件。

二、纵向并购的财务利弊分析

(一)纵向并购的财务优势

1. 原材料供应上的优势

(1)在原材料供应方面,对于销售方而言,纵向并购可以使销售的形式趋于多样化。例如,纵向并购后的销售方,可以采用设置销售代理人、对买方(用户)采取委托制造或授权产品的方式使其获得产品的代理权,即让产品或者劳务的客户成为产品或者劳务的代理商。对于客户而言,销售方将产品的制造权利授予自己,有利于降低成本、获得竞争优势。

(2)在生产者方面,企业原材料供应的质量和稳定性将得到更好的改善,产品成本将得到很好的控制,各方可以通过控制原材料获得更多的利润,从而提高企业的竞争力。

2. 销售经营上的优势

稳定并拓宽销路。收购方同收购下游分销渠道利用其现有的销售网络,拓宽原有销售渠道销售自身的产品,缩短与终端消费市场的距离,降低销售成本。一般来说,制造商通常更关注经济效益,并认为应尽量缩减销售费用。在企业追求利润的目标下,应尽可能增加固定成本的边际贡献,即销售更多的产品并尽可能扩大市场,因此以参股或控股的形式投资具有良好销售网络的下游企业是良好的选择。

3. 充分利用资源并节约内部成本

纵向并购不仅可以扩大生产经营规模,节省通用的设备费用、成本费用等,而且可以加强生产过程中各个环节的配合,有利于协作化生产。可以加速生产过程,缩短生产周期,节省运输成本、仓储成本、资源和能源消耗等,从而降低了质量检验成本,减少了资金周转周期和资金占用。此外,合并后,两方不再是独立的法人过去两方之间可能涉及的税收成本(如增值税)得到控制。

根据纵向并购的自配套效应理论可知,纵向并购大大降低了成本并产生了巨大的经济效益。第一,并购双方不再具有独立的法人身份,没有了过去两者之间的税收成本。第二,降低了管理成本,并且节约了存储成本和运输成本。第三,减少了检验成本和质量成本,并且没有外部分销商的"合理利润",从而减少了资金占用和交易成本。

(二)纵向并购的财务劣势

1. 增加了财务风险

如果实现了纵向并购，则产品由采购变成自产。纵向并购前，在目标市场购买一批产品的成本是可变的。纵向并购后，由于是内部生产和销售，即使市场上的原材料成本降低，企业也要承担额外的固定成本，而不是采用较低的市场价格。而上游企业的销售额影响下游企业的销售额，这样两家企业波动的因素也会导致整个产业链的波动。因此，纵向并购增加了企业的财务风险，也暴露了企业在收入上较大的周期性变化。

2. 财务弹性低

纵向一体化意味着一家企业的命运至少部分取决于其内部供应商和客户的竞争力。技术变革、产品设计、零件设计、战略失败或管理问题都会导致内部供应商成本高、质量低、产品和服务不当，或失去内部客户和分销渠道。与和独立公司签订合同相比，垂直联盟增加了更换其他供应商和客户的成本。例如，一个处于领先地位的企业与其在生产过程中所必需的包装原材料企业向后联合，虽然技术上的变化使这种包装形式劣于其他形式，但其他形式包装的供应商不能生产，于是最终不得不放弃其他形式包装的供应商。

3. 资本需求大，资金运用灵活性差

如果与公司所提供的资金相比，上游公司与下游公司对资本的需求较大，在并购形成的新公司中重新注资的需求将暴露其战略风险，即整合可能耗尽公司的资本。同时，整合将降低企业配置投资资金的灵活性。由于垂直链的每个部分都独立运作，公司可能被迫投资于其他部分以获得整体利益，而不是利用资本实现利润最大化。例如，一些大型的、联合的原材料供应企业，由于缺少多样性的资本而从事了低收益的经营，由于资本密集的、联合的经营已经消耗了大部分资金，这些企业的目的仅仅是维护在经营过程中资产的价值。

4. 激励降低和定价难题

纵向并购意味着通过已有的关系进行购买与销售。由于并购后的内部交易是内部销售而不是竞争，这种优势对于并购公司来说就较小。相反，当公司在内部买卖产品时，不会像与外部商人做生意那样积极谈判。因此，导致内部销售可能会降低激励的效率。对于内部转移价格而言，如果不能有较为合理制定机制，则将导致并购企业的利益冲突，反而不利于实现整体利益和供应链控制的强化。

5. 病态蔓延现象

如果上游企业或下游企业在经营战略上有问题，这些问题就可能会蔓延到其

他健康、健全的部分。例如当一家健康、健全的企业在内部销售中，通过接受高成本、低质量或低价格的产品来支持一家困难的公司时，就有可能摧毁这家比较健康、健全的公司。如果由母公司来帮助经营困难的子公司，那么最好直接进行资助或支持，而不应通过其他公司来做。但是，在控股公司中，盈利企业很难不帮助亏损企业。因此，经营不善的企业在这一体系中会不知不觉地毁坏健康的企业。

一般来说，生产者和购买者的并购整合可以分为两个层次：一个是原材料和下游加工企业的并购整合，另一个是负责分销的加工企业和下游中介企业的并购整合。生产制造商对下游企业的兼并收购，可以取代原有的纵向合作，破坏原有的分工，因为它独立于下游一体化范围，可以成为原有下游客户的竞争对手，导致短期内客户流失。生产商并购下游企业的结果，可能会取代原来的垂直合作，破坏原来的专业分工，因为不管是哪个层次的下游整合，都可能成为与原下游客户的竞争，导致短期内客户流失。

从以上这几个方面可以看出，企业的纵向并购往往是双向的。例如，两个企业相互通过对方的销售网销售双方的品牌。而且纵向并购往往是取长补短，只要彼此整合能创造出更大的价值，就有实施的可能性。

三、混合并购的财务利弊分析

（一）混合并购的财务优势

公司通过并购吸收与其主要产品相关的上下游公司。并购后，与原有市场相比，新市场得到了大力拓展，借助同行业的技术和管理，公司蓬勃发展。当一个公司处于行业发展的较好时期时，采取并购战略是明智的。如果比较混合并购形式，会发现必须专注于同一个市场的产品或服务。例如，中国小米公司生产手机、平板电脑、电视等，都专注于电子市场。同时，在关注技术方面。无论是哪种类型的并购，都是为了实现公司的战略目标。

（二）混合并购的财务劣势

通过并购进行多样化经营的公司对每个部门的资源需求最低。综上所述，企业的最低资源需求是巨大的，但企业的资源总量是有限的。企业没有足够的资源，对资源的需求将远远大于供给，使企业的发展总是受到资源不足的严重制约。直接结果是企业资源分散在多个业务领域，增加了公司在某些业务领域的资源实力，特别是核心业务或核心业务板块的竞争力，保留了大量的资源，损害公司的"引擎"利润，使公司面临风险。

由于企业间资源关联度较低，不同行业并购形成的多元化格局往往导致管理成本急剧上升。此外，由于业务领域高度分散，不同地区的管理模式也不尽相同，这对管理者提出了更高的要求，加剧了公司内部集权与分权的矛盾。

在实践中，无论选择何种类型的并购方式，都应该为宏观产业政策的实际操作和企业发展规划服务。注资可以优化结构，保证资产重组效率的提高。不同的发展战略需要不同的并购方式。我们在进行大规模投资、强化公司治理时，只能采用横向并购或相关的混合并购。因此，既要有清晰的战略思路，又要有切实可行的财务规划和实施措施。

第二节　并购的融资方式

并购的融资方式是多种多样的，现在我国有许多种融资方式，我国企业有许多种的融资机会，如内部留存、增资扩股、金融机构信贷、企业发行债券、供应商融资、外资并购等。我国采用较多的融资方式和途径有内部留存、增资扩股、金融机构信贷、企业发行债券、卖方融资、杠杆收购。如今企业在进行融资决策时往往需要提前对融资做好规划，可以首先利用上述融资方式进行全面的研究和分析，作为融资决策的依据。在实际操作中，这些融资方式与途径有时可以单独使用，有时需要结合使用，这取决于双方的实际情况。

融资方式根据资金来源可分为内部融资和外部融资。内部融资是指资金来源于企业内部，即从企业内部开拓资金来源，筹集到发展所需资金。若企业在收购前有足够甚至结余的资金，则可以考虑在收购过程中运用内部闲置资金。然而，由于并购活动所需的资金量往往非常大，而且企业内部资源也很有限，因此，并购企业利用自身的经营性现金流进行融资往往受到很大的限制，因此，内部融资一般不作为最重要的融资方式。外部融资是企业并购中最常用的融资方式，是指企业开拓外部融资渠道，从其他经济主体获得资金。专业银行信贷资金、非银行金融机构资金、通过证券市场发行有价证券筹集资金等都属于外部融资方式。此外，20世纪70年代以来，西方金融市场上出现了不少创新融资方式和派生工具，为并购融资提供了新的渠道。以下就对几种主要的融资方式做简要介绍。

一、权益融资

股票融资是西方企业在并购中最常用的权益融资方式之一，一般包括以下两种形式：

（一）发行新股或向原股东配售新股

并购资金的来源之一是企业发行股票并销售这些股票取得的价款，以此来支付并购交易价款，发行股票包括普通股融资和优先股融资两种。也就是发行新股或向原股东配售新股。在这种形式下，并购等同于使用自有资金进行并购，这大大减少了财务费用并降低了收购成本。但是，并购后，每股净资产不一定会增加。这是因为尽管总资产增加了，但由于收购溢价，无形资产和溢余资产则是增加的资产。此外，每股收益取决于合并后产生的收益，因此存在不确定性，将给股东带来更大的风险。

（二）换股收购

换股收购是指企业使用股票作为并购的支付方式，即并购企业将目标企业的股票按照一定的比例换成并购公司的股票，以致目标企业被终止或者成为自己的子公司。依据股票交易的不同方式，换股收购可分为增资换股与库存股换股、母公司与子公司之间的交叉换股等。发行新股或从原股东手中回购股票来实现融资，是并购企业常用的方法之一。由于在这种情况下，并购公司和合并报表可以采用权益联营法，这种方法不必承担商誉的摊销，也不会因资产并购而导致折旧增加，因此，使用这种方法进行合并和收购可以获得会计和税收方面的利益。那么，对于目标企业而言，股东可以推迟收益的实现并获得税收收益。合并后，股东还可以共享新企业的增值。但是，此方法受到各国证券法中相关法规的限制，批准程序相对烦琐且耗时。这有利于竞标对手趁虚而入，同时目标企业也有时间安排反收购。除此之外，发行新股将改变合并后公司的原始股权结构，从而影响股权价值。最后，股票价格的波动性导致难以确定收购成本，而且必须频繁调整股票互换计划，因此，这种方法经常用于善意并购。

无论是发行新股还是通过股权交换进行并购融资，所使用的股票又分为普通股和优先股，两者存在着一定的差异。可以发行股票的公司其资本结构中最重要、最基本的股票是普通股。同时，普通股也是风险最高的股票，其融资的基本特征是购买时未商定投资收益（股息和股利），而根据股票发行后公司的经营业绩确定。持有普通股的股东有权参与经营，拥有收入分配权、资产分配权、优先购股权和股份转让权。专门为某些获得优先特权的投资者设计的股票是优先股。它的主要特征是通常拥有预定的股息收益率。对于普通股来说，优先股股东一般无表决权，有优先索偿权，可以收取股息，也可以分配剩余资产。

二、债务融资

（一）银行信贷融资

目前在我国，银行贷款仍然是企业获取外部融资资金最主要的途径，银行信贷资金占我国企业外部融资总额的比重仍然相当高。2008年，银监会发布的《商业银行并购贷款风险管理指引》（以下简称《指引》）中正式允许商业银行开展并购贷款业务。在这之前，企业并购融资的银行贷款主要通过短期搭桥或过渡方式变相支持企业并购。《指引》发布后，企业并购融资最主要的方式变成了银行贷款。

与其他融资方式相比，银行贷款有如下优势：

一是贷款融资效率较高。企业如果前期与银行存在业务往来，在并购时通过银行贷款融资，只需就交易本身向银行申请即可，银行在评估风险和收益后若同意则可放款，整个流程就涉及两方，环节简单快速。相较而言，通过发行股票或债券融资，还需要做大量的发行前准备工作并需要等待有关部门审批（证监会审批股票发行，国家发展改革委审批企业债券发行）后才能向公众正式发行，其中行政审批耗时很长，程序复杂，环节众多，影响融资效率，即使并购企业不通过证券市场公开募集，而采取吸收直接风险投资或其他债权性融资方式，与众多投资机构或投资者谈判和选择，也需要漫长的过程，融资时长不可控。

二是贷款融资成本较低。一方面，银行贷款作为借款融资具有免税效应，即贷款利息可在税前列支，相比股票等权益性融资，企业成本相对更低；另一方面，我国尚未实现利率市场化且社会资金总体呈现稀缺状态，因此银行贷款利率比其他民间融资等其他债务性融资要低得多。此外，正常银行贷款企业客户仅需协助银行提供信贷资料，相关业务的直接费用（如贷前调查、项目评估、风险评价以及业务申报审批等）基本由银行自身承担，与企业债较高的筹资费用相比要少得多。

三是银行贷款较为灵活。由于银行是专业的金融中介，其资金规模庞大，可以满足借款人金额或大或小、期限或长或短的资金需求，因此，企业通过银行贷款相比直接向资金供给者融资，无须担心金额是否足够、期限是否匹配等问题；

此外，企业贷款后，如果内外部因素变化使用款需求发生改变，则企业还可以与银行协商变更贷款金额及期限等条件，而银行相比普通投资者，由于具有专业调配自身资产与负债的能力，更容易接受此类变更。

(二) 债券融资

在成熟的证券市场上，企业债券是最重要的一种融资手段，无论是在发行数量上还是发行次数上都远超股市融资。债券主要有企业债券、垃圾债券等债券融资方式。并购企业一般使用的企业债券有抵押债券和担保债券。抵押债券是以某些实物资产为还本付息保证的债券，如果发行者到期不能偿还债券的本息，债券持有人有权处置抵押品来偿还。使用此类债券进行融资通常需要公司使用固定资产或流动资产(主要包括应收账款、存货和公司持有的有价证券)作为抵押。担保债券则是不使用企业的有形资产作为抵押品，也不使用发行企业自己的信用担保，而是使用其他企业、组织或事业单位的信用担保的债券。由并购企业提供担保的被收购企业所发行的债券是并购中通常使用的担保债券。

公司债券一般是成本较低的资金来源，同时付给持有人的利息通常可以免税。从收购方的角度来说，优点是可以与认股权证或可转换债券结合使用。但是，作为一种注资形式，公司债券通常需要在证券交易所或场外交易市场上流通。企业发行债券来筹措资金具有以下优点：一是发行企业债券的直接融资费用比发行股票的融资费用低；二是企业债券作为债权性融资，与股权性融资具有相当的税盾效应，企业可享受税收减免；三是债券融资不涉及企业股权结构变动，企业原实际控制人可保持对企业的控制权。发行企业债券的劣势在于债券融资和贷款一样，无论企业的经营状况如何，其还本付息义务都是固定的，一旦企业经营陷入困境，还债压力可能引发企业破产风险；此外，企业债券契约相比股权融资和一般银行贷款的限制更多，外部监督更为紧密，如必须定期向市场公开企业信息、评级机构会定期对债券进行评级等，这些都可能对企业正常经营发展及再融资造成影响。

除了上面提到的各种公司债券，20 世纪 80 年代盛行的创新融资工具是垃圾债券(Junk Bond)。由于并购的高风险，大多数优质资产的抵押权是从一级银行的贷款中获得的。为了给投资者承担的高风险提供更高的回报率，"垃圾债券"已经成为一种新型的融资工具，是并购尤其是杠杆收购十分重要的资金来源。垃圾债券通常由投资银行承销，主要债权人是保险公司、风险资本投资公司等机构投资者。高风险和高利率是该债券的两个最明显的特征。从高风险的角度来说，传统贷款需要对不动产的担保。大多数债权人可以及时、有保证地收回贷款，而垃圾债券是由从其他公司获得的新公司资产抵押的，即以未来资产为担保，这是非常不确定的。因此，风险也很大。同时，还存在实际财产价值低于股票市场价值的情况，这就更增加了风险程度。从高利率的角度来说，效率低、信誉低的企业发行具有吸引力的高利率债券，吸收那些在资本市场上寻求高额收益的游资。这对于发行者而言可以筹集大量资金，而购买者为了获得高利息，也愿意购买这种高风险债券。

（三）其他特殊债权融资方式

1. 信托计划

信托计划是指信托人以对信托公司的信托为基础，以自己的名义将合法资产或合法资金委托给信托公司进行经营管理。信托公司根据受托人的要求管理、使用和处置资产。企业通过信托计划来融资，其融资成本往往在 5% ~ 11%，而且信托融资的期限多数在 1~3 年，融资金额从 5000 万元到数亿元乃至数十亿元。信托融资的投资者是少数资金实力较强的个人和企业，属于私募范畴，因此，总体而言，其募集资金的规模要远低于公募；同时，投资者的期望收益也较高，导致企业通过信托融资的成本远高于同期银行贷款；此外，信托计划一旦实施，投资者一般不得撤回资金，也很难转让，投资的流动性差的特点限制了吸引更多投资者的能力，这也是信托计划融资规模难以扩大的另一个重要原因。

2. 杠杆收购

杠杆收购（Leveraged Buyout，LBO）是一种通过增加并购企业的财务杠杆来完成并购的方式。这种并购方式的实质是合并公司主要通过借贷购买被并购企业的产权，然后使用被并购企业的资产或现金流量来支持偿还债务。通过精心的财务结构设计，杠杆收购可以将并购中的资本投资降至购买价格的 5% 或更少。换句话说，杠杆收购中的债务融资可能高达交易成本的 95%，这可以帮助一些小公司"小鱼吃大鱼"。杠杆收购的独特之处主要表现在资本结构的变动上。

按目标企业管理层是否参与对本公司的收购，杠杆收购可分为管理层收购和非管理层收购。管理层收购是指股权投资者与管理层组成一个收购集团，与目标企业或目标企业的董事会在友好的气氛下洽商收购条款，达成后即实施杠杆收购。在管理层收购中，担任发起人的多为投资银行或投资公司，它们承担着融资、策划、交易谈判等工作。成功的管理层收购有赖于目标企业管理层与投资银行的友好合作。

杠杆收购融资的优势明显：债务股东权益比率的提高，大大增强了企业的财务杠杆效应，为其带来了高额的股权回报率。由于债务利息可税前扣除，节税效果明显。此外，如果被收购前目标企业有亏损，这部分亏损则可以在以后年度递延，降低纳税基础。但高收益与高风险始终共存，有着大量债务融资的杠杆收购会给企业带来极大的偿债风险和沉重的利息负担，极易因债务危机致使企业破产。

3. 卖方融资

在公司并购中，通常由买方提供融资，但是如果买方无条件从贷款机构获得抵押贷款，或者市场利率过高，买方不愿以市场利率获得贷款，卖方可能也想低于市场利率出售资产，从而给予买方所需资金。买方在偿还贷款后获得资产的所有权。如果买方无法偿还贷款，卖方则可以收回资产。这就是卖方融资（Seller Financing），是美国常见的融资方式之一。

比较常见的卖方融资即在分期付款条件下，以或有支付方式购买目标企业。它是指双方企业完成并购交易后，购买方企业并不全额支付并购的价款，而是只支付其中的一部分，在并购后的若干年内，再分期支付余下的款项。但分期支付的款项是根据被收购企业未来若干年内的实际经营业绩而定的，业绩越好，所支付的款项越高。

对于并购企业来说，卖方融资的优点表现在：可以减少当期的融资需求量；可以减少在寻求各种融资渠道来支付价款过程中融资时间的耗费和成本的增加；不会造成股权的稀释。并且，由于分期收到价款，目标企业可以递延税负。与此同时，卖方融资在运用上也受到诸多限制。由于买方付款额的大小取决于并购后企业的实际经营业绩，价款收回存在很大的不确定性。卖方的经营者为获取有利的付款额，可能会采用不当的会计政策来提高付款期内的业绩。

三、混合型融资工具

除了权益融资和债务融资，国外公司在并购融资中往往还使用混合型融资工具。这种兼具权益和债务特征的特殊融资工具在西方公司并购融资中发挥了重要的作用。下文主要介绍两种常见的混合型融资工具——可转换证券和认股权证。

（一）可转换证券

可转换证券分为可转换债券和可转换优先股两种。可转换证券是筹集长期资本的最佳工具，通常用于与预期的未来价格进行比较。当公司普通股的市场价格较低时，它们也可以用于收购其他具有不同股息制度的公司。同时，由于可转换证券可以在发行开始时为投资者提供固定的收益，这等同于投资纯公司债券或优先股：当公司的资本收益率上升或公司的普通股上升时，投资者则可以自由交换普通股。可转换证券本质是结合债务和权益的混合型融资工具。由于该债券的持有人可以在一定时期内以一定价格将购买的债券转换为普通股，为投资者提供有利于风险控制的投资选择，因此可转换证券是一种极好的筹集长期资本的工具。

从收购方的角度来说，这种支付方式不仅限制条件少、容易使用且能够以更好的价格出售。一是公司能够以比普通债券更低的利率和更宽松的合同条款出售债券，二是提供了一种以高于当前价格的价格出售股票的方式。从目标企业股东的角度来说，可转换债券的使用可以将债券的担保与增加本金作为股票的好处结合起来。因为在低股票价格期间，它可以将其转换时间延迟到预期股票价格上涨期间。

（二）认股权证

认股权证是由股份有限公司发行的可认购其股票的一种买入期权，赋予持有者在一定期限内以事先约定的价格购买发行公司一定股份的权利。它通常与公司的长期债券一起发行。从实际上说，认股权证与可转换债券之间存在一些相似之处，但仍存在一些差异。在转换过程中，尽管是将一种形式（公司债务）转换为另一种形式（股票），但对公司财务乃至运营的影响不同：一方面，可转换债券是将债务资本转换为权益资本；另一方面，认股权证是新资本的流入。认股权证可用于增加资本和偿还债务的资金。由于认股权证是一项长期选择，带有认股权证的债券或股票通常对投资者非常有吸引力。

对于收购方而言，发行认股权证可以推迟支付股息，从而为公司奠定了额外的资本基础。对于投资者而言，认股权证本身不是股票，不能将其持有人视为公司股东，也不能享有正常的股东权利。但是，投资者之所以愿意购买认股权证，是因为他们认为公司的发展前景是光明的，而且大多数认股权证的价格比股票便宜，可以延期支付认购费用，而投资者只需支付较小的金额即可通过转售权证获利。

简而言之，在收购目标企业时，公司采用了全面而灵活的融资收购方法，将多种支付手段结合在一起，既可以相互补充，满足合并双方的需求，也可以减少现金支付，防止公司财务状况恶化及控制权转移。尽管使用全面的证券收购将使并购交易变得麻烦，但也增加了风险套利的难度。因此，在各种融资方式中，混合融资方式的使用频率呈逐年上升的趋势。

四、融资过程中的财务分析

在并购过程中，大多数公司往往重视对目标企业的评估而忽视自我评估。其实，自我评估对融资活动具有重要影响。并购公司的财务状况包括资本结构、资产结构等，不仅直接影响融资的规模，也是决定融资结构的一个重要方面。

（一）不同融资方式的资金成本和财务风险比较

公司如何选择融资方式与其资本结构密切相关。往往公司在全方面考察了融资成本、政府税收、公司风险、股利政策、信息传递和资本结构等各种因素之后，倾向于按以下顺序选择融资方式。

1. 内部积累

在许多融资渠道中，公司倾向于首先选择内部积累。因为这种融资方式有许多优点，如融资阻力低、保密性好、风险低、无须支付发行成本，以及向外展示了企业良好的自有资金状况，为企业提供了更多借贷渠道。当下，一些大型的国内公司或集团已经建立了金融财务公司，它们具有动用自有资金进行并购的初步能力。

2. 外部融资

如果需要融资方式快速、灵活、发行成本低并且易于保密，对于具有高信用等级的公司，进行并购融资就是最佳的方式。

3. 发行证券

近年来，国内金融市场运作逐渐成熟，这将日益成为公司融资的主要渠道。在有价证券中，公司通常会先发行普通公司债券，然后发行复合公司债券（如可转换公司债券），再发行普通股或配股。由于债券的发行成本低于普通股的发行成本，也会对公司在股票市场上产生不利影响。

（二）融资方式的确定

1. 主要的融资方式

➤ 并购双方的现金流量数额和时间预测

➤ 偿债能力

➤ 收购时的市场情况

➤　业务的季节性以及变化

➤　预测债券、股票和预期收益率

2. 在选择债券融资时，需要考虑的因素

➤　偿债能力比率，如流动比率、现金比率、资本周转率、产权比率、已获利息保障倍数等

➤　公司的信用等级

➤　合同契约

➤　认购证价值

3. 在选择股票融资时，需要考虑的因素

➤　预期收益率

➤　预期公司成长率

➤　股利支付方式

➤　预期上市时间

➤　全部偿债能力

〔案例〕

A 公司并购 W 公司的融资路径

一、案例介绍

A 公司以灵活的运营机制和强大的创新精神，从零开始仅用十多年就发展成为中国第一家真正的汽车跨国公司，是名副其实的"土生土长"民营企业集团实现跨国并购之旅的典型例子。

2010 年 8 月 2 日，A 公司成功收购了 W 公司，并在伦敦举行了盛大仪式。A 公司花费 18 亿美元收购了 W 公司的全部股权和相关资产。其中，2 亿美元以支票支付，其余以现金支付。A 公司将 W 公司的中国总部设在上海，新工厂分别设在成都和大庆。

那么，A 公司是如何筹集收购 W 公司所需的全部资金呢？A 公司以一定价格购买了 W 公司的所有股份——18 亿美元，加上以后的运营费用总计 27 亿美元。但是 2009 年 A 公司的总销售额仅为 165 亿元，净利润不到 10 亿元。因此，相对来说，A 公司当时花费的 27 亿美元可以说是一个天文数字，这引起了外界的许多疑问。

但事实上，自 2007 年以来，A 公司董事长开始为收购 W 公司准备融资。他慢慢积累了 A 公司多年来的利润，而不是将其用于 A 公司的滚动发展。A 公司开发汽车所需的资金也通过引入高盛的投资来实现。2009 年 9 月，高盛通过认购可转换债券和认股权证向 A 公司注入 25.86 亿港元。这笔钱被 A 公司用来在济南、成都、杭州等地建设和扩展多个项目。2010 年 8 月 2 日，A 公司最终完成了对 W 公司所有股份的收购。A 公司最终以 2 亿美元的票据和 13 亿美元的现金，根据调减机制，为并购交易支付了 25 亿美元（约合 110.4 亿元），比签署股权购买协议时少了 3 亿美元。其中，A 公司、大庆资产和上海嘉尔沃出资 11 亿美元，出资额分别为 41 亿元、30 亿元和 10 亿元，持股比例分别为 51%、37% 和 12%；12 亿美元来自中国建设银行伦敦分行，2 亿美元票据为福特卖家融资。

在 A 公司收购 W 公司的过程中，融资和借款起着关键作用。明显可见，A 公司对 W 公司的收购使用杠杆融资，利用外部资本来完成整个过程。A 公司通过三种方式筹集资金：第一种是从国内银行借款，第二种是由瑞典政府担保的低息贷款，第三种是从海外投资者处获得资金。

基于融资的视角，这笔数目是相当大的，较小的公司无法承受。但是，进一步分析显示，其外部借款和高盛投资总额约为 17.69 亿美元，约占所需资金的 98%。A 公司的自有资金较少，是典型的杠杆融资并购，表明正确的处理可以达到极佳的效果。

二、案例启示

第一，在这次并购事件中，我们应该注意，它采用了多源贷款方法，以免因过度债务集中而造成还款压力。其将三年期和五年期长期贷款作为主要贷款，大大缓解了 A 公司的信贷压力。一般来说，并购整合的时间在 3~5 年，而长期贷款可以让 A 公司整合 W 公司的品牌。

第二，W 公司虽然亏损严重，但是 A 公司在这次并购中使用了一种更加安全可靠的处理债务的方法。具体来说，就是以向运营公司注入资源作为担保。这样一来，在 A 公司并购 W 司之后，运营的风险就能够大幅度降低，同时运营收入也有了一定的保障。如此安排是为了在运营出现问题的时候，能够采取相应的风险控制措施。

第三，依靠合并完成后将在中国设立工厂的项目来吸引相关政府的支持，寻求政府担保，以获得低息贷款，减轻债务偿还压力，并获得政策上的便利。

第四，虽然这次并购成功结束，但我们不能忽略 A 公司仍然要承担过去几年

W 公司的债务和亏空。高债务比率还会增加 A 公司自身的债务风险，并且可能会限制随后的运营资本，更不用说必须投入更多的资金来支持 W 公司的重组和发展。如何应对合并后的重组是提高公司未来实力的关键。

第五，作为一家难以拥有国有企业融资便利的民营企业，在设计海外并购融资计划时，应该以机智取胜，并且要把握时机。充分利用现有的资源，甚至是被收购方的资源来获得足够的资金。在考虑资金可用性的同时，应更加注意规避风险，多源融资、续期还款。

第三节　并购中的成本与风险因素

一、并购成本分类

（一）并购计划成本

并购计划成本是指并购企业在并购规划阶段产生的所有成本和费用，往往包含了并购战略制定成本、目标企业选择成本和中介机构费用。

1. 并购战略制定成本

并购战略制定成本包括并购战略分析成本和并购战略选择成本两部分。在调查分析自身环境和行业状况过程中产生的信息收集费、信息加工费和并购战略工作组成员的工资，这三部分构成了主要的并购战略分析成本。并购战略选择成本主要是指并购企业从初拟出的多个并购战略方案中选定较满意方案而发生的成本。

2. 目标企业选择成本

并购企业在并购计划阶段因确定目标企业而发生的全部费用是我们常说的目标企业选择成本。主要包括调查与分析费用和机会成本两部分。调查与分析费用主要是指并购企业在对目标企业的行业状况以及目标企业内部影响并购绩效的各种因素进行调查与分析过程中发生的全部费用，包括信息收集费、信息加工费以及支付工作组成员的工资、差旅费等。在存在多个目标企业可供并购企业选择的情况下，分析目标企业选择成本还必须考虑并购机会成本。对多个目标企业的选择实质上是一个对多个互斥并购方案进行比较和权衡，从而决定较满意并购方案的过程。此处的并购机会成本就是在选定一个目标企业的情况下，对其他目标企业最大的预期并购收益估计。

3. 中介机构费用

企业并购是并购企业与目标企业之间产权交易的一种先进而复杂的形式，涉及信息收集、资产评估、融资计划、法律审查等诸多方面。企业并购是高度专业化的事情，因此，在并购规划阶段，专业的中介机构会参与公司并购活动，以协助并购活动顺利地进行。相应地，企业雇用中介机构而支付的中介机构费用也构成了并购成本的一部分。并购过程中涉及的金融机构主要包括投资银行、会计师事务所、律师事务所、资产评估公司和产权交易中心。

（二）并购实施成本

并购实施成本是指并购企业在并购实施过程中发生的所有费用和支出，如目标企业的收购价格、融资成本、不同支付方式下的税收差额成本以及变更成本。

1. 目标企业的收购价格

目标企业的收购价格即直接用于收购目标企业的资金支付。

2. 融资成本

在以债务为基础的并购、杠杆收购的情况下，收购成本可能在一开始实际上并没有支付，但必须为未来的债务——支付本金和利息，如借用银行贷款等，将要背上未来还本付息的包袱。其一般计量公式为

$$并购融资成本 = 并购融资额 \times 加权平均资本成本 \tag{4-1}$$

3. 税收差额成本

一般来说，并购的支付方式有三种：现金收购、换股并购和混合支付。但因税收因素的影响，不同支付方式的涉税成本是不同的。因此，在现阶段的并购成本中应考虑税收差异的成本，即税收差额成本。

4. 变更成本

如重新注册费、工商管理费、土地转让费、公告费等一系列并购发生后的更名成本。

（三）并购整合成本

并购整合成本一般指并购企业在并购整合阶段所发生的成本和费用，往往包括组织整合成本、财务整合成本、业务整合成本、人员整合成本和文化整合成本。

1. 组织整合成本

泛指并购后企业对组织结构进行调整时所发生的一切费用，主要包括合并组织整合成本机构发生的相关费用、职务说明书的编制成本等。

2. 财务整合成本

财务整合成本是发生于并购整合阶段的另一项重要的成本内容，主要包括完善并购后企业法人治理结构发生的费用、选拔财务管理人员发生的费用、统一双方企业会计核算制度发生的费用、建立目标企业业绩评价考核制度发生的费用、存量资产整合发生的费用等。以存量资产整合为例，对目标企业逾期应收账款进行催收而发生的费用、处置目标企业无利用价值资产发生的净损失等应纳入存量资产整合成本。另外，为了使目标企业能够顺利地进行日常的生产经营活动，经常需要投入一定数量营运资金，这部分投资也应在财务整合成本中加以考虑。

3. 业务整合成本

业务整合成本是指联合、调整并购双方采购、产品开发、生产、营销等各项职能而发生的费用。公司在进行合并和收购之后，通常会合并一些相同的业务、终止一些利润不高的业务、调整运营程序、改革生产流程、调整营销网络等。因此，在业务整合过程中，上述活动耗费的人力、物力和财力应以成本进行考量。

4. 人员整合成本

人员整合成本是指在对目标企业在人员整合过程中所发生的费用，其中，一次性支付给被裁减人员的经济补偿是其重要的组成部分。企业并购活动一般都会对冗余人员进行裁减，各国政府对此都有相应的强制性规定，企业遣散员工必须基于充分的理由、履行相应的法律程序并对被遣散员工予以经济补偿。此外，并购企业对接收的目标企业员工进行专业技能培训所发生的费用、与员工沟通发生的相关费用也属于人员整合成本的内容。

5. 文化整合成本

企业文化作为一个有机的整体，可以分为物质层、制度层和精神层三个层次，从而可分别从这三个层次分析发生的文化整合成本。企业文化物质层由一系列有形的文化因素组成，如企业的标志图案、体现员工精神风貌的统一服装、产品外观包装等，因而在物质层文化整合方面，并购后企业会投入一定资金用于选择、统一适合行业特征和体现企业特征的视觉识别系统；企业文化制度层主要指对企业全体员工行为起规范与约束作用的各种规章制度等，因而在制度层文化整合方面，并购后企业会投入一定资金用于完善各项规章制度；企业文化精神层是由各种无形的精神方面的因素相互联系、相互影响构成的，是企业文化的深层结构，主要包括全体员工拥有的共同价值观等，因而在精神层文化整合方面，并购后企业会投入一定资金用于全体员工的企业文化教育，如引导主流文化、组织团队活动、增进员工之间的相互沟通等。上述三个层面的整合成本构成了文化整合成本，文化整合成本依据并购双方企业文化差异的大小而有所不同，并购双方在企业文化上的差异越大，所需投入的文化整合成本就越大。

基于整合和运营成本是长期的、动态的且不可预测的特点，需要特别注意是否可以在并购决策中将该成本降至最低。在进行整合成本决策时，并购企业应当在科学分析成本构成的基础上，详细考察各项成本的效果，从总量上对整合成本加以严格控制，从而保证并购战略目标的最终实现。

另外，退出成本也是并购成本的重要组成部分，退出成本水平是退出成败的关键，这意味着由于并购失败，并购企业对目标企业的收购成本转换为损失成本。由于并购动机不同且存在并购风险，因此，在并购决策分析中应考虑退出机制。

二、我国并购交易费用财务分析

交易费用主要包括信息搜寻费用、谈判费用、签约契约的履行费用等。企业并购的交易费用可用式(4-2)表示。

$$F=S+N×(T+B+Q) \tag{4-2}$$

式中：F 为企业并购活动中的交易费用，S 为企业并购活动中的搜寻费用，T 为企业并购活动中关于一项契约的谈判费用，Q 为企业并购活动中关于一项契约的签约费用，B 为保证一项并购契约的履行费用，N 为同一个主体谈判时的 N 项契约数量。

根据式(4-2)，企业并购中的交易费用包括以下几个方面。

(一)企业并购中的搜寻费用

企业并购中的搜寻费用包括对一个企业的经营、管理、财务、法律和组织制度的信息搜集和评估的费用。企业并购需要专门的人员，而中介机构拥有专门的人才、规范的程序以及丰富的经验，能够以较低的费用提供信息。但是，我国资本市场和中介机构还不发达，导致企业并购多是以"一对一"的谈判方式开展的。并购双方都面临着信息不对称，在信息不对称的情况下，双方的不确定性增加，致使谈判的时间拉长，这也是中国企业并购搜寻费用较高的一个原因。

(二)企业并购中的谈判费用和签约费用

基于理论的角度，国有企业的剩余索取权和最终控制权集中在中央政府手中，但具体事实是：国有企业的剩余索取权和最终控制权集中在中央和地方政府。各级政府和不同的政府机构被划分，形成了行政层级的产权结构和由此衍生的企业监督结构，具体以"中央政府、地方政府和国有企业"的模式为代表。这种结构直接导致了国有企业并购国有企业难，特别是强强并购难，国有企业并购民营企业难，民营企业并购国有企业难。

(三)企业并购中的履行费用

尽管《公司法》《中华人民共和国企业破产法》和其他法律法规中分散存在关于公司并购的条款，但是专门用于公司并购管理的法律体系尚不够完善。一旦并购过程中出现问题，就不可能继续进行，从而导致并购的担保成本大大增加。在很多情况下，中国企业间的产权交易是在没有有效法律保护的情况下进行的，一旦出现问题，就会给企业造成巨大的损失。在这种情况下，企业参与并购的积极性大大降低。

三、并购财务风险分析

(一)价值评估风险

与目标企业的价值评估有关的风险即价值评估风险。首先，对目标企业盈利能力和资产价值的评估是并购业务的关键环节，起到了确立并购价值的作用，如果估值偏低，可能会导致错失有价值的目标企业，从而失去发展机会；如果估值偏高，则可能会导致选择错误的目标企业，从而浪费资源，阻碍公司发展。其次，价值评估将直接影响后续并购的定价，如果前期评估价值过低，将会增加后期达成一致并购定价的难度，进而延迟并购时间，甚至造成并购失败；如果前期评估价值过高，将会提升后期的并购定价，造成公司资源的浪费，增加并购成本。

评估和确定并购交易价格的重要基础是财务报表，其真实性对于整个合并与收购交易至关重要。在报表中，虚假或者错误的陈述美化了目标企业的财务和经营状况，甚至将公司濒临破产的境地说成蓬勃发展。因此，并购企业应分析目标企业的出售动机，加强对企业财务资料的分析和审核，并利用专业机构如会计师事务所协助审计，以降低财务报表风险，防范并购陷阱。

(二)融资风险

企业并购活动所需的资金数额巨大，因此，有必要谨慎选择资金来源，防止出现资金短缺等情况，包括内部融资和外部融资。同时，不同的资金渠道也存在匹配问题，这将对资本并购产生融资风险。

1. 融资渠道风险

并购往往需要大量资金的支持，因此，需要充分预测合并与收购所采用的融资方式对企业造成的影响。并购企业可能使用企业的现金或股票进行合并和收购，也可能使用卖方融资杠杆的合并和收购以及其他债务支付工具通过从外部借款来完成合并和收购。但是，无论使用哪种融资渠道，都存在融资风险。

企业只有充分利用所有的融资渠道进行融资，才能保证并购业务的有序进行。如果选择的资金来源具有较高的资本成本，那么，就要考虑综合收益的问题，尽量避免全部使用高成本的资本，以达到最大收益的效果。如果选择的资金具有归还压力，就需要考虑还款安排，短贷长投会给企业带来很大的压力，甚至会让企业陷入流动性危机，因此，一定要避免时间搭配上的失误。选择资金融入时间也十分重要，过早融入会造成资金闲置，降低企业资金的运转效率，尤其是选择需要支付用资成本的融资渠道时，要根据并购业务的进展情况合理地选择融资渠道和时间。

2. 融资结构风险

并购融资的机构大体上可以分为单一渠道和多元化渠道。单一渠道是指将一个渠道的资金用于并购业务。该模型的优点是简单直接，缺点是可以用于并购的资金有限。多元化渠道是指选择多种融资渠道来匹配所需资金。该模型的优点是具有灵活性和能够使用的资金数目较多。缺点是操作比较复杂，需要事先设计融资计划。如果选择单一渠道融资支撑并购业务，很可能造成巨大的融资压力，但只使用自持资金进行并购业务，极有可能造成公司内部资金链断裂，影响公司正常经营活动，因而这样的融资模式只适用于小规模的并购活动；如果选择多元化渠道融资，则需要制订好详尽的融资计划，如股权融资的比例、债务融资的期限及额度等，如果搭配不合理，会造成融资成本增大，影响最终的整体收益。

（三）支付风险

公司在并购中支付并购对价会涉及巨额资产的转移支付，其中支付方式、支付计划等安排差异都会产生不小的影响，如果出现差错，可能会造成较大的支付风险。现金支付、股权支付、杠杆支付和混合支付是并购时经常使用的支付方式，但是各有优缺点，具体如表4-1所示。

表 4-1　支付方式的优缺点

支付方式	优点	缺点
现金支付	方便直接，能够快速完成支付，缩短并购时间；抗干扰能力强，能避免突发事件的干扰；财务处理相对简单	具有较大的现金筹集压力，会严重影响企业的现金流量
股权支付	对企业正常经营活动的现金流影响较小，增加了长期外部融资；没有到期还款压力	稀释股权，控制权易受影响，审批严格
杠杆支付	对企业自有资金的需求小，可获得渠道多	偿债压力较大，用资成本较高，可获得资金有限
混合支付	灵活多变，可获得资金量较多，能够完成较大规模的并购业务；能够充分发挥各支付方式的优点，取长补短	财务处理复杂，需要进行详尽的融资规划，如果缺乏合理规划，就会增加并购财务风险

如果选择现金支付，首先，需要在短时间内筹集大量的现金，这对于公司的现金流量是一个巨大的挑战，极有可能直接占用公司的经营性现金流量，影响公司的日常经营活动，严重的甚至会影响公司的存亡；其次，短期内大量的自持现金支出会影响公司的风险承担能力，使公司很容易产生其他风险；最后，并购占用的现金流量会影响公司其他投资项目的开展，可能造成公司投资不足，降低投资效率，影响公司未来的发展。

如果选择股权支付，一方面，会影响并购发起公司原有股东的权益，同时容易造成控制权转移，产生更大的风险；另一方面，股权融资的审批严格，不能保证在计划的时间内通过监管部门的审核，容易错过最佳的收购时机，导致并购的失败。

如果选择杠杆支付，一方面，外部融资机构能够给予的资金是有限的，需要依据并购公司的整体实力以及债务情况而定，所以容易造成资金不足；另一方面，债务融资有还款的压力，同时用资成本较高，这对公司的财务有较大的压力，如果无法到期还款，融资成本过高，就会使公司陷入财务危机。

如果选择混合支付，一方面，混合支付要求公司有足够的能力控制各种资金供应渠道，以确保实施融资计划，否则混乱的融资将会导致企业步入财务危机；另一方面，混合支付对财务处理有更高的要求。如果企业财务处理能力不足，混合支付可能无法有效实施。

（四）财务整合风险

财务整合风险是企业并购之后对目标企业的财务进行整合时，因人员、制度、结构、管理等因素造成的摩擦而产生的风险。具体可以分为：

1. 财务组织整合风险

在前期并购工作完成之后，对两个公司的组织进行合并是一个关键环节，其中对财务组织的整合尤其重要，在并购前两个公司的财务组织是两个独立的体系，在并购之后需要合并统一办公，就需要将两个组织有机地衔接起来。这样的调整存在风险，因为两个公司原有的经营特点不同，组织对接的方式也不同，如果衔接不好，将会极大地降低工作效率，甚至发生工作无法对接、信息无法传递的情况，造成并购后无法形成合力，从而阻碍公司的发展。

2. 财务人员整合风险

财务人员是公司较为重要的工作人员，两个公司的财务制度不同，财务岗位设置不同，因此财务人员的配置也会有差异，如何协调好财务人员的工作，保障财务工作的有效推进是重要的整合工作。如果财务人员整合不到位，会造成财务岗位混乱，财务工作与人员安排不匹配，财务监管混乱，极容易引发相关风险。

3. 经营状况等方面的风险

因为并购活动存在不确定性的特点，企业可能会因并购而遭受资金短缺和利润率降低等风险，并且并购不是业务元素的简单添加，而是业务策略布局的全面整合，若各种因素无效整合，则无法获得应有的经济利益，甚至面临诸如整体盈利能力下降和财务状况不佳之类的风险，将对企业的发展产生阻碍。因此，财务风险是并购中必须充分考虑的一个因素。

四、并购支付财务分析

（一）支付成本的财务比率分析

并购企业决定合理的并购价格、确定支付成本除了上述以并购效益为基础的分析方法，还可分析与支付成本相关的财务比率，并与历史上已发生的类似并购或类似企业进行对比分析，以判断支付成本的合理性。合并与收购公告之前（通常在一年以内）并购企业的相关支付费用与目标企业的相关收入之比，称为支付成本的财务比率分析。

1. 收益支付倍数

$$收益支付倍数 = 支付成本 / 目标企业的净利润 \qquad (4-3)$$

如果目标企业是上市公司，则支付成本和净利润也可以分别是每股支付成本和每股净利润（每股收益、每股盈余）。该指标显示支付成本相对于所赚取收入的大小，即支付本益比，可以与股票市场上同类公司的市盈率进行比较，以判断支付价格的合理性。该指标的倒数是投资利润率。

2. 现金流量支付倍数

$$现金流量支付倍数 = 支付成本 / 目标企业的现金流量 \qquad (4-4)$$

支付成本最终从目标企业的现金流量中回收，该指标根据所获得的现金流量说明支付成本的高低。该指标的倒数是投资报酬率。如果目标企业是上市公司，支付成本、现金流量也可以分别是每股支付成本、每股现金流量。

3. 息税前利润支付倍数

$$息税前利润支付倍数 = (支付成本 + 债务市值) / 目标企业的息税前利润$$

$$(4-5)$$

息税前利润由目标企业总资本带来的报酬组成，目标企业的总资本由权益资本和债务资本组成。息税前利润是目标企业价值的源泉，该指标说明相对于一定的息税前利润而言，目标企业价值的大小，从而判断支付成本的合理性。该指标的倒数为目标企业总资本基本报酬率，只不过这里的总资本不是以账面价值而是以市值表示的。

4. 账面价值支付倍数

$$账面价值支付倍数 = 支付成本 / 目标企业权益账面价值 \qquad (4-6)$$

企业的权益价值一般总会比其账面价值大，权益价值与其账面价值比率在相似的企业间有一定的可比性，从而判断支付成本的合理性。

5. 重置净值支付倍数

$$重置净值支付倍数 = (支付成本 + 债务市值) / 目标企业资产重置净值 \qquad (4-7)$$

企业的价值及其拥有的目标企业的资产重置成本（净值）在现有条件下表示重建相同资产的付出的成本。该指标以企业价值与其资产价值成本之比显示支付成本的合理性。该指标是著名的托宾 Q 值，在同类公司中可比。该指标还可以通过减去债务的市场价值后净资产的净值来计算。

6. 溢价支付比率

$$溢价支付比率 = (支付成本 - 目标企业股票市值) / 目标企业股票市值 \qquad (4-8)$$

该指标以支付的溢价率来判定支付成本的合理性，可以从历史上比较类似目标企业的并购所支付的溢价率进行分析比较。

（二）支付方式的财务分析

国外并购支付方式选择的实证研究与实践经验表明，在并购案例中，有一半以上采用现金支付，紧跟其后的是股权支付，而使用综合证券支付的比例不到10%（并购总数的百分比）。再者，受资本市场发展水平的影响，可转换债券和认股权证等创新支付方式尚未得到广泛使用。因此，目前现金支付和股权支付仍然是最重要的两种支付方式。此处将从经济效益角度出发，以财务分析为手段对这两种支付方式进行深入研究。

1. 现金支付的财务分析

（1）并购收益（S）。假设 A 公司打算收购 B 公司。合并前，A 公司的市值为 V_A，B 公司的市值为 V_B；合并后，合并公司的市值为 V_{AB}。那么，并购成功的前提条件之一是：

$$V_{AB} > V_A + V_B$$

换句话说，并购进行的前提条件是，并购前，并购企业和目标企业这两个企业的现值之和小于并购后联合企业的价值。合并后联合企业的价值与合并前公司的价值总和的差额，称为并购收益。使用公式表示为：

$$S = V_{AB} - (V_A + V_B) \tag{4-9}$$

如果 S>0，意味着并购产生了一定的规模经济和协同效应，并且并购在经济上是合理的。S 越大，对双方的合并和收购越有利，并且实施交易的可能性就越大。

（2）并购净收益（NS）。并购收益减去并购成本的净额称为并购净收益，这里对并购完成成本进行阐述。上述 A 企业并购 B 企业时，假定并购完成成本中并购价款记为 P_B，并购费用记为 F，并购总成本为 C。并购企业 A 支付的并购价款包含目标企业 B 自身的价值，而且还有超过这部分价值的溢价（$P_B - V_B$），在计算并购净收益时，并购成本应扣除 B 企业的价值，只将支付的溢价部分计算在内。并购净收益的计算过程如下：

$$C = P_B - V_B + F \tag{4-10}$$

$$\begin{aligned} NS &= S - C \\ &= V_{AB} - (V_A + V_B) - (P_B - V_B + F) \\ &= V_{AB} - V_A - P_B - F \end{aligned} \tag{4-11}$$

因为只有当分配后双方的净收益为正时，并购才能正式成交，因此，有必要在并购企业和目标企业之间进行划分。对于并购企业来说，获取的并购净收益就是 NS；对于目标企业来说，获取的净收益为并购价款超过自身价值的部分，即支付溢价(P_B-V_B)。在现金支付下，并购价款 P_B 为要确定的支付价格。从理论的角度：上限是使并购企业净收益为零时的价款，即能够让 $S=C$ 时 P_B 的值；而出价的下限是目标企业的评估价值 V_B。计算如下：

$$\because S = V_{AB}-(V_A+V_B)$$
$$C = P_B-V_B+F$$
$$\therefore V_{AB}-(V_A+V_B) = P_B-V_B+F$$
$$P_B = V_{AB}-V_A-F$$

目标企业的价款区间为 $P_B \in (V_B, V_{AB}-V_A-F)$。

可以看出，在并购过程中确定 V_A、V_B、V_{AB} 等相关值(估算出并购后联合企业、并购企业、目标企业的价值 V_A、V_B、V_{AB})是确定并购价格的关键环节。最后，可以根据公式计算支付给目标企业的并购价格。

现金支付的财务分析

Q 企业的市场价值为 11 亿元，拟并购 W 企业，W 企业的市场价值为 3 亿元。Q 企业估计并购后新企业的价值达到 16 亿元，并购交易费用为 0.5 亿元。由此得到并购价款的支付区间为(3，4.5)。假定最终双方达成的支付价格为 3.6 亿元，可以得到如下指标：

并购收益(S)= 16-(11+3)= 2(亿元)

并购完成成本 = 3.6+0.5 = 4.1(亿元)

并购支付溢价 = 3.6-3 = 0.6(亿元)

并购净收益(NS)= 16-11-3.6-0.5 = 0.9(亿元)

并购企业(Q)获得的净收益为 0.9 亿元，目标企业 W 获得的净收益为 0.6 亿元，可以说这一并购活动对并购双方都有利，并购顺利成交。

2. 股票支付的财务分析

企业并购的目的在于最大限度地增加股东财富。在使用基于股票的支付方式进行兼并与收购时，应当考虑双方股东的利益。衡量标准：公司股票的市场价格是否超过合并前的水平以及合并后的每股收益是否增加。每个股东都希望并购能够提高每股收益和每个股票市场的价格，而不是被摊薄。此外，在股票支付中，必然涉及确定换股比率等转换率的问题。只有将转换率确定在互惠互利的水平，双方才能达成并购协议。

（1）换股比率（Exchange Ratio，ER）的确定。并购企业换取目标企业的一股普通股发行和支付的普通股数量称为换股比率。并购公司支付的每股收购价格是换股比率乘新发行股票的市场价格。为了降低成本，并购企业希望交换的股份尽可能少，但这将会遭到目标企业的反对，目标企业希望通过交换更多的股份来维持和增加股东的财富。确定换股比率的方法有很多，每股收益之比、临界换股比率、每股市价之比、每股净资产之比和经典的 L-G 模型等是目前比较完善、被较多运用的方法。除此之外，在确定换股比率时，还应考虑并购产生的收益，即并购的增值，这里暂时称其为并购的增值收益。因此，引入并购增值收益、换股比率等问题并做出以下探讨。

此处现金支付财务分析中的有关表述是依然沿用上文，即 A 为并购企业，B 为目标企业，V_A、V_B 分别为并购前两企业的市场价值，P_A、P_B 分别为并购前两企业的每股市价，ΔV 表示两企业的并购增值收益。同时，用 N_A、N_B 分别表示 A、B 两企业流通在外的普通股股数，R 表示 B 企业的一股股票可以换得 A 企业的股票股数，用 P_{AB} 表示并购后企业股票的每股市价，则有：

$$P_{AB} = \frac{V_A + V_B + \Delta V}{N_A + N_B \times R} \tag{4-12}$$

恰当的换股比率应该能使并购双方的股东都受益，只有在双方均得利的基础上才能达成并购协议，所以并购后企业的股价应满足以下条件：

$$P_{AB} \geqslant P_A, \quad P_{AB} \geqslant P_B \times \frac{1}{R}$$

又有：

$$P_A = \frac{V_A}{N_A}, \quad P_B = \frac{V_B}{N_B}$$

由此可得到：

$$\frac{V_B}{V_A + \Delta V} \times \frac{N_A}{N_B} \leqslant R \leqslant \frac{V_B + \Delta V}{V_A} \times \frac{N_A}{N_B}$$

完成后，目标企业股东的所有者收益就转移到了并购企业，成为并购后企业的新股东。同时，并购企业的股东权益会被稀释，甚至还可能发生控制权的转移，而这是并购企业股东所不愿接受的。为了保证并购企业原有大股东的控股地位，假设 A 企业最大股东持有 A 企业普通股的比例为 m，B 企业最大股东持有 B

企业普通股的比例为 n，则

$$R \times n \times N_B \leqslant m \times N_A$$

即

$$R \leqslant k \times \frac{N_A}{N_B}, \quad k = \frac{m}{n}$$

综合上述两项条件，得出换股比率 R 的可行域为：

$$\left[\frac{V_B}{V_A + \Delta V} \times \frac{N_A}{N_B}, \quad Min \left(k \times \frac{N_A}{N_B}, \quad \frac{V_B + \Delta V}{V_A} \times \frac{N_A}{N_B} \right) \right]$$

并购双方确定换股比率提供了讨价还价的区间，并购增值收益越大，该区间就越大，双方谈判的余地也越大。显然，A 企业希望换股比率越低越好，B 企业则希望换股比率越高越好，最终选择的换股比率是并购双方经过反复博弈达到利益均衡的结果。

（2）并购对每股收益的影响分析。换股比率的确定主要解决股权支付下的并购价格和并购成本问题，换股比率的高低会对并购后企业的每股收益带来不同的影响。通过并购对每股收益的影响分析，并购双方企业的股东可以了解并购活动所产生的收益和未来的收益趋势，从而做出正确的并购决策。以下从并购对每股收益的短期影响和长期影响两个方面进行分析。

1）并购对每股收益的短期影响。

假设甲企业为并购企业，乙企业为目标企业，相关财务数据如表 4-2 所示，本书将并购对每股收益及市盈率的影响作如下财务分析：

表 4-2　并购前甲企业、乙企业相关指标

项目	并购企业（甲企业）	目标企业（乙企业）
每年股东可得盈利（E）	200000 元	80000 元
股票发行量（S）	100000 股	80000 股
每股收益（EPS）	2 元	1 元
每股市场价值（P）	25 元	10 元
市盈率（P/E，M）	12.5	10
股票市场价值（V=M·E）	2500000 元	800000 元

采用每股市价之比确定换股比率,即换股比率为乙企业的股价与甲企业的股价之比。在换股并购实践中,基于目标企业未来的盈利增长潜力,并购企业对目标企业的每股作价往往高于目标企业当前的股价。假设分别按乙企业每股 11 元、12.5 元、13 元与甲企业股票的市场价格确定换股比率,可得换股比率依次为0.44、0.50、0.52。并购后企业的有关财务数据如表 4-3 所示。

表 4-3　不同换股比率下的每股收益和市盈率

换股比率	总股数	甲企业	乙企业	乙企业市盈率
0.44	135200	2.071	0.911	12.1
0.50	140000	2	1	12.5
0.52	141600	1.977	1.028	12.6

在 0.44 的换股比率下,按每股收益 0.911 元的换股价格,算得的目标企业(乙企业)的市盈率为 12.1,小于并购企业(甲企业)的市盈率 12.5。同时,我们可以看出,并购使甲企业股东的每股收益增加了 0.071 元,而乙企业股东的每股收益减少了 0.089 元。在 0.52 的换股比率下,按每股收益 1.028 元的换股价格算得目标企业(乙企业)的市盈率为 12.6,大于并购企业(甲企业)的市盈率12.5,此时甲企业股东的每股收益下降了 0.023 元,而乙企业股东的每股收益上升了 0.028 元。在换股比率为 0.5 时,目标企业(乙企业)的市盈率等于并购前甲企业的市盈率 12.5,甲企业股东和乙企业股东的每股收益同并购前双方各自的每股收益一致。可以看出,若并购前的市盈率和并购后企业的市盈率不相等,那么,一方的每股收益会上升,而另一方的每股收益会下降。

2)并购对每股收益的长期影响。并购的成效主要体现在企业的股票市价上,而每股收益又是影响股票市价的关键因素,所以每股收益的未来预测往往作为进行并购与否的重要决策依据。若我们只根据初期每股收益(EPS)的影响来实施决策,那么初期每股收益被稀释,则并购企业就不会再进行并购。这样没有考虑并购后可能的盈利增加性以及并购对每股收益的长远影响。实际上,一个低盈利增长率的企业去并购一个高盈利增长率的企业,并购初期的 EPS 虽然会被稀释,但从长远看,并购企业的 EPS 会逐渐增加,并给股东带来更多的财富。

仍以前例说明:

假设甲企业的税后盈利年增长率只有 3%,而乙企业的税后盈利年增长率为13%。并购后的增长率以并购前各自的盈利份额作为权数进行计算:20÷28×3%+

8÷28×13%＝5.86%。另假设以 0.52 作为换股比率，可以计算出在不并购和并购两种情况下甲企业的税后总盈利和每股收益的变化，如表4-4 所示。

表4-4 甲企业并购与否的效果对比

单位：元

年份(n)	不实行并购		实行并购	
	总盈利① $200000×(1+3\%)^n$	EPS 总盈利①/100000	总盈利② $280000×(1+5.86\%)^n$	EPS 总盈利②/141600
0	200000	2	280000	1.98
1	206000	2.06	296408	2.09
2	212180	2.12	313777.51	2.22
3	218545.40	2.19	332164.87	2.35
4	225201.76	2.25	351629.73	2.48
5	231854.81	2.32	372235.23	2.63

表4-5 说明，并购后初期甲企业股票的 EPS 比不并购初期甲企业股票的 EPS 略有下降，但并购后一年就能恢复到并购前的水平，并且以后逐年上升。所以，虽然并购企业在并购后初期的 EPS 可能比不并购时有所下降，但只要并购后整个企业的盈利增长速度能够超过不并购情况下并购企业的盈利增长速度，并购后整个企业的每股收益就会逐年增加，并超过不并购情况下的每股收益。所以，在进行并购决策时，更应考虑并购对每股收益的长期影响趋势。

〔案例〕

联想收购业务的支付方式——"现金+股票"

全球三大私募股权投资公司在联想收购 IBM 期间对联想进行了总计 3.5 亿美元的战略投资。联想收购这项业务的实际交易价格为 17.5 亿美元，具体包括 6.5 亿美元现金、价值 60 亿美元的股票和 5 亿美元的债务。

在财务方面，只有 4 亿美元现金的联想集团签署了有效期最长为五年的战略融资子公司协议，以缓解支付 6.5 亿美元现金的压力。在顾问高盛的帮助下，联想从法国巴黎银行、荷兰银行、渣打银行和中国工商银行获得了 6 亿美元的国际银行贷款。

— 183 —

此后，联想赢得全球三大私募股权投资公司的帮助，通过私募股权向得州太平洋集团、泛大西洋投资集团和新桥投资集团发行股票，并获得了总计 3.5 亿美元的战略投资。其中，得州太平洋集团的资产为 2 亿美元，泛大西洋投资集团的资产为 1 亿美元，新桥投资集团的资产为 5000 美元。在此基础上，联想集团以每股 1000 港元的价格向三家公司发行了总计 273 万股非上市 A 类可转换优先股，以及可认购 2.4 亿股联想三项主要战略投资的非上市认股权证。这导致新联想拥有 12.4% 的股份。

联想用于收购 IBM PC 的"现金+股票"支付方式与国际并购具有明显相似的特点。在中国香港上市的联想，借用换股方式减少交易现金支出，并运用国际银团贷款和私募股权筹集交易现金和运营资金。在实际交易中，在大规模的国际并购中，直接换股通常是主要的交易方式。

联想集团依旧担心合并后如何减轻运营现金流的工作。与当时联想 2.5 元左右的市场价格相比，三大私募股权投资公司能够提供的溢价并不高。联想以相对较低的溢价吸引外资，表明联想仍渴望获得现金以完成收购并获得营运资金。联想在得到额外投资后，给出 1.5 亿美元现金回购了 IBM 的股份，且还有 2 亿美元用于营运资金和一般公司用途。最后，联想向 IBM 支付了 8 亿美元的现金和 4.5 亿美元的股票。因此，IBM 的持股比例从最初达成的 18.9% 下降至 13.4%。这次并购事件也表明，联想希望加强对公司的控制，同时对股票未来的增长前景怀抱期待。

第四节 并购过程中的现金流预测法

从纯财务的角度来看，贴现现金流量法（Discounted Cash Flow，DCF）是一种最合理的估价方法。在西方学者的估价文献成果中，贴现现金流量法占据主导地位。而对这一方法的争论也由来已久。例如，在并购过程中，怎样定义"现金流量"、如何选择"贴现率"、怎样确定并计算"预测期"等这些问题在贴现现金流量法的运用中至关重要。下面将深入探讨这一方法的若干重要问题。

对于并购企业来说，并购实质上是一种特殊形式的资本投资，投资项目（目标企业）的价值等于该项目预期未来现金流量的价值之和。但与一般投资项目（如购买一台机器、建立一座厂房等）不同，企业是一个持续经营的实体，其寿命一般是不可预知的。为了对目标企业的现金流量进行预测，通常的做法是将企业未来的现金流量分为两大部分：一是明确地预测期内的现金流量，二是明确地预测期后的现金流量。

因而，使用现金流量模式对目标企业价值进行评估时，首先需解决相关现金流量预测、贴现率的选择、预测期的确定及明确地预测期后的现金流量四个基本问题，下文将一一进行阐述。

一、相关现金流量预测

并购企业在对目标企业进行财务评价时，所关心的是目标企业的"买者价值"（$V_B+\Delta V$），而不是其"独立价值"。与此相对应，在贴现现金流量法下，与评估目标企业的"买者价值"相关的现金流量不是目标企业的"独立现金流量"，而是它的"买者现金流量"，可称为"贡献现金流量"，以避免与买方（收购方）本身的现金流量相混淆。

若 A 是并购企业，B 是目标企业，CF_A 和 CF_B 代表企业 A 和企业 B 在未合并状态下一定时期内的现金流量，CF_{AB} 代表合并状态下的总现金流量，ΔCF 代表由合并产生的增量现金。如下：

$$CF_{AB}=CF_A+CF_B+\Delta CF \tag{4-13}$$

式中：CF_B 为企业的独立现金流量；$CF+\Delta CF$ 为目标企业的贡献现金流量，即企业 A 因并购企业 B 所增加的现金流量。ΔCF 主要来源于两方面：其一，并购所产生的协同效应；其二，并购企业对目标企业所进行的重组。

为了对目标企业的贡献现金流量有一个更加明确的认识，在对其进行具体测算前，应讨论有关但具有不同含义的现金流量概念，即股权现金流量与总资本现金流量，以及如何预测目标企业的贡献现金流量。

（一）股权现金流量

股权现金流量反映了企业所有者（普通股股东）拥有的现金流数目。

股权现金流量＝税前利润（已扣除利息费用）－所得税＋

折旧及其他非现金支出成本－资本支出－增量营运资本投资－

偿还的债务本金＋举借新债所得现金－优先股股利　（4-14）

如果目标企业目前的负债比率（负债/资本）已达到最优水平，并且并购企业希望目标企业在被兼并之后仍保持这一负债比率（设为 d%），则式（4-14）可简化为：

股权现金流量=净收益-增量投资需求×(1-d%)

$\qquad$ =净收益-(1-d%)×增量资本性成本-(1-d%)×增量营运资本

(4-15)

即在上文假定的条件下，到期债务的本金需要用"举借新债所得现金"来偿还；而本年度"增量投资需求"通过两个筹资渠道来满足：d%的部分靠举借新债来融资，(1-d%)的部分通过本年度取得的净收益来融资。

在上述公式中，厂房的新建、扩建、改建，更新设备、购买设备，试制新产品等方面的支出都属于资本性成本。而资本性成本与折旧之间的差额就是增量资本性成本。企业处于快速增长时期的增量资本成本高于企业处于成熟时期的增量资本成本。同样，高速增长期的营运资本也会比较高，这是由于存货和应收账款等会占用较多的资金。

公司向债权人支付利息、偿还本金，向国家交税，向优先股股东支付股息并满足自身发展需要后的"剩余现金流量"称为股权现金流量。即使将其全部支付给股东(以股利或股份回购的形式)也不会危及企业目前的生存与今后的发展，因此也被称为"股权自由现金流量"。

(二)总资本现金流量

总资本又称投入资本或长期资本，是指由普通股股东、长期债权人和优先股股东投入企业的资本总额，企业资产总额扣除流动负债后的余额为总资本的具体表现。总资本现金流量的计算是从息税前利润开始的，如式(4-16)所示。

总资本现金流量=EBIT×(1-税率)+折旧或摊销-资本支出-增量营运资本

(4-16)

根据式(4-16)进行现流量预测时，无须考虑企业的资本来源，而只简单地将它视作一个能够提供未来现金流量的"资产包"，也就是说，企业资本结构影响不了总资本现金流量，总资本现金流量只受制于其总体资产提供未来现金流量的能力。

阿尔弗雷德·拉帕波特(Alfred Rappaport)在《贴现现金流量估价》一文中，建立了一个实用性更强的总资本现金流量预测模型，如式(4-17)所示。

$$CF_t = S_{t-1} \times (1+g_t) \times P_t \times (1-T_t) - (S_t - S_{t-1}) \times (f_t + W_t)$$ (4-17)

式中：CF为现金流量，S为销售额，g为销售额的年增长率，P为EBIT占销售额的比例，T为企业所得税税率，f为销售额每增加1元所需要的增量资本支出，W为销售额每增加1元所需要的增量营运资本投资，t为第t年。

（三）预测目标企业的贡献现金流量

为了对目标企业的贡献现金流量做出合理的预测，首先，将公式 $CF_{AB} = CF_A + CF_B + \Delta CF$ 作适当改写，即

$$CF_{AB} - CF_A = CF_B + \Delta CF \qquad (4-18)$$

式（4-18）的左右两边均表示目标企业的贡献现金流量。所以，预测贡献现金流量的两种基本方法：一是相加法，即 $CF_B + \Delta CF$；二是倒挤法，即 $CF_{AB} - CF_A$。并购的方式，如是兼并还是购买股份，决定了上述方法的选取。

1. 兼并

在吸收合并（兼并）的情况下，目标企业解散，并购企业存续；两个公司在法律及运营上均真正实现了"二合一"，这时目标企业贡献现金流量的确定应采取倒挤法，具体如下：首先，预测未合并状态下并购企业未来各年的独立现金流量 CF_A。其次，假设并购顺利完成，预测合并后公司未来各年的现金流量 CF_{AB}。在此过程中，需要对合并后管理层采取的整合措施以及合并后可能产生的协同效应进行翔实的分析。最后，从每个未来年度的 CF_{AB} 中减去每个未来年度的 CF_A，以获得目标企业每个未来年度的贡献现金流量。

可以根据股权或总资本来预测目标企业的贡献现金流量，如式（4-19）、式（4-20）所示。

$$按股权基础确定的贡献现金流量 = 合并后企业的股权现金流量 -$$
$$并购企业的（独立）股权现金流量 \qquad (4-19)$$
$$按总资本基础确定的贡献现金流量 = 合并后企业的总资本现金流量 -$$
$$并购企业的（独立）总资本现金流量$$
$$\qquad (4-20)$$

显然，以上两种类型的贡献现金流量估价公式所得出的估价结果在意义上截然不同：第一种情况代表目标企业的并购价值；第二种情况代表目标企业的买者价值，从买者价值中减去债务价值，才是其并购价值。

2. 购买股份

在购买股份的情况下，并购完成后的并购企业与目标企业形成了一种"母子关系"，两者仍然是两个独立的法人和经济实体。母公司通常要对子公司进行重组。在这种并购方式下，目标企业现金流量的确定宜采用相加法。不过，在实际运用相加法时，可以在理论方法（$CF_B + \Delta CF$）的基础上略加改造，具体而言：首先，设想并购企业已取得目标企业的控股权（目标企业已处于并购企业的管理控

制之下），预测目标企业未来各年的 CF_B'。在这一过程中，应充分考虑并购企业将对目标企业采取的各种重组措施。因而，CF_B' 中已包括了重组所带来的增量现金流量。其次，预测 ΔCF（往后每年因协同效应所产生的增量现金流量）。若并购企业与目标企业所处的行业完全不同，两者所从事的业务也毫无关系，则一般不会存在协同效应，即 $\Delta CF'=0$；若两者处于同一行业，或者同一产品的不同生产阶段，则可能存在协同效应，即 $\Delta CF'>0$。毫无疑问，$\Delta CF'$ 的估计难度非常高，并且最终得出的 $\Delta CF'$ 的估计结果存在相当大的主观随意性。所以，基于协同效应虽然存在但并不显著的条件，这里提供直接假设 $\Delta CF'=0$ 的方法，简单可行。最后，将未来各年的 CF_B 与 ΔCF 相加，得出目标企业的贡献现金流量。

对于相加法而言，和倒挤法一样，目标企业贡献现金流量预测也可以基于股权现金流量和总资本现金流量两者来进行，但上述两种方式得出的估值具有完全不同的含义。

二、贴现率

贴现模式选用企业的资本成本为贴现率。在提及资本成本这一概念时，实际上是站在筹资者的角度观察问题。从公司投资者角度来说，资本成本是投资者要求的最低投资报酬率（Minimum Attractive Rate of Return，MARR）。投资报酬率正相关于企业风险，即企业风险越大，投资者对投资报酬率的要求就越高。相应地，企业的资本成本也就越高。因而，投资报酬率其实是由无风险报酬率和风险报酬率两部分组成的。换言之，一个企业的资本成本已经反映了其本身的风险（包括经营风险与财务风险）。

债权人和股东对公司所做的长期投资，如普通股、优先股和公司债券等，是资本成本当中的"资本"。本书所指的资本成本是一个笼统的概念，它可能指某一类资本的成本（如股权成本、债务成本等），也可能指企业的加权平均资本成本（Weighted Average Cost of Capital，WACC）。资本成本的计量方法此处不作具体论述。这里所关心的问题主要有两个：第一，选用谁的资本成本为贴现率，是目标企业、并购企业的，还是联合企业的；第二，选择使用哪种资本成本作为折现率，是股权成本还是加权平均资本成本。

在配比原则指导下，贴现率的选择应该在考虑并购方式和被贴现现金流量类型的基础上进行。具体地说，在兼并的情况下正如前文所述，合并双方无论是在法律上还是在经营上都实现了合二为一，代之的是一个规模更大的联合企业。目前，被折现对象(目标企业的贡献现金流量)事实上是合并后企业总现金流量预测的一部分。根据配比原则，所选用的贴现率也应该是联合企业的预期资本成本，因为只有合并后企业的资本成本才能正确地反映联合企业未来现金流量的内在风险。那么，如何预测联合企业的资本成本？估价者不仅需要考虑合并双方目前(合并之前)的风险水平和资本结构，而且还应着重考虑并购融资(如发行债券和普通股)后未来新的企业资本结构的影响和贴现现金流量的计算基础是股权基础还是总资产基础。若按照股权基础计算贡献现金流量，则应选用联合企业的预期股权成本为贴现率。由此而得出的估价结果是指目标企业的并购价值，即并购企业为购买目标企业的全部股权而该支付的代价。如果被贴现现金流量是基于总资本基础计算的出资现金流量，那么，要选择联合企业的预期加权平均资本成本作为折现率。由此而得出的估价结果是指目标企业的买者价值，即对于并购公司来说，目标企业的整体价值是多少。从买者价值中扣除长期债务的价值，便是目标企业的并购价值。

在购买股份的情况下，选用何种资本成本？此时，并购后的目标企业仍然是一个独立的法人和经济实体。如前文所述，在这种并购方式下，目标企业的贡献现金流量是按照相加法计算得出的，即 $CF_B' + \Delta CF'$。其中，CF_B' 表示目标企业重组之后的预测现金流量，$\Delta CF'$ 表示协同效应所带来的增量现金流量。CF_B' 与 $\Delta CF'$ 在性质上有所不同：前者是重组之后的目标企业独立提供的，而后者来自并购双方(母、子公司)的协作及联动，故从理论上讲，两者应按不同的贴现率贴现：对于 CF_B'，应采用重组之后的目标企业的资本成本为贴现率；对于 $\Delta CF'$，则应采用反映其内在风险的贴现率。但从应用的角度来看，这种双重贴现率法往往不具备可行性，因为在相加法下 $\Delta CF'$ 的估计本来就充满了主观随意性，而为之估计一个反映其内在风险的贴现率更是难上加难。

所以，在选择贴现率时，可以对 CF_B' 和 $\Delta CF'$ 之总额统一按重组之后目标企业的资本成本予以贴现，这种做法一般不会对目标企业的资本成本进行贴现，且一般不会对估价结果产生显著的影响，因为在目标企业的贡献现金流量中，CF_B' 占比较大，而 $\Delta CF'$ 在很多情况下(如混合并购)根本不存在。

那么，我们应当选用何种资本成本？根据配比原则，一是若被贴现的现金流量是按股权基础计算的贡献现金流量，则应选用目标企业重组之后的股权成本贴现率；二是若被贴现的现金流量是按总资本基础计算的贡献现金流量，则应选择目标企业重组之后的加权平均资本为贴现率。由以上两种现金流量和相应的贴现率所得出的估价结果具有不同的意义。

三、预测期

理论上，确定预测期的常用方法是每期都预测现金流量，直到各种不确定因素使预测者感到不安。在企业估值实践中，最常见的预测期为 5~10 年。

企业的现金流量模式通常会影响预测期的选择。例如，目标企业正进行巨额的资本投资，致使目前及未来几年的自由现金流量甚小或者为负——这段时期为投资持续期；接下来，随着投资所形成的生产经营能力得以利用，自由现金流量将逐年增大，此阶段可称为现金流量的迅速成长期；最后，自由现金流量渐趋稳定，或者开始按固定的比例增长，即现金流量进入成熟期或稳定期。在上述情况下，预测期最好能涵盖投资持续期和快速成长期——这种做法可简化对目标企业明确的预测期后现金流量的计算，使预测期之后的自由现金流量可以按永续增长模型直接资本化。

四、预测期后现金流量的计算

如前所述，目标企业的预期现金流量包括两个时期的价值，如式（4-21）所示：

$$价值 = 预测期内现金流量价值 + 预测期后现金流量价值 \qquad (4-21)$$

其中，预测期后现金流量价值简称为连续价值。其估算方法可以分为两大类：现金流量贴现法和非现金流量法。其中，现金流量贴现法又可分为现金流量恒值增长公式法、价值驱动因素公式法以及其他现金流量贴现法。

（一）现金流量贴现法

1. 现金流量恒值增长公式法

现金流量恒值增长公式法假设目标企业的现金流量在明确的预测期之后，即在连续值期间（包括恒定增长率等于 0 的情况），以恒定速率增长。在这种情况下，只需预测出一期的自由现金流量以及公司的增长率即可，此时价值的表达式为：

$$连续价值 = FCF_{T+1} / (WACC - g) \qquad (4-22)$$

式中：FCF_{T+1} 为经过明确的预测期后第一年的自由现金流量正常水平，WACC 为加权平均资本成本，g 为自由现金流量预期增长率恒值。

若对公司自由现金流量增长率的预测相同，则运用这种方法与长期明确预测法得出的结果一致。

现金流预测法

假设 E 公司与 F 公司生产同类产品，E 公司规模较大、实力较强，最近一年销售额达 8 亿元，F 公司规模相对较小，最近一年销售额为 6500 万元。不过 F 公司在新产品开发方面独树一帜，是 E 公司理想的并购对象。E 公司为了顺利完成对 F 公司的并购，准备对 F 公司的价值进行较为准确的评估。

1. 预测 F 公司 5 年的自由现金流量

对 F 公司并购后 5 年的各种增长和盈利情况预测如表 4-5 和表 4-6 所示。

表 4-5　公司相关指标

项目	增长率（%）
销售额增长率（g）	18
销售利润率（P）	20
企业所得税税率（T）	33
固定资本增长率（F）	30
营运资本增长率（W）	20

表 4-6　F 公司自由现金流量预测

单位：百万元

项目	第 1 年	第 2 年	第 3 年	第 4 年	第 5 年
销售额	76.70	90.51	106.80	126.02	148.70
经营利润	15.34	18.10	21.36	25.20	29.74
所得税	5.06	5.97	7.05	8.32	9.81
增加固定资本	3.51	4.14	4.89	5.77	6.80
增加营运资本	2.34	2.76	3.26	3.84	4.54
自由现金流量	4.43	5.23	6.16	7.27	8.59

2. 估算加权平均资本成本

假设 F 公司的当前 P 值为 1.2，负债率为 25%。如果合并成功，E 公司将 F

公司作为独立子公司运营，并使 F 公司的债务比率达到40%，P 值将增加到1.5。另外，假设市场平均风险收益率为13%，无风险收益率为8%，债务比率为10%，企业所得税税率为33%，则加权平均资本可计算如下：

$$股本资本成本 KS = 8\% + 1.5 \times (13\% - 8\%)$$
$$= 15.5\%$$

$$加权平均资本成本 = 15.5\% \times 60\% + 10\% \times (1 - 33\%) \times 40\%$$
$$= 12\%$$

3. 测算终值

表4-6中预测了并购后前5年的自由现金流量，假设从并购后第6年开始以后每年以4%的增长率增长，则终值为

$$V = \frac{8.59 \times (1 + 4\%)}{12\% - 4\%} = 111.67（百万元）$$

4. 计算 F 公司价值

$$TV_F = \frac{4.43}{(1+12\%)^1} + \frac{5.23}{(1+12\%)^2} + \frac{6.16}{(1+12\%)^3} + \frac{7.27}{(1+12\%)^4} +$$

$$\frac{8.59}{(1+12\%)^5} + \frac{111.67}{(1+12\%)^6} = 85.37（百万元）$$

2. 价值驱动因素公式法

价值驱动因素公式法是依据企业价值的基本驱动因素——投资资本回报率与增长率对明确的预测期后的现金流量进行预测的。由于价值基础为自由现金流量贴现值，企业潜在的价值驱动因素也必须能够驱动自由现金流量。可以推动自由现金流量和价值的两个关键因素：公司销售收入、利润和资本基础的增长率；投资资本回报率。这两个价值驱动因素易于理解。每美元投资资本利润较高的公司的市值要比每美元投资资本利润较少的类似公司的价值更高。同样，如果投资资本的回报率是相同的，并且该回报率足以满足投资者的需求，那么，具有较高增长率的公司比具有较低增长率的公司更有价值。基本公式为：

$$连续价值 = NOPLAT_{T+1} \times \left(1 - \frac{g}{ROIC}\right) \Big/ (WACC - g) \tag{4-23}$$

式中：$NOPLAT_{T+1}$ 为预测期后第一年扣除调整税后净营业利润的正常水平；g 为扣除调整税后净营业利润固定值的预期增长率；ROIC 为新投资净额的预期回报率。

因为分母相同，分子是表示关键价值驱动因子自由现金流量的一种方式，所

以价值驱动因素公式的计算结果与现金流量恒定值增长公式相同。g/ROIC 表示扣除调整税的净营业利润投入额外资本的比例或投资率。整个这一部分表示扣除调整税的净营业利润乘以 1 减去投资率，或自由现金流量。

3. 其他现金流量贴现法

所建议的现金流量贴现公式可以改变为以较严格的(有时并非合理的)假定得出额外连续价值公式。第一个变异是趋同公式。对于竞争行业的许多公司来说，新投资净额的回报率预期最终可与资本成本趋同，所有超额利润都会在竞争中消失。这一假设使价值驱动因素公式更加简单，如式(4-24)所示。

$$CV = NOPLAT/WACC \tag{4-24}$$

式(4-24)是由价值驱动因素公式推导而来：

$$CV = NOPLAT \times \left(1 - \frac{g}{ROIC}\right) \Big/ (WACC - g) \tag{4-25}$$

若 ROIC 等于 WACC。换句话说，资本成本等于增加的投资资本收益：

$$CV = NOPLAT \times \left(1 - \frac{g}{WACC}\right) \Big/ (WACC - g) \tag{4-26}$$

整理后得到：

$$CV = NOPLAT/WACC \tag{4-27}$$

不难看出，等式中的增长部分消失了。这并不意味着扣除调整税后净营业利润的名义增长率为零。它意味着该增长不会使价值有任何增加，因为与增长有关的回报率恰好与资本成本相等。式(4-27)有时被解释为零增长(即使没有通货膨胀)，尽管这显然并非事实。

对趋同公式的误解导致了另一个不同的公式——激进公式。这一公式假定连续价值期间的回报会以某种比率(通常是通货膨胀率)增长。由此得出的结论是，应以加权平均资本成本的实际价值而非名义价值对收益进行贴现。作为结果的公式如下：

$$CV = NOPLAT/(WACC - g) \tag{4-28}$$

式中：g 为通货膨胀率。式(4-28)会过分地夸大连续价值，因为它假设扣除调整税后净营业利润在没有增加任何资本投资的情况下也能增长。这几乎是不可能的，因为增长大多需要额外的流动资金和固定资产。

(二)非现金流量法

除了现金流量贴现法，有时还使用非现金流量法估算连续价值。具体归纳起来，使用的方法有变现价值法、重置成本法、市盈率法、账面比率法四种。

1. 变现价值法

计算出的连续价值等于预测期结束时偿清负债以后销售企业资产所得估计收入。

变现价值与发达公司的价值往往差距很大。在盈利不断增长的行业中，公司的变现价值或许大大低于营业价值。在衰退行业中，变现价值可能超过营业价值。除非有可能在预测期结束时变现，否则不要使用这一方法。

2. 重置成本法

估算的连续价值等于重置公司资产的预期成本。

这一方法有若干缺陷，主要包括只有有形资产可以重置；公司的组织化资本只能在公司产生现金流量的基础上进行价值评估；公司有形资产的重置成本可能大大低于公司的价值；并非公司所有的资产都要重置，例如，某机器只有某一特定行业使用；资产的重置成本可能太高，重置并不经济，但是只要它产生的现金、产生的现金流量为正数，该资产对公司正在进行的业务就是有价值的。此外，重置成本可能超过作为不断发展的实体的企业价值。

3. 市盈率法

假定公司在连续期间的价值将是其未来收益的倍数。

当然，情况确实如此，问题在于要想方设法估计出适当的市盈率。例如，选择行业平均市盈率，可以反映行业在预测期以及连续价值期的经济前景。

4. 账面比率法

假定公司的价值将是其账面价值的倍数，往往与其目前的倍数或可比公司的倍数相同。

账面比率在概念上与市盈率法相似，因此，面临着与市盈率法同样的问题。除了获得适当的倍数十分复杂，账面价值本身也会因通货膨胀和关键的会计假定而失真。这就再一次说明现金流量贴现法更便于使用。估算的连续价值是预测期结束时的价值，必须先根据加权平均资本成本将该估计重新折算为现值，再将其包含在净现金流量的现值中。

实际上，收购方对目标企业的价值评估更多基于收购方单方面的预期判断，这不等于并购的实际价值，而仅仅是收购方进行目标并购价格评估的参考依据。并购实践的角度来看，影响并购价格的因素不仅是目标企业的价值，双方的谈判能力、彼此的优缺点、需求和紧迫性以及时机等通常起着至关重要的作用。在竞争性并购的情况下，投标人信息的不对称也将在很大程度上影响最终的合并价格。所有上述因素使合并双方达成的交易价格可能在很大程度上偏离目标企业的价值。

此外，由于信息披露的不充分性，卖方通常很清楚其真实的价值，而买方不太确定所买到的公司的价值。不仅如此，对于并购企业而言，购买到的不仅是目标企业未来的预期现金流量，同时还包括目标企业的负债及资产。无论并购企业拟实施怎样的整合措施，目标企业所拥有的资产质量与债务负担都将对未来的整合业绩，特别是未来的现金流量产生不同程度的甚至是决定性的影响，在同业并购的情况下更是如此。

因此，并购之前，收购方公司要做的第一项任务是通过简单的非现金流量法对一个或几个卖方公司的财务实力进行初步评估，以粗略估算候选卖方公司的投资价值，据此做筛选。当合并的目标明确时，即选择了目标企业，特别是在与目标企业签署初步意向书在一定程度上实现目标企业的合作，并将现金流量折价模型用于评估目标企业的价值时，这应该更有意义，显然符合效率和成本效益原则。

第五节　并购财务指标评价

如今，对并购效果的评估更多地集中于对并购过程中形式选择的评价、目标企业价值的评估以及支付方式效果的评估。对并购效果的评估很少涉及并购财务影响的评估。并购效果的有效性并不主要取决于并购的过程，更重要的是并购之后，并购企业与目标企业之间的一系列整合，我们更看重并购企业对于并购完成后的一系列效果评价。因此，评估时间点是在并购之后，而不是在并购之前或并购期间。

以更全面地反映和评估并购的效果为目的，指标体系可以分为四个部分。第一部分是对并购方本身的财务评价，第二部分是对目标企业财务收益的评价，第三部分是并购后企业的财务评价，第四部分是非财务收益的评价。

一、并购财务整合的运作方法

管理制度、经营方式以及企业文化等方面的融合均是并购后在内部管理方面整合的主要内容，大致包括企业内部新旧业务的系列化运作，监控内部职能部门和分支机构的流程，解决企业内部各部门之间的利益冲突，其中一个重要环节是财务管理的整合。以下为在财务整合的方法和技术上应当考虑的几个方面。

（一）整合前企业的财务审查

企业整合前的财务审查有利于发现被并购方财务上存在的问题，确保企业财务报表的准确性，从而提高企业的整合效率。财务审查的内容主要有以下几个方面。

1. 审查资产

在进行资产审查时，需要重点关注的事项有存货跌价准备的计提是否充分完全、应收账款的可回收性以及坏账准备的计提是否充分、长期股权投资项目中被投资公司的财务情况等。通过进行资产审查，可以核实被并购企业资产的真实性与存在的状况。

2. 审查负债

鉴于负债披露的特殊性，企业应当重点审查被并购企业负债的完整性。对于入账金额不足或者未入账的负债应当及时调整，企业的利息支出、年终奖的计提是否符合企业权责发生制的要求；如果部分负债已到期但是没有支付，并购方仍应当关注企业债权人的追索问题及相关利息的支付，被并购方的负债可能不仅仅包括账上所列情况，并购方还应当确定企业在经营上潜在的税负等。另外，企业更加难以预料的或有负债，存在可能使并购企业负有连带责任而产生财务损失，因此，企业应当尽可能地审查和了解被并购企业，才能提高企业并购成功的概率。

3. 审查企业财务报表

审查被并购企业的财务报表，主要是审查其编制情况，财务报表中是否存在未披露事项或者或有事项，尽可能地发现企业真实的财务状况。

（二）整合后企业的财务控制

整合前企业的财务审查是并购成功的基础，而整合后企业的财务控制是确保企业财务整合有效实施的保证。财务控制一般包括四个方面的内容：一是责任中心的控制，确保企业在整合阶段责任明晰、分工清楚；二是企业成本的控制，通过企业整合实现成本的最小化；三是资金流转的控制，并购企业应当控制被并购方的资金流入和流出；四是风险控制，企业并购中的风险主要包括运作风险、筹资风险和政策风险等。企业整合后的财务控制主要有以下三种途径。

1. 财务信息控制

企业通过内部审计部门可以加强对被并购方的财务审计、离任审计以及财务运行制度的检查。在审查过程中，若发现任何疑问，应立即加强审查，并对有关责任方进行处罚，以形成良好的监督机制。企业并购涉及重大的资金转移和资产结构转变，在并购方做出相关决策时应当及时向总公司及外部利益相关者进行公告，公告分为事前和事后两种情况，从而使总公司及其他重要主体准确地掌握企业的发展动向。

2. 财务预算控制

企业并购后，并购方应当按照目标企业的管理办法，将企业的总体目标分解为子目标，下放到企业的各个职能部门，从而实现企业的层层控制，这需要企业拥有完整的财务预算体系，从而在并购开始阶段就能掌握企业并购过程中的各个小目标，各级财务部门以及审计部门应当随时对企业的财务预算进行分析控制，以便快速地察觉企业风险，更改企业发展方向，尽力降低经营风险。企业的资金控制系统包括资金的筹集、使用和投资三个方面。在资金筹集方面，企业应当按照集体统一筹资方法，适当放权子公司在一定范围内自行对外筹资，但筹集的资金应当归入企业统一的财务中心，进行管理使用，这样可以降低企业的筹资成本；在资金使用方面，企业在日常经营过程中应当建立统一的经营结算中心，对于子公司日常的经营活动应当确定子公司资金的使用额度，对于额度外的资金使用由集团统一执行，在这种方式下可以将企业的限制资金数额降到最低点，从而降低企业资金的使用成本；在资金投资方面，企业应当采取系统的投资总量控制和投资项目审批制度。

3. 授权审批控制

企业在进行财务运作之前，有必要根据既定程序确定和批准其合法性和合理性的系统控制。授权审批控制的原则是在授权范围内给予完全信任，并限制授权之外的操作。需要注意的是，授权可以分为一般授权和特别授权。一般授权是指企业的中低层管理人员对公司日常经济活动的授权和批准，以安排预算和系统标准。一般授权更常见，而特别授权用于某些特定场合。个人权利的下放是针对某些特殊的和个人的经济活动。

（三）强调一体化的战略整合思想

公司并购的基本目的是推进公司业务战略目标的实现，而不是简单地引起业界的轰动和简单地合并。战略概念不仅表现在并购中如何选择被并购企业，还蕴含在并购后的整合中。合并完成后，合并公司应根据两家公司的情况（尤其是合并公司的战略需求）和公司的外部环境，整合合并后公司的整体业务战略来实现协同效应。相对于传统财务管理来说，财务整合的最大要求在于最大限度地共享和有效利用各种信息和数据。它的决策信息不再局限于财务信息，而应扩展到商业信息，如有关供应、生产、销售、劳动力、材料、设备等的信息，并且主要从商品市场信息变更到主要从资本信息市场获取信息。因此，必须有一个完整的决策支持系统，以提供及时有效的内部和外部决策信息以及辅助决策信息。

并购后经营战略的整合应从最高水平的财务管理理念的整合开始，基于并购（合并）双方的核心竞争优势，并加快优化资源分配，继续加强主营业务在适度范围内的整合协同效应产生的新价值大于其独立价值的总和。通常来说，合并完成后，收购（并购）企业与被收购企业之间将形成互补关系。这种关系可能是横向的也可能是纵向的，或者可能是市场份额的增加（甚至是垄断利润）、产品市场保护、生产能力的提高、财务协调、专业合作和多元化经营等。因此，收购企业完成合并后，要紧密把握产业结构的变化趋势，以长远的战略眼光尽快整合被收购企业的经营战略，逐渐调整被收购企业的经营战略，以提高其盈利能力，以便在合并后将其纳入企业的整体运营轨道。

（四）改善产业结构

优化企业的生产经营体系，不断培养增强企业的核心竞争力，并将其转化为企业的市场竞争优势，毫无疑问这些是企业并购重组的根本目的。企业的财务和运营创新机制是保持市场竞争优势的核心。而努力使企业的产业结构、投资结构与资本结构朝着顺应消费者与投资者的需求的方向发展，是建设和培育企业的财务和运营创新机制的重点。

在对产业的整合问题上，不仅限在生产方面，供销政策常常基于整体利益的考虑而被纳入调整范围。

在实践中，一些企业在产业整合中出现的失误是在资产重组过程中，往往兼并、并购与企业现有产品无关的企业或资产，甚至涉足陌生行业，试图将若干个"小航板"捆绑成"航空母舰"。在供应战略方面，被并购企业可以将生产部分零部件转变为并购企业生产，从而增加并购企业的利润。它的结果是资产规模继续扩大，但是资产的获利能力却在下降。由于缺乏基本的内部联系和不同业务部门之间的必要的相互支持，主营业务与非主营业务之间抢夺企业有限的资源，导致企业主营业务被拖累，边线业务（非主营业务）也发展受限，从而陷入多元化经营的泥潭。

（五）提高资产整合效果

无疑，并购后财务整合的重要起点是提高资产整合效果。在形成核心竞争力的同时，伴随而来的可能是效率低下的资产或子公司，因此，需要有相应的对策来应对。面临经营业绩和财务状况较差的公司，应首先在并购后处置不必要的资产，及时停止盈利能力低的生产线，并采取措施从各个方面降低成本。

财务管理必须能够以财务会计报告系统为核心，将财务会计和管理会计有机地结合起来，并在此基础上建立和完善企业业务活动的计划和控制功能，提前预测和计划(事前)，以便管理与控制(事中)。同时，最后有核算和分析(事后)。为了快速实现此目标，财务管理应着重于建立财务预算、财务分析和决策支持系统，并将预算和计划完成的控制和分析功能添加到财务会计系统中。

（六）重整并购后组织机构内外关系的整合

制度和体制问题是企业所有问题中有着决定性作用的。如果并购企业没有将先进的机制引入目标企业，并有效地做好运行机制的整合工作，那么两家公司就无法融合，目标企业就无法真正进入市场并成为市场主体。合并后企业整体组织的整合事实上与企业管理组织的重新设立相同。不同之处在于前者的占比较小，而后者的占比较大。但是，仍然应该从管理组织机构的整合方面来考虑这种调整，规避部分调整导致的与原始系统的不一致，从而导致管理上的矛盾和新难题。调整后的组织机构试运行一段时间，再请组织诊断专家进行分析评估，以发现问题或证实其有效程度。若仍有一定问题，则根据企业目标及营运要求，再做一些方面的调整，以便调整后的组织机构能正常地、有效地领导企业生产经营的一切活动。

加强并购后企业整体管理，搞好并购企业与被并购企业的管理整合是巩固和发展并购成果的重要手段。并购企业的高级管理模式与被并购企业的内部管理系统的有机整合是成功地进行并购并最终为企业带来效率和收益的关键，它使并购企业的管理优势扎根、开花和结果。如果忽略了它，被并购企业最终将成为沉重的负担，并购将被舍弃。管理制度、经营方式以及企业文化等方面的融合，主要包括组织企业内新旧业务的系列化运营，并监控企业内的各种职能岗位，这些都是并购后的内部管理整合。通过制定管理制度、标准与程序等基础管理手段，摒弃"人治"的管理模式，形成保证"体制"有效运转的管理功能，实现按制度、按标准、按程序运作的管理机制。

同被并购企业的外部财务关系的整合，主要是处理好四个方面的关系：一是整合同当地政府的关系，二是整合同被并购企业原供应商、客户的关系，三是整合同被并购企业原银行的关系，四是整合同被并购企业税务、工商机关的关系。

（七）快速整合

企业并购中，可能涉及并购的决策相对复杂，但是整合速度如果迟缓，就会间接地增加企业的并购成本，甚至拖垮企业并购计划，从而使企业并购最终失败。这是因为，企业一旦签订并购合同，就会存在很大的不确定性，这些不确定性进一步影响企业的工作效率、客户的信任度以及供应商的心态等，就会导致企业的生产效率下降、销售额下滑、员工流失等。企业的整合步骤应当紧凑有序，特别是在企业组织架构、业务划分和人员配备等方面，更应该尽早做出决定，从而使并购后的企业尽快步入正轨，缩短企业并购产生的衰退期。

【案例】

鄂尔多斯集团财务整合模式

鄂尔多斯集团以羊绒加工为主业，创立以来通过并购重组，从一家由一个车间组成的小厂发展到一个大型跨国集团，成为世界羊绒加工行业规模较大、实力较强的企业。鄂尔多斯集团总部设有四个职能中心，即投资中心、管理中心、技术中心和财务中心。其中最基本的是财务中心。该集团成立了一家财务公司，其主要职能可归纳为"四统一分""二级管理""两个关键"。

一、"四统一分"

1. 机构统一

集团下属企业财务部门的设立由集团财务公司决定。大型企业有部门，中型企业有科室，小型企业有股份。

2. 人员统一

集团所有的财务人员由集团财务公司派遣和管理，并实行纵向管理。人员的薪金、奖金、晋升和工作评估均受到垂直管理。

3. 制度统一

集团财务公司统一制定、执行财务方面的制度。过去各成员企业财务制度各行其是，缺乏统一的标准。如今各成员企业必须严格地执行统一的财务制度。

4. 资金统一

集团财务公司统一管理集团的资金。取消所有关联公司的海外账户并建立内部银行，以管理资金来源。经过统一管理，资金聚集在统一账户中，有利于公司对资金的统一运作和融资。

5. 分开核算

"一分"是指分开核算，每个成员单位仍进行独立核算，并对自己的损益负责。

"四统一分"从源头管理过去从未管理过的区域。只要使用资金，预算就首先由小组报告并批准。不合理的将被卡住。

二、"二级管理"

集团一级核算，各企业一级管理。该集团控制其下属投资实体，每个企业对自己的车间、总务、分支工厂和其他部门进行二级管理。

三、"两个关键"

小组的财务管理着眼于资金和成本，并采取"抓大放小"的方法。

掌握资金来源以控制成本，并通过计算成本和模拟市场来分解成本指标。通过上述分析可知，鄂尔多斯集团的财务模式在合并后企业的财务整合中完全贯彻统一的原则，并在财务组织、财务体系、财务资源，特别是营运资金管理的整合上，花费了很多精力。这样的集团财务管理体系在保证其成功实现并购目标、扩大扩张和壮大中起到了相应的作用，有利于企业长期稳定发展。

资料来源：李建明. 鄂尔多斯集团"四统一分"的财务管理[J]. 工厂管理，2000(9)：13-14.

二、并购方自身财务评价

对并购方自身进行财务评价的目的在于判断并购方是否有足够的财务能力投入并购后的管理整合中。主要包括对以下财务指标的分析。

(一)近几年的净利润增长率

对企业近几年的净利润进行分析，考察企业的利润增长率，结合企业近期的产品投资情况，评估并购方在未来经营中是否有较大的发展空间，因为对于目标企业的整合需要一个较长的过程，在这段时间里，并购后企业的资金来源很可能还需要原并购方的支持，因此，并购方应该有足够的现金流来支持并购后企业的运行。

（二）其他一般财务比率

主要包括一些衡量财务风险的比较重要的比率，如资产负债率、财务杠杆等，通过这些比率分析并购是否会对并购方带来财务风险。

（三）筹资渠道

基于筹集资金的来源不同，筹资渠道可分为企业的内部渠道和外部渠道。

1. 内部筹资渠道

企业内部筹资渠道是指资金来源于企业内部。在公司并购中，一些公司往往更愿意选择此渠道，由于这种方法具有很好的保密性，成本较低，并且公司无须支付外部融资成本，因此风险很小。

2. 外部筹资渠道

外部筹资渠道是指公司的资金来源于外部，如扩大股权、借贷、发行公司债券和引进新投资者。这种方式具有募集速度快、灵活性强、资金数目大等特点，现在发展成为并购过程中筹集资金的主要来源。但是，其机密性较差，企业需要承担高昂的资本成本，带来了更高的风险。

三、目标企业财务效益评价

（一）目标企业的财务特征

并购是一种投资活动（投资行为）。如果目标企业的财务特征符合并购决策的财务要求，即成本和收益、风险和报酬这两方面的均衡，并购企业将对目标企业的并购投资进行财务可行性分析，其就很可能成为并购对象。通常来说，可以被并购的目标企业的财务特征主要包括以下几个方面。

1. 财务状况不佳，发生营业亏损

经营水平较高、盈利能力较强的企业一般是并购企业。这些企业才有一定的资金实力进行扩张。而目标企业一般是经营不善、处于微利或亏损的企业，为了寻求出路，希望被优势企业所并购，从而改善自身的经营状况。如果目标企业在不久的将来发生经营亏损，则可以抵销合并后并购企业的部分利润，从而减少被收购企业的应纳税额，这对并购企业具有吸引力。另外，如果企业的资产负债表呈现资产结构或其他资产方面的严重问题，或者反映盈利能力、营运能力、偿债能力的相关财务指标处于中低水平，则该类企业很容易成为其他企业的并购目标。

2. 盈利潜力大，能发挥协同作用

对于当前经营管理不善、股东纷纷抛售所持股票的目标企业来说，如果并购方认为这类企业经过并购后的整合治理，其价值可较快上升，就很可能成为理想的并购对象。因为并购这类企业能带来企业价值的迅速增长，相比于在新的领域内开拓发展所花成本和时间更少。如果目标企业同并购企业能发生管理协同、经营协同或财务协同效应，正如前文并购的财务动因理论所述：横向并购的规模经济效应，纵向并购后交易成本的降低，混合并购后经营风险的分散，那么，并购后企业的增值将更为可观。

3. 市盈率较低，可获得预期效应

基于价值低估理论，如果目标企业的市盈率低或市场价值低于实际价值，那么，它将吸引许多投资者，并成为并购的目标（并购对象）。相反，目标的企业市盈率偏高，高市场估价率反而会使并购者望而却步。因为诸如市值被低估的目标企业之类的合并与收购将节省合并与收购的成本，所以优质收购可能比投资新资产更受欢迎。另外，并购市盈率较低的企业，还可能通过预期效应提高并购后企业的股价，增加股东的财富。

4. 股权结构分散，较易收购

如果目标企业社会公众流通股比例高，且为中小股东持有，大股东相对持股较少，就很容易成为并购目标。因为在控制权市场上，收购弱势群体所持股份的障碍较小，操作简便。反之，如果目标企业的股份集中在少数大股东手中，在善意并购中还可通过友好协商达成协议，要是恶意并购就会遇到大股东的强烈阻挠，不得不加大并购成本或使并购不能顺利进行。

5. 资产优良，吸引力强

当目标企业具有特许经营权、著名商标权、土地使用权等优质无形资产，或账面上未能反映的优质人力资源和商誉等资产时，将吸引并购方并购。如果有些企业具有知名品牌等价值较高的无形资产，但由于经营管理不善，财务状况急剧恶化，濒临破产。这类目标企业如果被并购，并经过全面整合，充分发挥其资产优势，将会增加并购企业的资产价值，并使其获得超常收益。

6. 净资产规模较小，成本较低

一般来说，目标企业净资产的规模小，并购成本较低，就较容易成为并购对象，即所谓的"大鱼吃小鱼"。近年来，尽管随着具有高风险、高利率特点的债券和杠杆收购涌现和广泛被运用，企业并购中"小鱼吃大鱼"的现象层出不穷。

但是目标企业的规模大小仍然是并购企业实施并购决策的重要考虑因素之一。

(二) 并购前的会计报表财务比率分析

为了分析目标企业的财务状况，目标企业发布的年度报表和中期报告都可以作为目标企业财务状况分析的信息来源。根据我国证监会的规定，上市企业有公开披露信息的义务，并且其公布的财务会计报告必须通过注册会计师的审计。

阅读目标企业的财务会计报表的主要目的是了解其报表所反映的目标企业的财务状况，主要包括以下几个方面。

1. 现金的持有情况

会计报表中的现金，是指公司持有的货币和银行存款。如果公司没有足够的现金来满足各种应付账款的日常需求并偿还到期的债务，那么，无论公司的经营状况如何，都很难避免破产。

2. 流动资产的变现能力

资产的流动性，是指将资产转换为货币的可能性。相对于固定资产，流动资产具有很强的流动性，除了库存现金和银行存款，还包括应收账款和存货。

一般而言，应收账款的可变现能力可以通过其账龄大小确定。如果一家公司有大量的长期应收账款，则变现的可能性相对较小。存货的可变现能力可以通过存货周转的速度来判断。如果存货周转缓慢，则通常表明存在市场上难以实现的无法销售的产品，企业内部积累了大量此类产品难以销售。

3. 长短期债务的风险

公司的借款按期限分为短期借款和长期借款，其中短期借款为少于一年，长期借款为一年以上。在了解公司的债务时，关键是要看债务的结构。如果公司的短期借款的比率很高并且还款期临近，则表明该公司在不久的将来需要大量现金。此外，如果公司已承诺为其他公司提供贷款担保，也应给予足够的重视，因为如果接受担保的公司无法偿还贷款，则可能损害公司利益。

4. 承诺事项和或有事项中的陷阱

根据《企业会计准则》的要求，会计报表附注应该披露承诺事项和或有事项。企业在编制会计报表之日后承诺支付的项目是承诺事项。例如，公司已经签署了一项投资协议，或者需要在资产负债表日期之后支付大量的项目付款。资产负债表日后可能发生的重大事项称为或有事项。例如，该公司正面临诉讼，一旦被起诉，它将不得不支付巨额费用。通过分析会计报表的项目和数据，可以对目标企业的财务状况有一个大概的了解。对于并购企业而言，这还不够，必须使用某些方法来比较一些内部关联的会计数据，并计算比率，深入了解企业的财务水平。在进行财务分析时，主要考虑的财务指标如表4-7所示。

表4-7　企业主要财务指标

分类	指标名称	公式	目的
偿债能力	流动比率	流动资产/流动负债	反映目标企业短期偿债能力，也可分析目标企业的营运资本是否相对充足；流动比率越高，偿债能力越强
	速动比率	（流动资产-存货）/流动负债	速动比率减去了流动资产中的存货，反映了目标企业运用能够较迅速地转换为现金的资产偿还短期负债的能力，可更准确地测定目标企业资产的流动性
	资产负债比率	（负债总额/资产总额）×100%	反映在资产总额中有多大比例是通过借债来筹资的，也可以衡量企业在清算时保护债权人利益的程度
	利息保障倍数	息税前利润/利息	衡量偿付借款利息的能力
盈利能力	销售利润率	（净利润/销售收入）×100%	表示每百元销售收入净额获取净利润的能力
	总资产报酬率	（息税前利润/总资产平均余额）×100%	反映目标企业利用全部经济资源的盈利能力
	净资产收益率	（净利润/平均净资产）×100%	反映目标企业的股东投入资本的盈利能力
营运能力	应收账款周转率	销售收入净额/应收账款平均余额	反映目标企业的资金周转状况，也反映目标企业信用政策的宽严程度
	存货周转率	销售成本/存货平均余额	反映目标企业存货利用效率的高低，衡量企业并购发生后生产经营的可持续性
	总资产周转率	销售收入/平均资产总额	反映目标企业资产总额的周转速度
发展能力	销售增长率	（本年销售总额/上年销售总额）×100%	从销售收入增长的角度反映目标企业的业务发展能力
	资本积累率	（本年所有者权益增长额/年初所有者权益）×100%	反映目标企业所有者权益的增减变动情况
	总资产增长率	（本年总资产增长额/年初资产总额）×100%	从企业资产总量扩张方面衡量目标企业的发展能力

（1）偿债能力分析。偿债能力分析以期间划分为短期、长期，短期是指企业偿付一年内到期的流动负债的能力，长期是指一年以上的债务偿付能力。企业并购需要大量的资金，这将导致公司的负债率上升。同时，公司还将在收购完成后筹集部分资金，以补充合并后公司的运营，从而导致总债务激增。通过对债务偿付能力的分析，在并购实施之前，仔细计算并购各个环节的资本使用量，并编制资本预算以帮助监控公司并购前后的资产负债率，以维持相对合适的水平，以确保公司的偿债能力。这允许它通过一定时期长期和短期债务的合理组合来调整公司债务的还款结构，并且还可以有效地指导公司在合并后形成足够的现金流量，以偿还借入的资金，以满足合并后公司进行一系列整合工作的需要。

（2）盈利能力分析。盈利能力分析主要是衡量企业在一定时期内实现业务目标和获取利润的能力。在公司并购的过程中，公司会暂时牺牲部分利润筹集资金，以确保可以完成收购，因此公司的利润水平可能低于行业平均利润水平。通过盈利能力分析，一方面，可以了解公司和目标企业的利润来源，并找到适合未来的业务；另一方面，还可以定期监控合并后公司的运作，指导运营商协调生产并实现规模效益，并确保实现合并。

（3）营运能力分析。营运能力（运营能力）是企业资产运营水平的体现，是企业确保偿债能力、提高盈利能力的基础。对公司运营能力的分析应反映并购资产的特征，并将其与历史数据和行业数据进行比较，以帮助公司调整资源分配。

在并购期间，营运能力会发生波动。合并之前，公司可能会变现一部分存货和应收账款以筹集自有资金，从而提高公司的营运能力；合并完成后，公司可能会在短期内扩大经营规模，增强经营实力。增加应收账款和存货以扩大市场份额，导致公司营运能力下降。

合并企业在对目标企业的财务报表和相关财务比率进行全面分析之后，应根据目标企业的财务状况出具审慎的调查报告。审慎的调查报告通常包括以下内容：①财务历史数据的准确性；②资产和负债的分析；③属地的税法规则和公司的税务状况；④或有负债的调查；⑤财务指标的合理性；⑥市场情况分析。

合并企业发布审慎的调查报告的目的是确定目标企业提供的财务报表是否准确地反映了公司的真实状况，如果发现错误，将需要对它们进行必要的调整。尽管并购前没有理由让并购方充分了解对方的财务状况，但审慎的调查报告仍为并购公司提供了大量有价值的信息，为继续进行并购奠定了坚实的基础。

（三）对并购后目标企业的财务评价

1. 投资回收率（ROI）

$$ROI = 年净收入增加额/并购总投资 \times 100\% \tag{4-29}$$

式中：年净收入增加额是并购公司兼并目标企业后取得的年净收入的增加额，主要是指并购企业兼并后取得集团的年净收入扣掉兼并前并购企业的年净收入的余额。并购总投资是兼并的总投资额。ROI是主要用于衡量由于并购企业的兼并投资所产生的增量效益与投资总额的比率。

2. 剩余收益

剩余收益是指目标企业的营业利润超过其预期最低回报的部分。该预期收益是根据目标企业的投资占用额和并购企业管理层确定的预期最低报酬率确定的。

$$剩余收益 = 目标企业营业利润 - 投资占用额 \times 预期最低报酬率 \tag{4-30}$$

如果并购企业的预期最低报酬率低于目标企业的营业利润率，那么，就很有可能为并购企业带来剩余收益，同样有利于目标企业。

3. 经济增加值（EVA）

经济增加值可以衡量公司在一年内创造的货币经济价值，其含义如下：

并购投资有一项是将成本和资本收益及其他因素与各种静态指标进行比较。当投资者从目标企业获得的收益大于投资的机会成本时，就体现出股东可以在并购行为中获取增值收入。在有效的财务环境中，资本成本反映了公司的经营风险和财务风险。由于各种企业承担的风险不同，因此相应的资本成本（承担的代价）也不一样。在相同的投资规模和资本收益水平下，具有较低资本成本的公司将获得更高的净资本收益。

4. 市场增加值

市场增加值和经济增加值都从资本收益中减去了资本成本，但是从会计意义上说，资本收益率和经济增加值中的资本收益是根据营业利润计算的，而市场增加值是基于资产的市场价值，是衡量业务绩效的标准。计算公式如下：

$$市场增加值 = T期末公司调整后的营业净利润 -$$
$$按期末公司资产的市场总价值计算的加权平均资本成本 \tag{4-31}$$

市场增加值指标认为，公司用于创造利润的总资本价值既不是公司资产的账面价值也不是公司资产的经济价值，而是其市场价值。经济增加值指标更适合用于评估特定年份的资本运营效率。市场增加值是根据预期的未来现金流量计算的, 该现金流量反映了市场对公司未来营业收入的预期。这是一个价值评估指标, 更适合用于评估公司的中长期增值能力。

四、并购后的集团公司财务效益评价

(一) 资本成本降低率

资本成本降低率是财务协同效应的一种, 是指当需求增长速度低于整体经济增长速度的行业中的公司通过合并收购另一家需求增长迅速的行业中的公司时, 使用低成本的内部现金来并购可以减少合并公司的投资成本, 从而抓住目标企业所在行业的可用投资机会。这里的一个隐含假设是, 两家公司的现金流量没有完全正相关。现在, 我国的许多传统企业, 如彩电、空调、电力等行业, 在转移到网络和电信行业时都具有这种低成本的财务效应。

(二) 资本积累增加率

将分散的小资本合并为统一的大资本, 即"大鱼吃小鱼"的方法, 这是企业兼并的常用方法。无疑, 加快资本积累的重要条件之一是企业兼并。同时, 收购的兴起, 尤其是杠杆收购的广泛运用, 使没有实力合并的公司成为可能, 结果是企业通过扩大外部规模来增加资本积累的速度大大加快了。

(三) 超常收益

企业进行商业活动的最终目标是价值增值, 而所有并购的动机都是获得非凡的利润。根据现代金融理论, 并购的目的是增加股东的财产, 即合并后股东股票的价值增加。确定并购对上市公司价值的影响的方法主要有三种: 一是根据市盈率分析并购对价格 (收益比率和每股收益) 的影响; 二是从剩余价值的角度, 分析并购是否会产生异常的超额收益; 三是基于资本结构理论, 分析并购是否使双方的资本结构达到最优状态, 从而使公司价值最大化。由于我国股票市场的市盈率大多处于异常状态, 不能客观地反映每股收益, 因此, 在实证分析中很少使用。

各类企业根据自身特点采取不同的并购策略, 可以获得不同的收益。但重要的一点是, 可以肯定仅凭并购并不能使运营成功。并购后, 集团公司要追求长期稳定的利润增长, 必须进行一系列合并后的整合, 包括财务、组织管理、产品技术结构等。只有通过调整和更有效地利用在其控制下的资源, 才有可能寻求永久性的利润增长。

五、非财务效益评价

并购活动的完成意味着并购企业已经实现了某些战略目标。这些战略目标可能是在当前市场中获得竞争优势，可能是市场或产品的扩展，也可能是平均资本成本的降低。但是，在不同时期，面对不同的经济环境和竞争对手，出于战略考虑或战术需求，公司总体目标的实现还需要考虑众多非财务目标。

长久以来，我国的工业经济结构一直不平衡，导致库存资源利用效率低下。产业经济结构的动态演变通过产业间兴衰、企业间兴衰和企业间分配结构的变化，增加了高生产率产业和企业在资源配置总体构成中的比重。这使经济能够达到不平衡的增长，并购只是实现不平衡经济增长的重要机制。因此，对企业并购的非财务利益的评估应从微观和宏观两个层面进行。可以从以下几个方面考虑。

其一，是否达到合理的规模经济。

其二，是否存在生产关系变革。

其三，并购活动是否协调了企业之间的关系。合并是一个企业对另一企业的兼并。造成这种现象的一个重要原因是，企业之间存在差异，各有千秋。所有这些差异要求企业相互协调和相辅相成，以实现共同发展目标。

其四，并购是否对产业结构的调整有帮助；考察并购是否对新兴技术部门的形成做出了贡献；观察并购是否提高了股票资产的运营效率。

其五，并购是否达到市场优势效果。形成市场支配地位并不需要公司完全摆脱竞争压力，确定相关公司是否具有市场主导地位，需要从两个角度考虑：公司的绝对规模和相对规模。公司的相对规模应主要基于市场份额和主导地位，考虑定价能力、资本优势、市场进入壁垒以及供应商或消费者对关联公司的依赖程度。

第五章

企业并购中的会计处理

 **本章概要**

国际财务报告准则(International Financial Reporting Standards，IFRS)是国际会计准则理事会(International Accounting Standards Board，IASB)颁布的一项标准会计制度，以便各国实施跨国经济交易。国际财务报告准则是一项全球统一的财务规则，是一项按照国际标准运作的财务管理标准。它用来规范世界各国企业或其他经济组织的会计运作，使各国的经济利益都能得到标准的保护，不会因不同的标准产生不同的计算方法而造成不必要的经济损失。本章将介绍基于国际财务报告准则的并购会计处理，包括基本会计处理方法、特殊理论、政策问题、会计信息披露和纳税安排。

学习目的

1. 掌握并购的基本会计处理方法。
2. 了解并购会计的特殊理论和政策问题、上市公司并购的会计信息披露以及并购的纳税安排。

第一节　基本会计处理方法

我国以前对企业合并会计处理的依据主要是 1997 年颁布的《企业兼并有关会计处理问题暂行规定》，但该规定比较笼统，可操作性较差。随着 2006 年 2 月新会计准则的出台，企业合并的规定也体现在《企业会计准则第 20 号——企业合并》中，与国际会计准则有较强的趋同性。企业合并的会计问题一直是学术界和实务界共同关注的问题，也是一个颇具争议的会计领域。基于对企业合并的经济业务性质和合并主体的不同理解，在我国会计实务中，记录企业合并的会计方法主要有购买法和股权合并法。美国财务会计准则委员会和国际会计准则委员会已经取消了权益联营法。面对国际标准化的趋势，中国根据自身独特的经济环境，在与国际市场接轨的同时，保留了自己的特色。2006 年，《企业会计准则》保留了权益法。

一、并购会计方法

（一）购买法

1. 购买法的定义

所谓购买法，是指企业并购的会计处理方法，将企业并购视为购买普通资产的交易，按照与购买普通资产相同的原则进行。在美国会计准则委员会第 16 号意见书"企业合并"（APB 16）中，购买法的定义是，以一家公司收购另一家公司的形式对企业合并进行会计处理。被并购企业按收购成本减去负债记录其资产。购买成本与有形资产和无形资产减去负债后的公允价值之间的差额记为商誉。被并购企业的报告收入仅包括被并购企业自收购以来的经营成果，这些经营成果的计算以被并购企业的收购成本为基础。

2. 购买法的特点

购买法的主要特点如下：①通过并购取得的目标企业的资产和负债以公允价值计量。②并购企业按其总成本进行记录。总成本包括收购价格及相关咨询费、会计费、注册费等。③取得成本超过取得净资产公允价值的，超出部分作为商誉，商誉在未来经营期间按一定年限摊销。④取得成本低于取得资产公允价值的，其较低部分（负商誉）作为递延收益，在未来经营期一定期间内摊销。⑤目标企业在合并日前的净利润，作为其净资产的一部分，冲减被合并公司的合并成本。只有合并日后目标企业的净利润才计入合并公司的净利润。⑥公允价值可以是评估价值，也可以采用市价、账面价值、现值等方法确定。

（二）权益法

1. 权益法的定义

权益法是指将企业并购作为原独立的企业股东参与并购，通过股份交换形成联合体，实现其资产所有权收益和风险的分担。美国会计准则委员会第 16 号意见书"企业合并"中，权益法的定义是，两个或两个以上的公司通过交换权益性证券进行的合并。由于这种企业合并不需要企业为任何资源买单，因此不能视为收购。合并结束后，原所有者权益继续保留，会计记录按原基础保存。合营公司的资产和负债按合并前的金额入账。

2. 权益法的操作

由于关联企业股东之间不存在交易，企业之间也不存在经济资源在合并和收购中的配置，因此，对股权分置进行法定会计核算，不需要对资产和负债进行重新确认和计量，只需增加资产即可，参与并购的企业的负债、收入和费用，按照账面价值构成新主体的资产和负债，调整股东权益。具体操作应注意以下几点：①无论资产评估结果如何，并购取得的资产和负债均按账面价值入账；②不确认企业合并、收购产生的商誉；③资本公积转出金额不等于转出金额的，资本公积和盈余公积按差额调整，再按调整后的余额合并；④与并购企业有关的各种直接费用和间接费用，作为期间费用处理；⑤如果并购发生在会计期间，则其收入和费用也应合并，如同发生在会计期初一样；⑥只能用于企业以股换股形式进行的并购。

二、两种会计处理方法的比较

（一）购买法和权益法的本质区别

从现金流量的角度来看，购买法和权益法最本质的区别是，是否提前确认企业未来收益。通过商誉的确认和计价基础的变更，提前确认未来收益。购买法下，将取得成本超过净资产公允价值的部分确认为商誉，实际为企业未来超额现金流入的折现。以公允价值代替账面价值。实际上，它增加了企业的摊销或折旧资产。由于这部分资产具有税收抵免功能，企业当期现金流出减少，净现金流量增加。这部分增加的现金流量可视为企业未来一部分正常营业收入的折现。权益法下，不确认商誉，不改变资产的基价。企业按正常情况分期确认收入，不提前确认未来收入。

（二）购买法与权益法的一般差异

除了上述实质性差异，购买法与权益法的差异还表现在以下几个方面。

1. 对被合并企业的留存收益，有不同的处理方法

在购买法下，被购买企业购买前的留存收益不成为被合并企业的留存收益；

在权益法下，被购买企业购买前的留存收益成为被合并企业留存收益的一部分。

2. 对上一年度的会计报表，有不同的处理方法

在购买法下，不需要调整合并上一年度的会计报表；在权益法下，按照合并后的会计政策追溯调整合并上一年度的会计报表。

3. 对合并当年经营成果的影响不同

购买法和权益法在处理被合并企业当期损益时是不同的。在权益法下，将被合并企业全年的损益纳入企业年度利润表；购买法下，仅将被合并企业合并后的损益纳入被合并企业利润表。因此，只要企业合并发生在会计年度，被合并企业在合并日有利润，采用权益法编制的合并企业利润表中的利润就必须大于采用购买法编制的合并企业利润表的利润。在权益法下，与合并有关的各项费用计入被合并企业当年的费用；购买法下，与合并有关的直接费用增加了购买成本，只有与合并有关的间接费用计入被合并企业的当期费用。因此，从合并费用的角度来看，采用权益法处理合并费用对当期收益的负面影响较大。但是，一般而言，与被合并企业当期收益相比，合并成本往往较小。采用权益法处理合并成本对当期收益的负面影响，不得抵消其对当期收益的正面影响。权益法下的当期收益仍大于购买法下的当期收益。

此外，由于通货膨胀的影响，被合并企业可辨认资产的估值往往大于其账面价值。因此，合并后，合并企业只需按市场价格出售被合并企业的资产即可获得资产增值收益，直接增加当期收益。

4. 对合并以后年度经营成果的影响不同

在购买法下，被合并企业的可辨认资产以公允价值计量。由于通货膨胀的影响，资产的公允价值一般高于其账面价值，尤其是存货、固定资产等有形资产。随着企业经营状况的改善，这些资产的增值部分将在合并后的几年内转为成本。这将导致合并年度购买法下的固定成本高于权益法下的固定成本。同时，在购买法下，购买成本超过被购买企业净资产公允价值的部分确认为商誉，按照国际会计准则在一定期间内摊销。商誉的摊销将相应地增加成本。因此，在以后的合并年度中，购买法下的成本仍高于权益法下的成本。故而，购买法下的年度利润低于权益法下的年度利润。

5. 对被并购企业股权结构的影响不同

在购买法下，无论是以现金、债券还是股份作为购买的支付手段，其结果都是对被并购企业股东权益的剥夺或弱化。在被合并企业中，由于原被合并股东控制的资产数额增加而不追加投资，即使在支付股票的情况下，原被合并企业股东

的权益也得到保护甚至增强。也就是说，企业合并前后的股权结构没有发生重大变化。在权益法下，合并双方通过交换普通股的方式进行合并。双方股东共同控制被合并企业。即使被合并企业的股东不享有与原被合并企业股东相同的控制权，也对被合并企业具有重大影响。因此，在股权分置法下，被合并企业的股权结构发生了重大变化。

6. 对现金流量的影响不同

在权益法下，由于没有以换股方式支付现金，换股合并不反映在现金流量表中，合并现金流量是合并各方现金流量的总和。同时，对以前年度的现金流量表进行追溯调整。根据购买法，现金是收付实现制的。与合并有关的现金流量在现金流量表中反映。合并企业取得的净资产的公允市场价值作为投资活动产生的现金流量，合并中支付的购买价款(支付现金除外)作为筹资活动产生的现金流量。

同样，在购买法下，合并当年及以后年度的现金流量趋势也可能发生扭曲。合并年度的现金流量表仅包括被合并企业合并后产生的现金流量，合并年度的现金流量包括被合并企业全年产生的现金流量。这样，在比较合并当年的现金流量与合并后当年的现金流量时，就会产生合并前后现金流量快速增长的假象。

7. 对企业所得税的影响不同

企业合并采用不同的会计方法对企业所得税的影响是不同的。这可以从两个方面来分析。

从被合并企业的角度来看，由于采用了权益法，企业合并后的报告收入较高，相应地应交企业所得税也较高。购买法对企业所得税的影响是双向的。从各种资产的角度来看，由于资产评估增值，企业形成递延所得税。当这些增值资产被使用时，递延所得税逐渐转变为实际所得税。这一作用增加了企业的税负。从企业整体来看，增值资产摊销会导致企业利润下降，从而降低企业的税负。值得一提的是，在许多国家的会计准则中，商誉的摊销不允许抵税。如果允许商誉摊销抵税，那么购买法下减税就比较明显了。

从被合并企业股东的角度看，根据购买法的规定，相当于被合并公司股东转让股权取得现金收入。如果所得大于股权的账面价值，则被合并企业的股东应为超出部分缴纳税款，其纳税义务立即生效。然而，在权益法下，被合并企业的股东并没有获得现金收入，他们只获得股票。因此，将企业所得税递延至被合并企业股东获得转让溢价时，即递延所得税。

购买法和权益法是处理企业并购业务的两种不同的会计方法。因此，它们会对并购企业产生不同的影响。大多数国家和地区都采用购买法，但只有少数国家和地区允许采用权益法。同时，对采用权益法的条件作了严格限制。例如，美国会计准则委员会第 16 号意见书"企业合并"中，明确了采用权益法处理企业合并业务的 12 个条件。只有在 12 个条件都满足的情况下，权益法才是合适的。在中国香港，公司法要求所有的企业合并被视为购买，并采用购买法进行核算。根据《国际会计准则第 22 号——企业合并》的规定，对企业的收购必须采用购买法，对企业的共同所有权必须采用权益法。我国在"企业合并"具体会计准则讨论稿中也作了这样的规定。但由于具体的会计准则尚未正式颁布，我国对这一问题还没有非常明确的规定。正是这一问题的存在，使一些企业忽视了企业并购的性质，滥用权益法，将目标企业的全部利润纳入合并会计报表，从而达到美化企业经营状况的目的。

三、并购会计方法选择的作用与动机

（一）并购会计方法对并购企业财务状况和经营成果的影响

在购买法下，被购入企业取得的资产和承担的负债按照公允价格入账，购入成本超过公允价格的部分作为商誉入账。权益法的原则是，被收购企业取得资产和承担负债仍按账面价值入账，不存在商誉确定的问题。因此，购买法下企业合并后的总资产相对较高。

同时，由于权益集合法中不存在商誉的摊销，并购企业将目标企业当年的损益合并，并按较低的账面价值取得被合并企业的资产，导致未来摊销成本较低，对并购企业本年及以后年度的经营成果产生积极的影响。这些不同的影响反映在相关的财务比率中，从而导致以下情况：

第一，反映企业偿债能力的指标，如资产负债率、流动比率，在购买法下往往优于权益集合法，主要原因是目标公司负债评估值与账面价值的差额较小，但资产评估值往往高于账面价值。

第二，反映企业盈利能力和成长能力的指标，如净资产收益率、资本收益率、利润率和毛利率的增长率等，在权益法下往往好于购买法，主要是因为权益法容易形成"秘密准备"，促进未来利润的增长；而且，目标企业的总资本成为并购企业资本的一部分，使留存收益增加，资本回报来源增加。

（二）影响企业并购会计方法选择的动因分析

并购是一种复杂的产权交易方式，交易的动机、交易的形式和规模以及交易双方的内外部特征都可能对会计方法的选择产生影响。

1. 控制性的并购动机

根据我国企业合并具体会计准则草案，收购法的目的是企业以资产、债务、发行股票等方式收购和控制其他企业的净资产和经营权。权益法的目的是被合并企业的股东共同控制其全部净资产和经营活动，共同承担和享有被合并单位的风险和利益。当合并被视为共同持股性质时，适用权益法。在实践中，两个企业出于联合而非控制的动机进行合并时，往往采用符合权益法使用标准的交易条件和形式，因此，会计处理方法的选择往往十分明确。

2. 资本市场有效性

资本市场对会计信息中企业会计政策的操纵和识别效率是影响管理者会计政策选择的重要因素。根据国外的实证研究，许多滥用权益法的管理者普遍认为资本市场并不是完全有效的。权益法对合并当年及以后年度经营成果的积极影响，有利于改善或增强资本市场对企业的评价，甚至促进公司股价上涨。

3. 利润最大化动机

当并购溢价和目标企业资产增值幅度较大时，权益法产生的"秘密准备"效应较大，对财务报告利润的影响也较大。对企业绩效（包括进入和退出条件）的评价主要以盈利能力为基础，这必然促使管理者追求利润最大化。在这样的心态下，当并购溢价和目标企业资产升值幅度巨大时，自然会选择权益法。如果出现相反的情况，并购会产生大量的负商誉，或者资产增值较小，或者目标企业拥有大量能够产生增值的资产，那么选择购买法的积极性就会超过选择权益法的积极性。

4. 税收抵免效应

在考虑利润最大化的同时，并购还将考虑目标企业资产的税收抵免效应。当并购溢价和目标企业资产升值幅度巨大时，如果大量目标企业资产具有巨大的税收抵免效应，企业将权衡购买法和权益法。然而，当并购溢价和目标企业资产的升值幅度较大时，如果大量目标企业资产不具有税收抵免效应，则以权益法为主导。

5. 交易方式和规模

当并购企业拥有丰富的货币资金或较强的融资能力，选择使用大量现金进行并购时，企业并购的会计处理一般不能采用权益法。特别是在并购溢价巨大的情况下，为了保持并购方的控制地位，并购方往往选择用大量现金进行交易，此时，只能采用购买法。当并购净资产占目标企业净资产比例较小时，一般不可能采用权益法。

6. 并购企业的特点

如果并购企业的绩效考核、评价和奖惩都以企业的利润指标为基础，那么，管理者就会倾向于采用权益法。在企业经营过程中，如果债务契约制约了企业的资本结构和股利分配，企业往往需要在购买法和权益法之间权衡。如上所述，购买法有利于提高反映偿债能力的比率，而权益法可以增加利润分配的资金来源。此外，经营状况好、素质好的管理者也会倾向于选择购买法。

7. 目标企业的特征

低杠杆、高流动性的企业往往拥有良好的流动资产和日常经营。这类企业的并购溢价会很高，容易造成现金交易，导致采用购买法。同时，低市盈率和低效率的目标企业会大大降低并购成本，也容易造成现金交易，权益法的使用也会减少。当目标企业与收购方相比规模较大时，收购方利用大量股份进行股份交易很容易失去控制，这将增加采用购买法的可能性。

8. 金融市场反应

对于关注股价变化趋势的并购企业来说，并购前后股价可能发生的变化会影响管理者对于会计方法的选择。国外的一些实证研究表明，权益法并没有如预期的那样导致股价上涨，并购前后股价的变化不大，但采用购买法往往会导致股价上涨，但上涨时间并不一定是在并购完成后。

〖案例〗

会计处理方法比较——申银万国合并宏源证券

一、合并方简介

本次合并的合并方是申银万国证券股份有限公司（以下简称"申银万国"），其前身是上海申银证券公司和上海万国证券公司。1996年，经中国人民银行批准，两家证券公司股东共同发起合并成立申银万国。公司成立时，注册资本为132000万元，公司性质是股份有限公司，申银万国就此成为国内第一家股份制证券公司。至本次合并前，该公司在全国范围内有分公司16家，拥有168家营业部，主要分布于东部地区和中部地区。作为我国证券市场的老牌券商之一，其规模、业务种类和营业部分布范围在我国证券公司中都排名前列。申银万国主营业务包括证券经纪业务、证券承销与保荐业务、证券自营业务、资产管理业务、投资咨询业务以及与证券交易和证券投资咨询活动有关的财务顾问业务等。从其合并前几年的营业收入构成情况来看，证券经纪、资产管理、投资咨询业务收入在其营业收入中所占的比重较大，且在行业内排名也较为靠前。截至本次合并前，申银万国总股本为671576

万股,其股权较为集中,持股比例前三的股东合计持有公司81.27%的股份。大股东中央汇金投资有限公司(以下简称"中央汇金")持有公司55.38%的股份,并通过控股子公司中国光大集团持有12.51%的股份,中央汇金是其实际控制人。

申银万国合并前主要的财务数据及指标如表5-1至表5-3所示。

表5-1 申银万国合并前三年的财务数据

单位:万元

项目	2013年12月31日	2012年12月31日	2011年12月31日
资产总额	7245236.21	5837877.33	5520485.80
负债总额	5307206.69	4024363.11	3843304.23
所有者权益合计	1938029.52	1813514.22	1677181.57
其中:股本	671576.00	671576.00	671576.00
	2013年度	2012年度	2011年度
营业收入	594723.76	473707.39	490186.41
利润总额	254867.31	189791.71	230033.72
净利润	192247.57	141126.81	172816.21

资料来源:根据申银万国合并报告书及申银万国年报整理。

表5-2 2014年8月申银万国合并财务数据

单位:万元

项目	2014年8月31日
资产总额	8074803.57
负债总额	6011693.79
所有者权益合计	2063109.78
其中:股本	671576.00
	2014年1~8月
营业收入	448824.07
利润总额	223178.89
净利润	179756.81

资料来源:根据申银万国合并报告书及申银万国年报整理。

表5-3 申银万国合并前三年及2014年8月主要财务指标

项目	2014年8月31日	2013年12月31日	2012年12月31日	2011年12月31日
每股净资产(元)	3.07	2.66	2.56	2.36
每股收益(元)	0.27	0.28	0.21	0.25
总资产净利率(%)	1.71	2.92	2.52	2.85

项目	2014 年 8 月 31 日	2013 年 12 月 31 日	2012 年 12 月 31 日	2011 年 12 月 31 日
净资产收益率(%)	5.71	9.67	8.18	10.53
资产负债率(%)	53.75	48.64	21.71	9.55
产权比率(%)	2.91	2.74	2.22	2.29

资料来源：根据申银万国合并报告书及申银万国年报整理。

二、被合并方简介

本次合并的被合并方是宏源证券股份有限公司(以下简称"宏源证券")，其前身为 1993 年新疆维吾尔自治区人民政府批准成立的宏源信托。宏源信托于 1994 年在深圳证券交易所上市，成为我国第一家在 A 股上市的证券公司，2000 年，宏源信托更名为宏源证券。截至本次合并前，宏源证券在全国范围内拥有证券营业部 139 家，主要分布在西部地区。宏源证券也是经证监会批准的全国性、综合性、创新类券商，是全国首批获得保荐资质的券商之一。公司主要业务为证券经纪，证券投资咨询，与证券交易、证券投资活动有关的财务顾问，证券承销与保荐，证券自营，证券资产管理，融资融券，证券投资基金代销，金融产品代销，为期货公司提供中间介绍业务等，其中投资银行业务和资产管理业务在同行业处于领先水平。本次合并前，宏源证券总股本为 397240.83 万股，中国建银投资有限责任公司(以下简称"中银建投")持有宏源证券 60.02% 的股权，为其控股股东，最终实际控制人是中央汇金。

宏源证券合并前主要财务数据及指标如表 5-4 至表 5-6 所示。

表 5-4　宏源证券合并前三年财务数据

单位：万元

项目	2013 年 12 月 31 日	2012 年 12 月 31 日	2011 年 12 月 31 日
资产总额	3458961.91	3189708.93	2128701.89
负债总额	1978659.34	1710169.95	1416595.51
所有者权益	1480302.57	1479538.98	712106.38
	2013 年度	2012 年度	2011 年度
营业收入	411851.06	329586.89	235370.36
利润总额	166912.97	118526.61	87891.66
净利润	122779.87	86768.00	64559.11

资料来源：根据申银万国合并报告书及宏源证券年报整理。

表 5-5　宏源证券合并 2014 年 8 月财务数据

单位：万元

项目	2014 年 8 月 31 日
资产总额	4127993.19
负债总额	2581037.25
所有者权益	1546955.94
	2014 年 1~8 月
营业收入	295135.29
利润总额	100206.51
净利润	93329.68

资料来源：根据申银万国合并报告书及宏源证券年报整理。

表 5-6　宏源证券合并前三年及 2014 年 8 月主要财务指标

项目	2014 年 8 月 31 日	2013 年 12 月 31 日	2012 年 12 月 31 日	2011 年 12 月 31 日
每股净资产(元)	3.80	3.73	7.45	4.87
每股收益(元)	0.23	0.31	0.25	0.22
每股经营现金流量(元)	1.10	-0.11	-1.67	-1.24
总资产净利率(%)	1.96	3.69	3.26	2.68
净资产收益率(%)	6.03	8.37	7.83	8.90
资产负债率(%)	49.63	38.61	32.86	32.10
产权比率(%)	1.67	1.34	1.16	1.99

资料来源：根据申银万国合并报告书及宏源证券年报整理。

三、两种会计处理方法

通过上文分析可知，在合并前，申银万国的控股股东和实际控制人均为中央汇金，宏源证券的控股股东为中建银投，而中银建投为中央汇金的全资子公司，因此，宏源证券的实际控制人也是中央汇金。合并双方在合并前后实际控制人未发生改变。由此可知，此次申银万国换股吸收合并宏源证券属于同一控制下的企业合并，采用权益法进行合并会计处理。合并前合并双方及实际控制人产权关系如图 5-1 所示。

根据《申银万国证券股份有限公司换股吸收合并宏源证券股份有限公司报告书》相关内容，此次合并构成同一控制下的企业合并，选择了权益法进行处理，部分已掌握资料和数据如表 5-7 和表 5-8 所示。

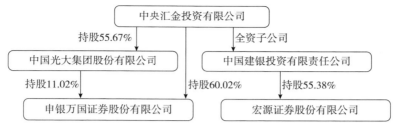

图 5-1　申银万国合并宏源证券前双方产权及控制关系

表 5-7　2014 年 8 月 31 日合并双方及模拟存续公司资产负债表主要数据

单位：万元

项目	合并前		合并后
	申银万国	宏源证券	
资产合计	8074803.57	4127993.19	12202796.76
负债合计	6011693.79	2581037.25	8592731.04
股本	671576.00	397240.83	1485674.50
资本公积	0.39	662396.44	662396.83
盈余公积	159697.33	——	159697.33
未分配利润	780710.31	57097.29	837807.60
股东权益合计	2063109.78	1546955.94	3610065.72

资料来源：根据申银万国合并报告书整理。

表 5-8　2014 年 1~8 月合并双方及模拟存续公司利润表主要数据

单位：万元

项目	合并前		合并后
	申银万国	宏源证券	
营业收入	448824.07	295135.29	743959.36
利润总额	223178.89	127365.11	350544.01
净利润	179756.81	93329.68	273086.50

资料来源：根据申银万国合并报告书整理。

1. 财务数据分析

由表 5-7 和表 5-8 可知，合并后存续公司资产总额由合并前的 8074803.57 万元增加到 12202796.76 万元，增长幅度为 51.12%；负债总额由 6011693.79 万元提高到 8592731.04 万元，增长幅度为 42.93%。合并后申银万国资产负债率由合并前的 53.75% 下降至 52.07%，这主要归功于合并前宏源证券的资产负债率低于申银万国的资产负债率。同时，合并后，申银万国 2014 年 1~8 月营业收入由合并前的 448824.07 万元提升至 743959.36 万元，增幅为 65.76%。利润总额由合并前的 223178.89 万元提升至 350544.01 万元，增幅为 57.03%。公司归属于母公司股东净利润将由合并前的 179756.81 万元提升至 273086.50 万元，增幅为 51.89%。合并后公司损益的大幅增加，主要源于权益结合法的处理原则，在权益法下，宏源证券在此次合并前 2014 年 1~8 月实现的损益要并入申银万国。

合并后存续公司为换取宏源证券全体股东所持有的股份而新增发行 8140984977 股 A 股票，按面值（每股面值 1 元）计入股本，因此，合并后存续公司增加股本 814098.50 万元。因换股获得宏源证券净资产 1546955.94 万元，超过发行股份面值总额的差额调整资本公积（股本溢价），公司因发行股份增加资本公积 732857.44 万元（此处未考虑与发行股票相关的佣金、手续费等费用）。

2. 财务指标分析

如表 5-9 所示，与合并前的申银万国相比，合并后存续公司 2014 年 1~8 月每股收益由 0.26 元下降至 0.18 元，净资产收益率由 9.16% 下降至 7.82%，申银万国主要盈利指标均优于宏源证券，其盈利能力强于宏源证券，本次换股吸收合并完成后，存续公司各项指标均低于合并前的申银万国。

表 5-9　2014 年 1~8 月合并双方及模拟存续公司主要财务指标

项目	合并前		合并后
	申银万国	宏源证券	
资产负债率(%)	53.75	49.63	52.07
每股收益(元)	0.26	0.23	0.18
净资产收益率(%)	9.16	6.08	7.82

3. 购买法与权益法的比较

如果申银万国合并宏源证券符合非同一控制下企业合并处理原则，采用购买法进行处理，则需要获取宏源证券可辨认净资产的公允价值。但在本次合并过程中，仅涉及申银万国的资产评估，没有对宏源证券进行资产评估。无法获取宏源证券相关资产、负债的公允价值，这也是本书存在的缺陷。为便于接下来的研究，假设此次合并宏源证券换股价格能够公允反映宏源证券股东权益价值，其资产、负债结构与账面价值相同。

在购买法下，企业合并采用发行股份方式的，则股东权益将有所增加，增加的股东权益为新发行股票的市价总额。这样，宏源证券合并基准日资产、负债及净资产公允价值计算公式如下：

宏源证券股东权益＝宏源证券换股价格×合并前股份总数

资产公允价值＝股东权益÷(1－资产负债率)

负债公允价值＝资产公允价值－股东权益

根据上述公式，计算的各项要素公允价值为：

宏源证券股东权益＝9.96×397240.83＝3956518.70(万元)

资产公允价值＝3956518.70÷(1－49.63%)＝7854911.06(万元)

负债公允价值＝7854911.06－3956518.70＝3898392.36(万元)

在权益法和购买法下，2014年8月31日账务处理如表5-10所示。

表5-10　两种会计处理方法下的账务处理

会计处理方法	账务处理		
权益法	借：资产类科目(账面价值)	4127993.19	
	贷：负债类科目(账面价值)		2581037.25
	股本		814098.50
	资本公积(股本溢价)		732857.44
购买法	借：资产类科目(公允价值)	7854911.06	
	贷：负债类科目(公允价值)		3898392.36
	股本		814098.50
	资本公积(股本溢价)		3142420.20

四、两种会计处理方法对财务报表的影响

(一)对资产负债表的影响

资产、负债、所有者权益的入账价值。在权益法下，申万宏源此次合并资产入账价值为4127993.19万元，负债入账价值为2581037.25万元。如果此次合并会计处理采用购买法，申银万国取得宏源证券的资产和负债要按照公允价值核算，那么，资产入账价值为7854911.06万元，负债入账价值为3898392.36万元。购买法所确认取得的资产比权益法多2560903.77万元，购买法下的负债比权益法多738662.31万元，所有者权益较权益法多1822241.46万元。

商誉的确认。此次合并中申万宏源发行股份的总价值为3956518.70(8140984977×4.86)万元，即合并成本为3956518.70万元。该对价金额与宏源证券净资产公允价值差额为0(3956518.70－3956518.70)，因此，假如申银万国此次合并采用购买法，合并取得净资产与支付对价不存在差额，商誉为0。而在权益法下没有确

并购财务**管理**

认商誉的处理。

资本公积的确认。本次合并后，申万宏源的资本公积账面价值为662396.83万元。在购买法下，合并后的申万宏源资本公积计算公式为：

资本公积=合并前申银万国资本公积+换股合并股本溢价-合并前宏源证券资本公积

由此计算，在购买法下，资本公积为1892702.46（0.39+2555098.90-662396.83）万元。因此，在权益法下的资本公积比购买法下的资本公积少1230305.63（1892702.46-662396.83）万元。

在两种会计处理方法下资产负债表主要财务数据如表5-11所示。

表5-11　两种会计处理方法下资产负债表主要财务数据

单位：万元

项目	权益法	购买法	差额
资产总额	12202796.76	14763700.53	-2560903.77
负债总额	8592731.04	9331393.35	-738662.31
所有者权益	3610065.72	6019628.48	-1822241.46
其中：股本	1485674.50	1485674.50	0
资本公积	662396.83	1892702.46	-1230305.63
未分配利润	837807.60	337058.38	500749.22

（二）对利润表的影响

本案例在购买法下的利润表（购买法下购买日不需要编制合并利润表）中营业收入、营业利润及净利润分别为448824.07万元、221498.64万元和179756.82万元，购买法下各项数据均少于实际处理结果。产生差异的主要原因为：在购买法下，宏源证券在合并前的2014年1~8月实现的经营成果不能并入申万宏源；而权益法下，申万宏源在编制合并日的合并利润表时，应该包含申银万国及宏源证券自合并当期期初至合并日（2014年1~8月）实现的净利润（见表5-12）。

表5-12　两种会计处理方法下利润表主要财务数据

单位：万元

项目	权益法	购买法	差额
营业收入	743959.36	448824.07	295135.29
营业利润	347717.60	221498.64	126218.96
净利润	273086.50	179756.82	93329.68

（三）对现金流量表的影响

从理论上来说，如果企业在合并时仅选择发行股份支付合并对价，对现金流量是不会产生影响的（不考虑发行费用等）。但基于两种方法的核算要求，如果合并交易发生时间不在年初，还是会对现金流量产生影响的。在权益法下，合并后企业现金流量为合并前各方现金流量之和。本案中，在两种方法下，申万宏源在合并日合并报表应记录的各项现金流量金额存在差异，如表5-13所示。权益法下经营活动现金流量较购买法下多438118.98万元，投资活动现金流量较购买法少330951.12万元，筹资活动现金流量比购买法下的少40278.28万元。

表5-13　两种会计处理方法下的现金流量（2014年1~8月）

单位：万元

项目	申银万国	宏源证券	申万宏源		差额
			权益法	购买法	
经营活动现金流量	269930.09	438118.98	708049.07	269930.09	438118.98
投资活动现金流量	240433.73	−330951.12	−90517.39	240433.73	−330951.12
筹资活动现金流量	−22088.53	−40278.28	−62366.81	−22088.53	−40278.28

（四）对主要财务指标的影响

在购买法下，各项财务指标的计算方法如下：

每股净资产＝购买法下所有者权益÷合并后申万宏源总股数

每股收益＝合并后净利润÷总股数

净资产收益率＝每股收益÷每股净资产

根据上述公式，计算购买法下各项指标如下：

每股净资产＝6019628.48÷1485674.50＝3.66（元）

每股收益＝179756.82÷1485674.50＝0.12（元）

净资产收益率＝0.06÷3.61×100%＝1.74%

由表5-14可见，不同会计方法对主要财务指标有明显的影响。权益法下的每股净资产为2.43元，低于购买法下的3.66元。而权益法下每股收益为0.18元，购买法下每股收益为0.06元，权益法下每股收益高于购买法。两个因素的共同作用使权益法下的净资产收益率高于购买法下净资产收益率。同时，在合并以后，鉴于购买法下资产基数一般情况下都会大大高于权益法，企业资产负债率、每股收益、净资产收益率均会低于权益法的结果，每股净资产会高于权益法。

表 5-14　两种会计处理方法下主要财务指标

项目	权益法	购买法	差额
资产负债率(%)	52.07	50.35	1.72
每股净资产(元)	2.43	3.66	-1.23
每股收益(元)	0.18	0.06	0.12
净资产收益率(%)	7.82	1.74	6.08

五、两种会计处理方法对利益相关者的影响

企业合并交易对利益相关者的影响程度是不同的。按照利益关系的影响力，可将利益相关者分为主要利益相关者和次要利益相关者。主要利益相关者包括股东、债权人、投资者、管理者等；次要利益相关者包括同业证券公司、证券公司客户等。仅从财务指标来说，不同层次的相关者关注的重点是不一样的，主要利益相关者更关注公司的资产状况、财务状况、经营成果等指标。下文将分析两种会计处理方法对主要利益相关者的影响。

(一) 对企业所有者的影响

一方面，在合并行为发生时，合并方所有者希望能够以较低的成本获取优质的资产或股权。另一方面，作为企业的主要出资人，希望获取更多的股息红利等。因此，股东在合并中更关注每股收益、净资产收益率等指标。

投资者在证券市场进行股票投资时，一般较为关注企业的净利润、每股收益、净资产收益率等指标。而企业较高的净利润、每股收益和净资产收益率也预示着企业良好的经营业绩和发展前景，能够吸引证券市场投资者。上述案例合并当年(2014 年)，购买法下计算的每股收益和净资产收益率分别为 0.06 元和 1.74%，远远低于权益结合法下的 0.18 元和 7.82%。在合并以后的年度中(2015 年及以后)，由于购买法下所确认的净资产远高于权益法下的净资产，每股收益和净资产收益率都会低于权益法。

(二) 对债权人的影响

债权人没有直接获取企业经营成果的权利，但作为企业资金的提供方，他们

获取收益的方式是收取固定的利息，同时在债务到期时能够收回借款，企业的偿债能力指标也成为他们关注的焦点。较低的资产负债率对于公司筹集资金关系重大。一方面，较低的资产负债率可以说明公司具有良好的资金状况，进而促进正常的经营活动。另一方面，银行等金融机构作为主要的资金提供方，较低的资产负债率对于增强借款一方的信心也有很大的作用，它们不用担心企业因资不抵债而破产或在企业发生财务危机时无法收回借款。

在权益法下，合并后申万宏源资产负债率为 52.07%，而在购买法下为 50.35%。购买法下资产负债率比权益结合法下低 1.72%。但在实际情况下，由于存在通胀等因素，资产评估增值往往是由股东权益增值引起的，负债增值的空间不是很大。所以，在购买法下，实际计算的资产负债率会比文中计算的还要低。

（三）对投资者的影响

中小投资者作为证券市场的主要参与者进行长期投资或短期投资。短期投资通过赚取股票差价获利，长期投资则依靠企业股利分红。不论是长期投资还是短期投资，投资者进行投资决策时，最关注的还是公司的相关财务指标。而且，投资者对企业提供的相关财务数据的分析已不再局限于利润表中的相关指标，而转向了每股净资产等指标。净资产对股价的解释能力逐渐增强，且优于每股收益等盈余指标。

在购买法下，合并方资产负债表中记录的是己方资产账面价值和被合并方资产公允价值之和，而权益法下以双方资产的账面价值入账。在本案中，购买法下合并后企业净资产每股高出 1.23 元。站在投资者的角度，尽管权益法下能为企业在合并当期及以后的年度带来较高的每股收益和净资产收益率，但购买法下的会计信息价值相关性更高，更有利于投资者进行分析、决策。当投资者更加青睐每股净资产这一指标时，权益法下的结果便不能得到投资者的认可。

（四）对管理者的影响

衡量企业管理者的管理能力的指标是全方位的，既包含一般的财务指标，也包含非财务指标。企业在评价管理者的管理能力时，最关键的因素还是企业的经营业绩。所以，管理者很看重净利润、每股收益及每股净资产等指标。

在案例中，得益于宏源证券在前 8 个月的经营业绩，合并后存续公司 2014 年 1~8 月的净利润、每股收益、净资产收益率分别达到了 273086.50 万元、0.18 元和 7.82%。而购买法下净利润减少了 93329.68 万元，每股收益减少了 0.12 元，净资产收益率下降了 6.08%。购买法下的业绩指标明显不如权益法下的亮眼。同时，在合并以后，较大的资产基数需要计提的减值准备也会多于权益法，这样会减少企业的净利润。如果合并中确认了商誉，则商誉的减值也会影响净利润等指标。

基于管理者的角度，权益法在合并当期能极大地提高企业的经营业绩，在合并以后没有商誉减值等因素的影响，在企业不发生重大变故的情况下，企业经营业绩会比较平稳。

第二节　并购会计的特殊理论和政策问题

一、并购日确定及会计影响

在并购业务办理过程中，对并购业务有重大影响的日期主要有并购协议签署日、董事会批准日、股东大会批准日、并购公告日、营业执照变更日、交割日等产权日期、资产评估基准日等。这些日期之间的可能相差几天或几个月。选择哪天作为并购日，可能对并购企业当年的损益产生重大影响。但在过去的实践中，由于没有统一的标准，对这一重大经济问题的处理和确认时间也不尽相同。因此，不少上市公司纷纷在年底突击收购企业，借助提前确定收购日期的方法来调整利润。《企业会计准则第 20 号——企业合并》第十条规定："购买日，是指购买方实际取得对被购买方控制权的日期。"该准则应用指南进一步规定，同时满足下列五个条件的，可以认为控制权转移已经实现：

其一，企业合并合同或协议已获股东大会等通过。

其二，企业合并事项需要经过国家有关主管部门审批的，已获得批准。

其三，参与合并各方已办理了必要的财产权转移手续。

其四，合并方或购买方已支付了合并价款的大部分（一般应超过 50%），并且有能力、有计划支付剩余款项。

其五，合并方或购买方实际上已经控制了被合并方或被购买方的财务和经营政策，并享有相应的收益、承担相应的风险。

二、并购日合并会计报表理论

因为在吸收合并和创造合并方式下，被收购企业已经丧失了法人资格，只有收购企业才具有法人资格，所以只有收购企业才需要在合并日编制会计报表。通过对并购业务的会计处理，并购企业已将被并购企业的资产和负债按公允价值（或账面价值）入账（购买法下，合并过程中产生的商誉也记入企业账簿）。合并日的会计报表可以根据被合并企业的账簿记录编制，与正常情况下被合并企业编制的会计报表相同。

当采用控股合并方式时，母公司购买子公司全部有表决权股份的，称为母公司的全资子公司；母公司购买子公司50%以上100%以下有表决权股份的，称为非全资子公司。非全资子公司的部分有表决权的股份由母公司以外的股东持有，因其股份数量较少，故称为少数股权。编制合并会计报表时，需要确认少数股东权益，即对母公司以外的股东所拥有的子公司净收入（或净亏损）和净资产的权利；对子公司净收入（或净亏损）的权利，即少数股东当期损益；对子公司净资产的权利，即少数股东权益。在编制合并会计报表时，如何对待少数股权的性质以及如何进行会计处理，国际会计界形成了三种合并理论，即母公司理论、经济实体理论和所有权理论。

（一）母公司理论

母公司理论认为合并会计报表是母公司自身会计报表范围的扩大，从母公司的角度考虑合并会计报表的范围和技术方法。母公司理论强调母公司股东的利益。按照母公司理论编制的合并会计报表主要服务于母公司的股东和债权人。因此，在运用母公司理论的情况下，通常将少数股东权益视为普通负债、抵销母公司在企业集团内部交易中的份额；资产、负债、子公司的收入和费用纳入合并财务报表。根据母公司理论，合并财务报表的合并范围通常以法定控制权、以持有多数股权或表决权为基础，确定被投资企业是否应纳入合并范围，或者通过一家公司的控制协议，受另一家公司的合法控制。在美国和英国，主要采用母公司理论。国际会计准则理事会在制定和发布合并财务报表准则时也基本采用母公司理论。

（二）经济实体理论

经济实体理论将合并财务报表视为企业集团成员企业组成的经济联盟的财务报表。从经济联盟的角度，对合并财务报表的范围和技术方法进行探讨。经济实体理论强调企业集团中所有成员企业构成的经济实体。按照经济主体理论编制的合并会计报表是为整个经济主体服务的。在运用经济实体理论的情况下，大股东和小股东被平等对待。因此，中小股东权益通常被视为股东权益的一部分，企业集团内部交易全部抵消。

（三）所有权理论

所有权理论强调，编制合并财务报表的企业对其他企业的经济活动和财务决策具有重大影响的所有权。因此，在采用所有权理论时，合并会计报表应当只包括被投资单位与其投资比例相适应的部分资产、负债、收入和费用，即被投资公司的资产负债表和损益表的金额，按照在被投资单位中所占的比例记入合并会计报表；少数股东权益不在合并资产负债表中列示；企业集团内部交易应当只抵消属于母公司的部分。

三、并购性质与合并会计报表要求

（一）并购性质对合并会计报表的影响

1. 对合并资产负债表的影响

在购买法下，合并资产和负债实际上是投资企业和被合并企业资产和负债公允价值之和。在权益法下，被合并企业的资产和负债仍按其账面价值反映。由于被合并企业净资产的公允价值往往高于其账面价值，购买法下合并后的资产通常高于权益法。在购买法下，合并后的股东权益为投资企业的所有者权益。在权益法下，合并业务由被合并方入账时，不按被合并企业所有者权益的账面价值入账，而是按交换股份的面值和发行股票的溢价收入入账。被合并企业的留存收益通常直接计入被合并方的留存收益。此外，在购买法下，被合并企业的留存收益不能纳入合并范围，只调整超过面值的实收资本；在权益法下，被合并企业的留存收益计入被合并企业，可用于支付股利。

2. 对合并损益表的影响

在合并年度，采用权益法时，被合并企业的收益记入被合并企业的利润表；采用购买法时，被合并企业在合并后实现的收益记入利润表。因此，只要年初没有发生合并，被合并企业有收入，权益法取得的收入总是大于购买法取得的收入。合并后年度，购买法下的折旧费和商誉摊销较高；权益法下的成本费用较低，相应地利润较高。对于合并成本，权益法作为管理费用或冲减资本公积；在购买法下，合并直接增加了被合并企业的成本。

（二）统一母公司和子公司的会计期间和会计政策

会计报表反映企业在一定日期的财务状况和一定会计期间的经营成果，遵循一定的确认、计量和列报会计政策。因此，只有在母公司和子公司的个别财务报表反映财务状况的日期、反映经营成果的会计期间和会计政策一致的情况下，才能以这些个别财务报表为基础编制合并财务报表。因此，编制合并会计报表，必须使子公司的会计报表决算日、会计期间与母公司一致，并协调统一会计政策，以便各子公司提供相同的决算日期和会计报表。对于境外子公司，由于受当地法律限制，与境内母公司的最终会计日、会计期间不一致，可能需要编制个别会计报表。

（三）子公司必须提供详尽的可抵消内部交易资料

母公司编制合并财务报表时，主要任务之一是抵消母公司与子公司之间、子公司与子公司之间的内部交易。因此，收集企业集团内部的关联交易是编制合并财务报表的重要基础和前提条件。为确保子公司提供的内部交易信息能够满足编制合并财务报表的需要，母公司必须对子公司提供的相关信息进行规范。母公司可以文本或表格的形式开展这些工作，来确保子公司能够提供完整、准确的企业集团内部交易信息。

（四）对子公司以外币表示的会计报表的进行折算

财务报表以货币为计量单位编制。母公司和子公司以同一种货币编制个别财务报表时，才能在此基础上编制合并财务报表。在我国，允许经营外币业务较多的企业以外币为记账本位币，外国企业一般以本国或者地区的货币为记账本位币。因此，在编制合并财务报表之前，必须将以外币编制的个别财务报表折算为以母公司采用的记账本位币表示的会计报表。

四、购买法下合并会计报表的编制步骤

采用购买法有一个重要前提，即一个企业在非同一控制下取得另一个企业以公允价值计量的净资产。这种方式与企业购买普通资产的方式相同。因此，在合并日，母公司可以根据合并日的实际情况进行会计处理。子公司的资产和负债在入账时，按照合并日的账面价值计量。但是，母公司留存收益账户不能包括子公司在合并日的留存收益，而应在母公司与子公司进行实际合并财务报表时予以抵消。

➤ 以子公司股东权益项目冲减母公司对子公司的长期投资项目。子公司为全资子公司的，全部冲减母公司对子公司的长期投资额和子公司的股东权益；子

公司为非全资子公司的，冲减母公司对子公司的长期投资额和子公司归属于母公司的金额

➤ 母公司对子公司的长期投资金额与子公司接受投资金额之间的差额，确认为子公司的商誉或负商誉。购买时，母公司支付的购买成本往往不等于子公司股东权益(净资产)的账面价值。抵销时，需要对子公司的相关资产和负债进行进一步核算，并按照股权取得日的公允价值调整相关资产和负债的账面价值。调整后仍存在差异的，确认为商誉或负商誉

➤ 冲销母子公司往来款项

➤ 将母公司和子公司报表中相同的资产和负债合并，以编制合并资产负债表。子公司为非全资子公司的，母公司未购买子公司股权的部分，按少数股权处理

五、权益法下合并会计报表的编制特点

与购买法相比，权益法下的合并财务报表在合并购买日的编制具有以下特点：

其一，根据并购中股权的共同性质，采用权益法编制的合并财务报表，除编制合并资产负债表外，还应编制合并损益表、合并利润分配表和合并现金流量表等所有合并会计报表。

其二，参与并购企业的当期及需要披露的前期流动资产、负债和各项收入、费用，应当按照其账面价值纳入并购企业合并会计报表，而不以公允价值反映。

其三，将换出股本的账面价值金额加上现金或其他资产形式的出价，与换入股本的账面价值之间的差额调整股东权益，而不是确认为有关资产价值的提高和商誉。

其四，并购日的合并留存收益(盈余公积和未分配利润)也包括母公司在子公司留存收益中的份额，与购买法下的合并留存收益仅包括母公司留存收益不同。

第三节　上市公司并购的会计信息披露

一、制度环境

公司并购是市场经济纵深发展的产物。股份制改造的加速、资产证券化的普

及、直接融资比例的增加、现代企业意识的强化、企业的优胜劣汰，已向公司并购提出了进一步发展的要求，向中国证券市场并购环境提出了改良的要求。我国自改革开放以来，市场经济迅速发展，随着改革进程的深入，大规模的公司并购活动迅猛发展，在世界经济领域甚是活跃，占有一席之地，成为我国经济领域非常令人瞩目的现象。公司并购有利于实现资源的优化配置，扩大公司规模，实现公司多元化发展，产生规模效应，为当前整个市场经济的发展，发挥着不可忽视的重要作用。但在快速发展的同时，因为我国公司并购领域发展得较晚，相较于发达国家成熟的法律法规而言，我国的公司并购法律法规还存有许多不完善之处。

近年来，我国监管部门大力开展对上市公司并购行为的规范和指导，"十二五"时期，并购制度明显得到完善。配合《证券法》的修订，中国证监会修订了《上市公司重大资产重组管理办法》《上市公司收购管理办法》，优化兼并重组制度，支持企业通过兼并重组做大。

经过多年的发展，我国已经形成了一系列以《证券法》《上市公司收购管理办法》等法律法规为基础的信息披露制度。完善我国上市公司收购信息披露法律制度，可以保护投资者利益，促进公司收购活动的顺利开展，维护证券市场的正常秩序，并为实现我国上市目标的信息披露监管和上市公司并购活动的顺利实施提供了较好的制度保障。

在企业并购中一般会涉及以下政府机构：

其一，全民所有制企业的兼并，必须经各级国有资产管理部门批准。

其二，转让国有股权的申请须经国有资产管理委员会或人民政府国有资产管理部门审批。国有股转让数额较大，涉及绝对和相对控股权变动的，须经国有资产管理委员会及有关部门审批。

其三，在企业并购过程中，国有资产占用单位的资产评估需经主管部门审查同意，评估结果须报国有资产管理部门确认。

其四，在企业并购中涉及有关公司成立、变更、分立方面的，由各级工商行政管理部门负责登记。

其五，在企业并购中涉及国有土地使用权转让时，各级政府、土地管理部门、城市规划部门均有各自的审批权限。

其六，在二级市场收购上市公司股票时，收购方在一些事项上要征得证监会的同意。

二、现状

我国在收购中的信息披露制度的实施和监管取得了很大成就。中国证监会一直很重视对收购中信息披露制度的建设，现已形成了上市公司信息披露的规范体系。临时报告、定期报告和首次披露等分别有《证券法》《公司法》《公开发行股票公司信息披露实施细则(试行)》《股票发行与交易管理暂行条例》《公开发行证券的公司信息披露内容与格式准则》等。还针对收购的特点制定了《上市收购管理办法》等专门的规范。《公司法》以及《证券法》等相关法律法规的颁布为制定我国上市公司并购信息披露制度奠定了基础。《证券法》定义了要约与协议收购以及投资者持股披露等制度，并设置限额判断上市公司以及收购方是否进行信息披露。如投资者持股超出5%或者每下降5%需要进行信息披露。该项制度的实施虽具一定的成效，但是上市公司虚假陈述以及误导行为仍然存在，亟须有效的对策加以解决，进一步优化上市公司的并购信息披露制度势在必行。

随着上市公司并购行为的增加，并购信息披露更加受到投资者及监管部门的重视，亦有效地维护了交易双方的利益，但受到历史、立法背景等因素的影响，其发展过程中仍然存在一些问题，影响了上市公司并购市场的发展。首先，信息不对称导致披露主体地位偏移。上市公司信息不对称现象比比皆是，阻碍了交易双方与投资者的有效决策，使其本身的主体地位发生偏移。其次，并购信息披露制度结构不合理。最主要的问题在于发行人需要披露的信息相对数量远超过收购方与潜在收购方，后两者承担的义务远低于发行人，这样的结构缺陷导致了信息披露的结构失衡。最后，立法完善性亟须增强。虽然我国不断推动上市公司并购领域的立法，但是制度总体上仍然存在不够完善之处。例如，我国《证券法》中规定投资者手中持有的股份比例在增长或下降5%的情况下必须进行披露，然而披露行为容易刺激股价上涨从而引发并购成本的上涨，不利于并购行为的进行；对一致行动等问题没有明确定义及规定。

《2018年上市公司年报会计监管报告》指出，总体来看，上市公司能够较好地理解并执行《企业会计准则》和财务信息披露规则，但仍有部分上市公司存在执行会计准则不到位、会计专业判断不合理、信息披露不规范的问题，主要集中在商誉减值、收入确认、金融工具、股权投资、合并财务报表、非经常性损益等方面。

(一)商誉相关问题

1. 商誉初始确认虚高

(1)未考虑业绩承诺的影响导致商誉虚高。年报分析发现，以高业绩承诺为基础的高估值并购现象较为普遍，高业绩承诺意味着并购方很可能在标的资产业绩不达标时收到来自对手方的或有对价(现金或股份)，并购方应在购买日估计可能收到的或有对价，并单独确认为金融资产。年报分析发现，仅有少数公司能按照会计准则的规定充分考虑可能收回的或有对价，在确定合并对价的同时考虑应单独确认的金融资产。多数公司在购买日确定企业合并成本时未考虑应确认的或有对价因素，导致在商誉初始确认时高估其金额。

（2）可辨认净资产确认不充分导致商誉虚高。年报分析发现，并购重组交易中普遍存在对被收购方可辨认净资产确认不充分并低估其公允价值的现象。这一现象在新兴行业（如医药生物、传媒、计算机等）表现尤为突出，这些行业的并购标的多为轻资产公司，其商业价值很可能来自未确认的无形资产（如客户关系、合同权益等），对这类资产辨认不充分导致商誉金额在初始确认时被高估。

2. 商誉减值测试问题

（1）未对商誉进行减值测试。年报分析发现，部分上市公司对企业合并形成的商誉，在会计期末以被并购企业实现当期业绩承诺为由，认为商誉不存在减值迹象，未根据《企业会计准则》规定，不论其是否存在减值迹象，至少应当在每年年度终了进行减值测试。

（2）未考虑归属于少数股东权益的商誉。根据《企业会计准则》及相关规定，企业合并财务报表中反映合并时归属于母公司的商誉。在对与商誉相关的资产组进行减值测试时，企业应当调整资产组的账面价值，将归属于少数股东权益的商誉包括在内，根据调整后的资产组账面价值与其可收回金额进行比较，以确定包含商誉的资产组是否发生减值。发生减值的，应当按照合并日母公司的持股比例确认归属于母公司的商誉减值损失。

年报分析发现，部分上市公司在对与商誉相关的资产组或资产组合进行减值测试时，未调整资产组的账面价值，将归属于少数股东权益的商誉包括在内，或未按照合并日母公司的持股比例确认归属于母公司的商誉减值损失。

（3）随意变更商誉所涉及的资产组或资产组组合。根据《企业会计准则》及相关规定，资产组一经确定，各个会计期间应当保持一致，不得随意变更。如需变更，管理层应当证明该变更是合理的，并进行相关信息披露。年报分析发现，部分上市公司无合理理由随意变更商誉所涉及的资产组或资产组组合，如商誉减值测试时的资产组或资产组组合与商誉初始确认时的不一致，或不同会计期间将商誉分摊至不同资产组或资产组组合；部分上市公司因重组等原因导致商誉所在资产组或资产组组合的构成发生改变时，未重新认定相关资产组或资产组组合并重新对商誉账面价值进行合理分摊。

3. 商誉减值披露不充分

年报分析发现，部分上市公司未按规定充分披露商誉减值的相关信息，如对于商誉减值测试的过程与方法的披露过于简单，未充分披露商誉所在资产组或资产组组合的相关信息；在可收回金额采用资产预计未来现金流量现值确定时，未能根据《企业会计准则》及相关规定要求披露重要假设及其理由、关键参数（如预测期增长率、稳定期增长率、利润率、预测期折现率等）及其确定依据等重要信息。

（二）企业合并与合并财务报表相关问题

根据《企业会计准则》及相关规定，合并报表范围应当以控制为基础予以确定。控制是指投资方拥有对被投资方的权利，通过参与被投资方的相关活动而享有可变回报，并且有能力运用对被投资方的权利影响其回报金额。投资方应综合考虑所有相关事实和情况判断是否享有控制权，如被投资方的设立目的、相关活动以及如何对相关活动作出决策、投资方享有的权利是否使其目前有能力主导被投资方的活动等。

1. 对结构化主体的控制权判断不正确

年报分析发现，部分上市公司仅基于有限合伙人的身份，就认为对其投资的合伙企业不具有控制权，未纳入合并报表范围。例如，有的上市公司作为有限合伙人持有结构化主体99%的份额，剩余1%的份额由普通合伙人持有，普通合伙人作为执行事务合伙人负责结构化主体日常事务的管理并收取固定报酬。该结构化主体的设立目的是服务于上市公司的并购或融资需求，上市公司参与并主导其设立。在这种情况下，上市公司依据持有的份额按比例承担和分享了该结构化主体绝大部分的风险和可变回报，并且结合其设立目的，将其纳入合并报表范围。

2. 对丧失控制权的判断不正确

年报分析发现，个别上市公司仅通过与其他投资方签署附期限的一致行动协议或将子公司部分表决权暂时授予其他股东，就认定不再控制该子公司；个别上市公司在对子公司持股比例未发生变化的情况下，仅通过改变子公司章程、协议或投票权等约定就认为丧失对子公司的控制权，并确认了股权处置收益。

3. 未将主动申请破产重整的子公司纳入合并范围

年报分析发现，个别上市公司的控股股东向法院提请对净资产为负的子公司进行破产重整，法院指定某律师事务所为管理人后，上市公司便不再将其纳入合并范围，并将已在合并报表中确认的超额亏损转入当期投资收益。大多数情况下，破产重整的公司在管理人的监管和帮助下，通过业务重整和债务调整，摆脱经营困难，重获经营能力，不能简单地以进入破产重整即认为丧失对子公司的控制。

三、披露的基本内容、重点及评价

（一）披露的基本内容

信息披露制度的实施是现代证券市场的核心内容，也是《证券法》关注的焦点。但从总体上看，我国的信息披露制度还存在薄弱之处：一是信息披露制度不统一，二是信息披露制度不完善。完整的上市公司并购行为信息披露制度在我国尚属空白。

在西方的并购理论中，一种理论认为，并购是企业管理价值最大化的行为，进而指出并购的主要目的是管理价值最大化。管理者通过并购扩大了企业规模，增加了企业资源，增加了管理者的权利，控制了更广泛的资产范围，拥有更多的员工和更好的产销渠道。此外，企业并购的动机是管理者的扩张动机，并购并不是企业经济利益最大化的最佳行为。另一种理论认为，企业并购的主要目的是实现企业利润最大化，即利益最大化。究其原因，并购可以通过财务促进、协同效应和管理方法的改进来提高效率。由此可以推断，获得更大的利润才是并购的动力，因此，并购的会计信息必须反映这一经济本质。

从理论上说，并购的信息披露应侧重于不同形式的并购，如企业的多元化并购，需要披露的信息较多。因为在上市公司的招股说明书和配股中，公司坦率地陈述了新项目的行业风险、市场风险、经营风险等，并提出了相应的策略。此外，对该项目的建设周期、资金投入和未来收益进行了定量分析。多元化并购超越了上市公司原有的业务内容，意味着股东的资金投入超过了过去招股时对股东的告知内容。因此，向股东详细说明并购项目的整体情况非常重要。对于中心式并购，披露要求低于多元化并购。一般来说，上市公司完整的并购信息应披露如下内容：

（1）并购行为的概况。主要包括并购当事人的基本情况、并购的基本动机和目的、并购的主要内容。

（2）并购形式和价格的披露以及并购过程中特殊问题的处理，如购买成本的确定、购买商誉的确认、会计处理中购买法和权益法的选择标准等。

（3）不同并购方式应披露的具体信息。如交换式并购，需要重点披露换股比例的计算与合并基准日、换股比例计算日的关系；通过股权转让的并购，需要披露公允价值的选择、支付方式和资金来源的解决方案。

(4)分析并购后公司的发展前景和风险因素及对策。如并购后企业整合能力的解释，并购与生产经营有机结合的对策，并购后的经营风险、市场风险和政策风险以及应采取的措施等。

(5)并购后盈利能力的预测，如并购后资源利用的影响、并购后盈利预测等。

(6)其他有关说明。合并是否经董事会批准，合并所涉及的会计处理是否符合相关法律法规的要求，合并是否在关联关系前提下实现。

(7)参考文件的编制。如董事会决议公告、相关部门并购涉及的合同等。

在西方国家，政府也对并购行为进行了规制，例如，美国对并购行为的规制主要有证券法、反垄断法和各州反并购法三种，法律监督的三个方面各有侧重。结合我国国情，国内企业并购的目的是复杂的、层次性的、系统性的。从范围上看，可能有中央政府目的、行业目的、地方政府目的和企业目的；从性质上看，可能有经济目的和政治目的，不同的经济目的是对立统一的。此外，我国上市公司股权结构复杂、不规范。国有股和法人股占总股份的2/3以上的，暂不上市。上市公司被人为地分为可能被收购和无法被收购两类，收购方只能选择那些没有国有股或者国有股占比很小的公司。因此，在并购发生时，并购是否符合国家产业政策和其他经济政策是信息披露的关键。

(二)披露的重点

并购必然导致企业间的产权重组，直接涉及投资者、债权人和政府的利益。正确处理并购业务，保护国有资产和社会利益，直接关系到并购目标的实现。会计处理必须坚持合理、公允的原则。但企业并购过程中存在一些特殊的会计事项，需要在并购公告中予以说明：

1. 协议定价的具体方法

由于我国上市公司股权结构复杂、不规范，企业对法人股占比较大的公司只能选择场外协议的方式进行收购，股权转让价格的确定缺乏市场依据。因此，企业应披露协议定价的具体计算方法。

2. 换股比例相关事宜

对于交换式并购中的换股并购，并购公告中应说明以下两点：换股比例的计算与并购基准日、换股比例计算日的关系。

3. 会计方法

无论通过何种方式完成企业并购，可供选择的会计方法有购买法和权益法。

在会计意义上，这两种方法处理同一事项的方式不同。但由于在不同条件下采用的方法不同，对并购后公司的影响也不同。企业在并购中采用的会计方法不同，披露要求也不同。

（1）购买法。购买法应当披露被合并企业的名称和简介；合并的会计处理方法；被合并企业的经营成果记入被合并企业利润表的期间；被合并企业的合并成本，以发行股份为基础确定合并价格的，应当说明已发行或可能发行股份的份额和每股的公允价值，或者事项的性质和符合性，企业合并中的商誉、摊销方法和摊销期限，不同时期企业合并对经营成果的影响。

（2）权益法。权益法应当披露除使用合并后某一公司名称以外的其他参与合并的企业名称及简介；合并的会计处理方法；以前独立企业合并当期净收益的明细；合并完成前、合并中发行的股份的数额和情况；参与合并的企业会计核算方法不一致的，应当披露参与合并企业净资产调整的性质及其对独立企业以前报告并在比较财务报表中反映的净利润的影响；因合并会计年度变动而增加和减少的留存收益；参与合并的企业对上期报告的营业收入和净收入的调整。

4. 债权人的利益

企业无论采取何种并购方式都必须保护债权人的利益，即债务存续原则。因此，以"借壳上市"为目的的并购，有必要充分披露上市公司的债务处理方法。例如，可以通过债权转股权的方式将债权转为上市公司股东，也可以与借款银行签订新的还款协议，适当推迟公司还款期限，降低贷款利息或分批还款。此外，如果上市公司存在其他历史遗留问题，如离退休职工安置问题，则要在企业并购公告中说明。

5. 评估基金

在会计实务中，一般认为股东变更不影响被并购企业的独立法人地位。根据现行的《企业会计准则》，会计报表的编制仍应以其资产和负债的账面价值为基础。但是，在控股并购模式下，被收购企业不再适用持续经营假设的，应当采用新的评估基准，被收购企业应当将资产评估结果调整入账。此时，需要披露以下两个方面的信息：一是资产评估后确定的公允价值信息，二是披露豁免要约收购的审批情况。

（三）披露的评价

上市公司并购的成功，要求并购全过程的每个环节都要成功。就并购的会计信息披露而言，不同的披露强度会对股价产生不同的影响，进而影响投资者对企业投资价值的重估。事实上，根据经济学原理，只有在边际成本小于边际收益的前提下，企业才能进行信息披露。上市公司很难衡量信息披露带来的效益，部分披露成本可以直接计量，但部分披露成本难以估计或发现。因此，效益大于成本，这在很大程度上取决于企业的估计和判断，很难对企业形成严格的约束。但作为管理者，不能忽视企业自身的成本约束，不能只强调用户的需求。

1. 会计信息披露的广度

信息披露的广度是否详尽，对财务报告的有用性有很大的影响。但这种弹性程度非常大，即使是会计准则也难以严格规范。上市公司应该从不同的角度考虑并购公告的详细程度。

2. 会计信息披露的时间

无论会计信息披露的时间是早是晚，相关信息都必须及时披露。因此，上市公司应及时发布并购公告。

3. 会计信息披露的形式

并购信息可以通过公告等形式披露。在披露形式上，各国普遍规定可以通过指定报刊、新闻发布会、交易场所内部信息和计算机网络系统等方式发布，也可以使用多种方式。我国法律还规定，报告披露后应停止交易数日，这是一种特殊形式。我国企业并购公告基本通过《中国证券报》进行。但现实的趋势是：将会计信息系统内化为互联网的一部分，实时处理和反映企业的各种经济活动，利用互联网平台向企业外部用户发布相关信息，已成为信息时代会计的发展趋势。因此，企业可以考虑利用计算机网络技术，大力推广并尽快实现并购企业信息的实时上报。

第四节 纳税安排

一、税法规定

20 世纪 90 年代以来，我国企业并购活动逐步活跃，对企业并购的税法规定始于 1997 年，如《企业改组改制中若干所得税业务问题的暂行规定》《国家税务总局关于企业股权投资业务若干所得税问题的通知》《国家税务总局关于企业合并分立业务有关所得税问题的通知》《国家税务总局关于外国投资者并购境内企业股权有关税收问题的通知》等。国内有关企业并购方面的法律法规如表5-15所示。

表5-15 国内有关企业并购方面的法律法规

类别	名称	法律效力
并购专门性法规	《关于企业兼并的暂行办法》	部门规章
	《关于出售国有小型企业产权的暂行办法》	部门规章
	《关于试行国有企业兼并破产中若干问题的通知》	部门规章
企业组织法	《中华人民共和国全民所有制工业企业法》	人大立法
	《全民所有制工业企业转换经营机制条例》	国务院法规
	《公司法》	人大立法
国有资产管理	《国有资产评估管理办法》	国务院法规
法律法规	《国有资产产权界定和产权纠纷处理暂行办法》	部门规章
	《中华人民共和国城镇国有土地使用权出让和转让暂行条例》	部门规章
	《股份有限公司国有股权管理暂行办法》	部门规章
股市并购法规	《证券法》	人大立法
	《股票发行与交易管理暂行条例》	国务院法规
	《公开发行股票公司信息披露实施细则(试行)》	部门规章
合资企业法规	《中华人民共和国中外合作经营企业法》	人大立法
	《国务院关于股份有限公司境内上市外资股的规定》	国务院法规
	《国务院关于股份有限公司境外募集股份及上市的特别规定》	国务院法规
社会保障法	《国有企业职工待业保险规定》	国务院法规
其他法律法规	《中华人民共和国商业银行法》	人大立法
	《贷款通则》	部门规章
	《关于鼓励和支持18个试点城市优势国有企业兼并困难国有工业生产企业后有关银行贷款及利息处理问题的通知》	部门规章

资料来源:吴国萍,周世中.企业并购与并购法[M].济南:山东人民出版社,2003:160.

二、不同并购的税务对比

根据并购交易时的具体标的及交割情况,并购重组方式主要包括资产收购与股权收购,两者的比较如表5-16所示。

表 5-16　资产收购与股权收购比较

比较内容	资产收购	股权收购
收购对象	目标企业资产	目标企业
交易对方	目标企业	目标企业股东
法律风险	相对较低	相对较高
税负	高	低
履行程序	相对简单	相对复杂

（一）资产收购涉及的税种、税率、纳税主体

资产收购涉及的税种、税率、纳税主体如表 5-17 所示。

表 5-17　资产收购涉及税种、税率、纳税主体

税种	税基	税率	纳税主体
企业所得税	资产出让所得	25%/15%（重组完成当年企业年度汇总缴纳时，应当统一核算应纳税所得额）	资产出让方
增值税	无形资产的转让收入	6%	转让方/受让方（视支付对价情况而定）
	不动产及土地使用权的转让收入	10%	
	固定资产及其他物品的转让收入	2%（销售自己使用过 2009 年以前购进或自制固定资产）	
		16%（销售自己使用过 2009 年 1 月 1 日后购进或自制固定资产）	
土地增值税	转让不动产（含土地使用权）的增值额	30%~60%	转让方
契税	不动产（含土地使用权）的价格	3%~5%（各地税率由当地省、自治区、直辖市决定）	收购方
印花税	资产转让合同所记载的金额	0.03%（固定资产及其他物品）或 0.05%（无形资产、不动产及土地使用权）	双方

（二）股权收购涉及的税种、税率、纳税主体

股权收购仅需缴纳所得税和印花税，税费负担较轻，成为实务中主流并购交

易方式。在股权收购中，印花税由交易双方按照 0.05% 缴纳，涉及的金额较小，对整体交易的影响基本可以忽略。

根据涉及纳税主体不同，所得税可分为企业所得税与个人所得税。当股权转让方为公司制法人时，需要缴纳企业所得税；当股权转让方为自然人时，需要缴纳个人所得税。

1. 企业所得税

一般情形下，企业所得税在企业所在地税务机关按照 25% 的企业所得税税率和转让增值收益计算应纳税款，并履行按期预缴、年度汇算清缴的征收管理程序。

在满足特殊性税务处理的一定条件下，股权支付部分可以向税务机关申请特殊性税务处理。特殊性税务处理可以缓缴，暂不确认有关资产转让利得或损失，待相关股权再次被转让并且不符合特殊性税务处理规定时才产生现时纳税义务，可以减轻企业的税负压力。其中，特殊性税务处理需满足以下条件：①具有合理的商业目的，且不以减少、免除或者推迟缴纳税款为主要目的；②企业重组后的连续 12 个月内不改变重组资产原来的实质性经营活动；③企业重组中取得股权支付的原主要股东，在重组后连续 12 个月内，不得转让所取得的股权；④收购企业购买的股权不低于被收购企业全部股权的 50%，且收购企业在该股权收购发生时的股权支付金额不低于其交易支付总额的 85%。

在不满足特殊性税务处理的情况下，则只能按照一般性税务处理。虽然无法获得完全缓缴的税收优惠，但是按照现有政策仍可分为 5 年分期缴纳。根据《财政部　国家税务总局关于非货币性资产投资企业所得税政策问题的通知》的规定，居民企业以非货币性资产对外投资确认的非货币性资产转让所得，可在不超过 5 年期限内，分期均匀计入相应年度的应纳税所得额，按规定计算缴纳企业所得税。

2. 个人所得税

一般情形下，个人所得税按照 20% 的所得税税率和股权转让所得[交易过程中获得的所有对价(包括现金和股份)扣减原值及合理税费后的金额]计算应纳个人所得税，向标的公司所在地税务机关缴纳，并由上市公司代扣代缴。

个人所得税纳税义务时间为对价支付方、股权出让方在发生以下情形后的次月 15 日内向标的公司注册所在地税务机关申报纳税：①受让方已支付或部分支付股权转让价款的；②股权转让协议已签订生效的；③受让方已经实际履行股东职责或者享受股东权益的。

根据《关于非货币性资产投资企业所得税政策问题的通知》及其配套法规，

对于个人股权转让所得一次性缴税存在困难的，可合理确定分期缴纳计划并报主管税务机关备案后，自发生上述应税行为之日起不超过5个公历年度内（含）分期缴纳个人所得税。但是，个人以非货币性资产投资交易过程中取得现金补价的，现金部分应优先用于缴税，现金不足以缴纳的部分，才可分期缴纳。

实践中，个人需要提前主动与相关税务机关沟通，就个人缴纳税款存在的困难向税务机关作充分、有力的说明。需要注意的是，税务机关在审核时，也会重点考量"个人一次性缴税是否存在困难"。如果个人只是本次交易中获得的现金对价较小，但是个人银行存款余额或日常流水较大，则税务机关一般会要求及时缴纳税款，申请递延纳税要求大概率会被否决。

（三）不同并购方式的税务总结

1. 资产收购税负相对较重

资产收购涉及的税种最多，涵盖了所得税、增值税、土地增值税、契税和印花税等多个税种，税负较重，这也是实践中很少有上市公司直接收购资产的主要原因。

2. 股权收购税负相对较轻

股权收购仅涉及所得税和印花税，在增值税、土地增值税和契税方面可以享受税收优惠，减轻了交易双方的税费负担，有效提升了并购重组效益，对推进交易进程较为有利，也是实践中主要的并购重组方式。

3. 资产收购转为股权收购的实操方式

根据调查，实践中存在的直接收购资产的案例，往往是土地或资质等不易转移或无法快速转移到新公司的资产，如烟台冰轮集团发行股份购买办公大楼等。

三、税务筹划对策

（一）尽量选择股权收购

根据以上分析，资产收购涉及所得税、印花税、增值税、土地增值税和契税，而股权收购只需要所得税和印花税，因此税负相对较轻。建议尽可能选择股权收购方式。对于纯资产收购，双方可以将拟收购的资产打包成新的全资子公司，并将收购的资产与标的资产打包成收购全资子公司的股权，从而实现合理的节税。

（二）灵活运用合伙企业作为持股平台

一方面，合伙企业以合伙人为所得税主体，避免了公司作为持股主体时的重复征税问题；另一方面，由于经济发展水平的差异，一些地区有税收优惠政策和财政返还政策。因此，实践中常见的操作方式是，在并购重组交易前，转让方在上述税收优惠领域设立合伙企业作为持股平台，既可享受地区税收优惠政策，又可争取个人所得税的财政返还，降低实际税收成本。

需要指出的是，根据《国务院关于清理规范税收等优惠政策的通知》等文件，国务院正在清理部分地方税收优惠政策和财政返还政策。转让方在采取上述税收筹划对策时，最好以书面形式与当地政府明确政策的可持续性，以防政策发生变化和财政返还失败。

（三）法人股东争取特殊性税务处理

在特殊性税务处理模式下，股权支付部分可以延期支付，相关资产转让的利得或损失暂不确认。当相关股权再次转让且不符合特殊税收处理规定时，就会产生当期纳税义务。

在重组方案的设计上，在满足交易双方需求的基础上，从税负的角度出发，尽量让法人交易对手争取和满足特殊的税收待遇。因此，在设计交易方案时，需要注意满足"收购企业购买的股权不低于被收购企业全部股权的50%，且收购企业在该股权收购发生时的股权支付金额不低于其交易支付总额的85%"的特殊性税务处理条件。

（四）自然人股东争取5年分期缴纳

税法只规定了一次性缴纳税款有困难的，可以分5年分期缴纳，但没有明确困难的具体标准和每年应缴纳的税额，不同地区税务机关的政策也存在差异。在并购重组方案发布前，相关个人股东应与当地税务机关充分沟通，协商确定分期付款方案，并尽快完成备案；应尽最大努力推迟缴纳大部分税款，尽量争取前少后多的缴税计划，充分享受税收优惠政策。

（五）关于"股权原值"的税收筹划

在实践中，股权转让所得税的计税基础是股权转让价格与股权原值之间的差额。其中，在上市公司的并购交易中，股权转让的价格更为透明和清晰，因此，节税的核心是如何确定股权的原值。对于增资或向目标企业转让旧股的PE股东和一些后来的股东来说，股权原值也是相对确定的，即增资后的价值和当时协议中旧股的转让价格。因此，对股权原值的税收筹划只针对目标企业的创始股东。

在确定创始股东所持股权的原值时，与主管税务机关的沟通空间很大。建议相关股东提前与税务部门积极沟通，力争将股权原值确定为每股净资产价格，避免按原值缴纳所得税，实现转让方的合理节税。

此外，实践中还存在一种情况，即创始股东无法确定并提供相关股权原值证明。这种情况比较少见。但经过计算发现，税务机关核定的原值大于自己提供的实际原值，存在一定的合理避税空间。因此，可以考虑与税务机关充分沟通，申请税务机关核实股权原值，以减少应纳税所得额。

 〔案例〕

企业并购税务筹划

一、概况

甲公司于 2007 年正式改组为股份有限公司，公司资产总计 1.2 亿元，主要生产啤酒、果酒、果汁等，拥有现代化啤酒生产线 3 条，果酒、蓝莓果汁、矿泉水生产线各 1 条。为实现在全国范围内扩大生产和销售的战略目标，公司积极寻找投资者和合作伙伴，以进一步扩大公司生产规模。

2008 年 1 月，甲公司兼并亏损乙公司。合并时乙公司账面净资产为 500 万元，上年亏损为 100 万元(以前年度无亏损)，评估确认的价值为 550 万元。甲公司合并后股价为 3 元/股，股票总数为 2000 万股(面值为 1 元/股)。经双方协商，甲公司可以用两种方案合并乙公司：①甲公司以 150 万股和 100 万元购买乙公司。②甲公司以 180 万股和 10 万元购买乙公司。合并后被合并公司的股东在合并公司中所占的股份不发生变化，合并公司每年年末弥补亏损前的应纳税所得额平均为 900 万元，增值后的资产平均折旧年限为 5 年，行业平均利润为 10%，企业所得税税率为 25%，合并公司每年税后利润的 75% 用来分配股利。

二、筹划分析

合并公司支付给被合并公司的价款方式不同，将带来不同的所得税处理方式，涉及被合并公司是否就转让所得纳税、亏损是否能够弥补、合并公司支付给被合并公司的股利折现、接受资产增值部分的折旧问题等。甲公司希望对两个方案进行比较，寻求更好的税务筹划方式。

假设合并后甲公司股价保持不变，不考虑其他因素，则可从现金流出量角度进行方案比较。

【方案1】《国家税务总局关于企业合并分立业务有关所得税问题的通知》规定：企业合并，通常情况下，被合并企业应视为按公允价值转让、处置全部资产，计算资产的转让所得，依法缴纳所得税。被合并企业以前年度的亏损，不得结转到合并企业弥补。合并企业接受被合并企业的有关资产，计税时可以按经评估确认的价值确定成本。被合并企业的股东取得合并企业的股权视为清算分配。

因此，方案1的涉税问题应作如下处理：

(1)非股权支付额大于所支付股权票面价值的20%，乙公司应就转让所得缴纳所得税[(150×3+100)−500]×25%=12.5(万元)。

(2)甲公司可按受让资产的评估值550万元作为计税成本，增值部分在折旧年限(5年)内每年可实现所得税[(550−500)÷5]×25%=2.5(万元)。

(3)甲公司不对乙公司上年的亏损进行弥补。

则甲公司未来支付的股利现值如下：

(1)第1年为(900×0.7+2.5−43.49)×75%×150÷(2000×0.9091)=30.12(万元)。

(2)第2年至第5年为(900×0.67+2.5)×75%×150÷[2000×(3.7908−0.9091)]=98.15(万元)[注：(p/甲，10%，5)=3.908，(p/甲，10%，4)=3.699，(p/甲，10%，1)=0.9091]。

(3)以后年度总计：(900×0.67×0.75×150÷2000)÷10%×0.6209=210.6(万元)[注：(p/s，10%，5)=0.209]。甲公司合并乙公司所需的现金流出现值共计：100+12.5+30.12+98.5+210.6=451.72(万元)。

【方案2】《国家税务总局关于企业合并分立业务有关所得税问题的通知》规定：合并企业支付给被合并企业或其股东的收购价款中，除合并企业股权以外的现金、有价证券和其他资产(以下简称"非股权支付额")，不高于所支付的股权票面价值(或支付的股本的账面价值)20%的，经税务机关审核确认，当事各方可选择按下列规定进行所得税处理：被合并企业不确认全部资产的转让所得或损失，不计算缴纳所得税。被合并企业合并以前的全部企业所得税纳税事项由合并企业承担，以前年度的亏损，如果未超过法定弥补期限，则可由合并企业继续按规定用以后年度实现的与被合并企业资产相关的所得弥补。被合并企业的股东以其持有的原被合并企业的股权(以下简称"旧股")交换合并企业的股权(以下简称"新股")，不视为出售旧股，视购买新股处理。被合并企业的股东换新股的成本，须以其所持旧股的成本为基础确定，但未交换新股的被合并企业的股东取得的全部非股权支付额，应视为其持有的旧股的转让收入，按规定计算确认财产转让所得或损失，依法缴纳所得税。合并企业接受被合并企业全部资产的计税成本，须以被合并企业原账面净值为基础确定。

因此，对于方案 2 的涉税问题可作如下处理：

（1）非股权支付额小于所支付股权票面价值的 20%，乙公司不就转让所得缴纳所得税。

（2）甲公司将受让资产以原账面净值 500 万元作为计税成本。

（3）乙公司上年的亏损由甲公司弥补，第 1 年的补亏额为 $900×500÷(2000×3)=75$（万元），第 2 年的补亏额为 $100-75=25$（万元）。

则甲公司未来支付的股利现值如下：

（1）第 1 年为 $[900-75-(900-75)×0.25]×75%×180÷(2000×0.9091)=37.97$（万元）。

（2）第 2 年为 $[900-25-(900-25)×0.25]×75%×80÷(2000×0.8264)=16.27$（万元）。

（3）以后年度总计：$(900×0.67×0.75×180÷2000)÷10%×0.8264=336.37$（万元）[注：$(p/s,10%,1)=0.9091$，$(p/s,10%,2)=0.8264$]。甲公司合并乙公司所需的现金流出现值共计：$10+37.97+16.27+336.37=400.61$（万元）。

根据以上测算，两种方案的现金流出现值分别为 451.72 万元和 400.61 万元。从现金流出现值最小化的原则来看，应选择方案 2。

第六章

并购中的财务策略与技巧

本章概要

　　基于前文并购相关理论知识、公司价值评估、并购中财务操作等内容的学习，本章对并购中财务决策与技巧进行简要阐述，重点介绍了现金收购方式、换股并购、杠杆并购中的财务决策技巧方法，并结合实际案例进行分析，以便读者了解和掌握并购中的财务策略与技巧。

学习目的

　　1. 了解现金收购方式中的财务决策技巧法。
　　2. 了解换股并购中的财务决策技巧法。
　　3. 了解杠杆并购中的财务决策技巧法。

第一节　现金收购方式中的财务决策技巧

一、技术特点

　　在现金收购方式中，收购方可以直接提出要约，以现金在股票市场中购买目标企业的股票，而无须与目标企业进行谈判并获得目标企业董事会的批准。在很多情况下，可以通过用现金购买目标企业一定数量的股票，从而获得目标企业的控制权，该公司可以用作自己的子公司或控股公司，而不必购买所有目标企业的股票就可以将目标企业兼并。如果采用换股收购方式，一般需要将目标企业股票全部购入，从而将目标企业兼并，因此，完成换股收购的法律程序是相当困难的。

现金收购法中的财务决策主要包括三个部分：一是目标企业的估值，二是目标公司购买价格的确定，三是合并对公司财务指标的影响分析。西方实践经验显示，一半以上有合并意向的公司主要依靠现金流量折现技术来分析和评估并购。而且，现金流量折现技术也是最广泛使用的投资可行性分析技术。尽管收购兼并与购买普通资产（如机器设备）或投资新建项目相比，涉及更复杂的管理问题，但都要根据预期的未来现金流量进行现在的投资决策。从投资目的来看，公司是选择内部成长战略，还是选择外部成长收购兼并战略，没有本质区别，都是为增进股东的财富，两者区别仅在于，在某些情况下，实施收购兼并比选择内部成长更有效，更有利于实现股东财富最大化或公司股价最高化的成长目的。

收购兼并的贴现现金流量技术主要用来对欲并购的目标企业的价值进行评估，以决定是否值得收购和合适购价应是多少？基于贴现现金流量方法对目标企业的价值进行评估的公式为

$$公司价值 = 历年现金流量总现值 - 负债 \tag{6-1}$$

$$历年现金流量总现值 = \frac{CF_1}{1+i} + \frac{CF_2}{(1+i)^2} + \cdots + \frac{CF_n}{(1+i)^n} + SV$$

$$= \sum_{t=1}^{n} \frac{CF_t}{(1+i)^t} + SV \tag{6-2}$$

因此，公司价值为

$$CV = \sum_{i=1}^{n} \frac{CF_n}{(1+i)^t} + SV - D_e \tag{6-3}$$

式中：CF_n 为该公司第 n 年现金流量（指现金流入量与流出量相抵后的现金净流量），i 为贴现率（该公司的资本成本），n 为现金流量预测年限，SV 为预测期后该公司残值的现值，D_e 为负债。

使用贴现现金流量技术确定目标企业的价值，需要一些专门的方法估算以下指标数值：并购后目标企业的现金流量、预测期的长短、用于该项收购的资本成本或贴现率。

当满足以下三个条件时，贴现现金流量法是一种贴切适合的估值方法：一是资产的预期现金流量为正，二是可以根据现金流量的风险特征确定相应的折现

率，三是可以估计现金流量产生的时间。但是，如果不能满足以上三个条件之一，贴现现金流量法将无能为力，否则其估值结果将产生较大的误差。

贴现现金流量法与价值理论十分吻合，且把企业未来的获利能力纳入考虑范围，这是此方法的优点。而该方法的局限性主要在于评估企业价值时，其结果的准确性依赖各种假设的准确性——企业经营持续稳定、现金流量预测、资本成本等。同时，如果评估的公司是具有业绩异常波动特征或者处于周期性行业的企业，抑或是处于成长期或者新兴的企业，则该方法无法准确预测。

这种方法（特别是公司的自由现金流模型）既反映了股权的价值，又反映了债务的价值，并且还考虑了公司的未来收益水平，因此，已在实践中得到了广泛使用。

（一）贴现现金流量法的两种类型

贴现现金流量法又可以分为两种类型：股权资本估价和公司整体估价。

1. 股权资本估价

股权资本成本是股权投资者要求的收益率，公司股权价值可以通过股权资本成本对预期股权现金流量进行折现获得。预期股权现金流量是扣除公司各项费用、支付利息和本金以及纳税后的剩余现金流量。

2. 公司整体估价

公司股东、债权人、优先股股东等利益相关者的权益都属于公司整体价值。公司加权平均资本成本对公司预期现金流量进行折现的结果即公司整体价值。公司不同融资渠道的资本成本根据其市场价值加权平均的结果即公司加权平均资本成本。扣除所有营业费用和支付利息及纳税后的剩余现金流量即公司预期现金流量。

（二）目标企业未来现金流的估算

在估算目标企业的现金流量时，应估算合并后目标企业可为并购企业的现金流量贡献多少。由于并购产生的财务协同效应和规模经济效应，目标企业合并后，其经营效率和盈利能力将增加其未来的现金流量，与不并购单独发展相比，前者可能要比后者大得多。此外，并购完成后，并购企业将致力于目标企业的未来发展，对其进行额外投资，并改变其生产和经营中的薄弱环节，以提高其盈利能力。因此，上述投入的资本和产生的投资收益也应反映在现金流量表中。

评估企业价值的现金流量折现法要求计算预期现金流量和折现率。对应于股本的估值和公司的整体估值，有必要计算股本的自由现金流量和公司的自由现金流量。从而合理确定自由现金流量，确保现金流量与用于评估公司价值的折现率相同。

公司向债权人支付利息、偿还本金，向国家缴税，向优先股股东支付股息并满足其自身发展需求之后的剩余现金流量，称为股权自由现金流量。它反映了股权投资者对公司现金流量的剩余索偿权。

公司所有权要求（包括普通股股东、优先股股东和债权人）的现金流量之和，称为公司自由现金流量。与债务相关的现金流，如利息支出、本金还款、新债券发行，以及其他非普通股现金流，如优先股股利，这些都属于公司自由现金流量。自由现金流量与公司价值之间的关系可以用式(6-4)表示：

公司总价值=公司自由现金流量现值+税后非营业现金流量和有价证券现值

(6-4)

对企业进行价值评估的第一步就是计算自由现金流量，包括计算历史时期的自由现金流量以及预测未来时期的自由现金流量。自由现金流量的预测值是最终价值评估值的基础，因此，它的准确与否就显得格外重要。

1. 股权自由现金流量

依据股权自由现金流量的观点，股权自由现金流量的计算公式如式(6-5)所示：

股权自由现金流量=净收益+折旧-债务本金偿还-营运资本追加额-

资本性支出+新发行债务-优先股股利　　　(6-5)

假设公债比率维持不变，只对增量资本性支出和营运资本增量进行融资，而且通过发行新债来偿还旧债，则在不考虑优先股的情况下，式(6-5)可以写为：

股权自由现金流量=净收益-(1-负债比率)×增量资本性支出-

(1-负债比率)×营运资本增量　　　(6-6)

股权自由现金流量的计算与公司发展阶段紧密相关。在上述计算公式中，资本性支出是指新建、扩建和改建，设备更新，购置和试制新产品的支出，增量资本性支出是指本期资本支出与折旧之间的差额。处于快速增长期的公司比处于成熟期的公司具有更高的增量资本性支出。同样，在快速增长期，营运资金的增长也将相对较高，因为存货和应收账款等项目占用的资金更多。

2. 公司自由现金流量

通常来说，公司自由现金流量有两种基本的计算方法。

第一种方法是把公司所有权要求者的现金流量汇总相加，具体计算公式为

$$公司自由现金流量 = 股权自由现金流量 + 利息费用 \times (1-税率) +$$
$$偿还债务本金 - 发行的新债 + 优先股股利 \qquad (6-7)$$

第二种方法是以息税前净收益（Earnings Before Interest and Tax，EBIT）作为着手点进行计算，具体计算公式为

$$公司自由现金流量 = 息税前净收益 \times (1-税率) + 折旧 -$$
$$资本性支出 - 营运资本净增加额 \qquad (6-8)$$

（三）预测期的长短

确定预测期依据和在预测期末被并购公司的残值，是编制现金流量表必须解决的两个基本问题。

1. 确定预测期依据

通常的一种做法是逐期预测目标企业的现金流量，但是这种方法过于复杂，需要逐期预测至不可预测为止。另一种方法是以追加投资的预期报酬率为依据。目标企业现金流量的预测期只持续到追加投资预期报酬率等于资本成本时为止。因此想要维持被并购的目标企业的销售增长，就必须在未来年度对目标企业追加投资。

如果公司的追加投资报酬率等于资本成本率，即公司追加投资报酬率仅等于资本成本，公司的经营活动不会带来公司价值的增长时，我们可以将式（6-8）变形为

$$CF_t = S_{t-1} \times (1+G_t) \times P_t \times (1-T) - [(\Delta F_t - D_t) + \Delta C_t] \qquad (6-9)$$

式中：$(\Delta F_t - D_t) + \Delta C_t$ 为第 t 年对目标企业追加的资本投入，$\Delta F_t - D_t$ 为固定资产净值的追加投资，ΔC_t 为流动资产追加投资，S 为年销售额，G 为销售额增长率，P 为销售利润率，T 为所得税率。

假定 f 为销售额每增长 1 元需增加的固定资产净值，w 为销售额每增长 1 元需要增加的流动资产。那么，第 t 年对目标企业追加的资本投入为 $(S_t - S_{t-1})(f+w)$。因此，上面的现金流量计算公式又可表示为

$$CF_t = S_{t-1} \times (1+G_t) \times P_t \times (1-T) - (S_t - S_{t-1}) \times (f+w) \qquad (6-10)$$

如果资本成本为 k，也就是我们追加投资可以接受的最低报酬率。为了保证追加投资报酬率 $\geq$ k，我们需要计算目标企业增长的销售额应达到的税前销售利润率——增量临界利润率（Incremental Threshold Margin，ITM）。

$$ITM = \frac{(f+w) \times k}{(1-T)} \qquad (6-11)$$

如果预测到在未来一定时间内，目标企业税前销售利润率≥ITM，而在这段时间以后，难以保证目标企业税前销售利润率≥ITM，那么，我们现金流量的预测期就以此为限。在此预测期内，追加投资报率≥k。对于一些公司来说，直接估计销售额每增加1元所需追加的投资可能较为困难。为了获得对这个系数的估计值，可以用最近5年或10年资本投资总额（包括固定资产投资、流动资产投资）减去该时间内折旧总额，再除以这一时期销售增长额，即为该系数。我们一般用这种方法计算销售额每增长1元需要追加的投资额。如果将以上的历史数据，用回归分析的方法加以计算，得出因销售额增加而需增加的资本系数，则更为科学。

2. 预测目标企业期末残值

假设在预测期末所有经营年度，目标企业收益（税后利润）的100%都用来支付股息，目标企业的折旧额可以用于投资，并能维持目标企业原有生产能力和盈利水平，预测期后目标企业每年收益相等。那么，对于并购企业来说，目标企业残值应等于预测期以后第一年开始所有年度现金流量（等于预测期最后一年目标企业税后利润）的累计现值。

预测期末目标企业残值可用以下公式测算：

$$SV = \frac{P_n}{(1+i)^{n+1}} + \frac{P_n}{(1+i)^{n+2}} + \frac{P_n}{(1+i)^{n+3}} + \cdots = \frac{P_n}{i(1+i)^n} \qquad (6-12)$$

式中：P_n 为预测期最后一年的税后利润，i 为贴现率，n 为预测其年限。

（四）资本成本的估算

公司的资本来源有两种：一是借债，二是发行股票。资本成本即公司取得资本所需支付给其所有者的代价。公司取得债务资本需支付利息，取得股东的直接投资需支付股息。这两种来源的资本成本是不同的，故在评估目标企业的价值时，应将这两种成本加权平均计算。下面介绍公司资本成本的计算过程。

公司为获得资本而需要支付给所有者的价款，称为资金成本。企业为获得债务资本支付利息，为获得股东的直接投资支付股息。上述两种来源的资本成本不尽相同。因此，在评估目标企业的价值时，应计算这两种成本的加权平均值。具体计算公司资本成本的过程如下。

1. 债务成本

企业为投资项目所用资金进行融资时所借债务的成本，称为债务资本成本。值得深入考虑的是，这里所述的债务资本就是资产负债表中的长期负债。因为短期负债需要随时偿付，一般由流动资产来偿付，不计入融资成本。而长期负债偿付时间较长，可以作为企业的融资资本。

通常来说，以下变量决定了公司债务资本成本：

（1）当前的利率水平。市场利率与公司的债务成本呈正相关关系，即市场利率越高，债务成本也越高。

（2）企业的信用等级。企业的信用等级与债务成本呈负相关关系，也就是说企业信用等级低，违约风险就较高，从而债务成本就高。若没有债券等级，我们可以借鉴企业最新支付的债务利率来考察违约风险。

（3）债务的税收抵减。利息可以抵减税款，所以要通过税率来计算债务的税后成本。债务在税收抵减上的好处使债务的税后成本低于税前成本，随着税率的提高，这个好处会增大。

$$税后债务成本 = 税前成本 \times (1 - 企业所得税税率) \qquad (6-13)$$

债务成本不是企业发行在外的债券的利息率，也不是企业的历史债务融资成本。虽然这些是将来企业偿还债务时所需支付的利息成本的决定因素，但它们并不能决定公司目前的债务税后成本。所以，公司以前借入的利率较低的债务只是账面上的债务，当利率整体水平提高，或者公司违约风险提高时，不能因此认为公司的债务成本低。

2. 股本成本

目前，用于计算股本成本的方法很多。股利增长模型、资本资产定价模型和套利定价模型均是估算股权资本成本的常用方法。

（1）股利增长模型。对于稳定增长的公司而言，可以用股利增长模型估算股权资本成本，因为稳定增长的公司股票价格可以表示为

$$P_0 = \frac{DPS_1}{K_s - g} \qquad (6-14)$$

则：

$$K_s = \frac{DPS_1}{P_0} + g \qquad (6-15)$$

式中：K_s 为股权资本成本，P_0 为当前的股票价格，DPS_1 为明年（下一年）预期支付的股利，g 为股利的增长率。

该模型计算简单便捷，事实上与固定增长模型的计算方法是一样的，都假设企业以一个固定的增长率增长并一直持续下去。但是这种方法在我国较少运用，基于我国国情，资本市场的股利支付率非常低，因此这种方法在我国行不通。

（2）资本资产定价模型。无疑，资本资产定价模型（Capital Asset Pricing

Model，CAPM）是迄今为止最成熟的风险度量模型。该模型将风险与预期收益相关联，使用方差来衡量非分散风险。CAPM模型有五个假设条件：一是投资者对资产收益和变动的期望是一致的，二是投资者可以无风险利率借款，三是所有资产都是可交易且完全可分离的，四是没有交易成本，五是资本市场上的卖空交易没有限制。

基于上述假设条件，可以用β值来描述所有资产的不可分散风险，并据此计算预期收益率。基本计算公式如下：

$$R = R_f + \beta \times (R_m - R_f) \tag{6-16}$$

式中：R为投资者所要求的收益率，R_f为无风险收益率，R_m为市场预期收益率，β为资产组合（企业）对所有市场风险的贡献。

无疑，确定无风险收益率、估计风险溢价及估计β系数，是资本资产定价模型的关键点。

第一，确定无风险收益率。通常无风险收益率是指投资者可以确定的预期收益率。因此，无风险的投资一般需要满足两个条件：一是不存在违约风险。即该证券必须是政府发行的。二是不存在投资收益率的不确定性。因为国债利率的特殊性，这也就是说我们可以将与分析的现金流期限一致的国债利率作为无风险收益率。

目前，大众比较认可CAPM模型是当期的风险收益模型，将当期短期国债利率作为未来短期利率的合理预期，也可以着重远期利率在预测未来利率上的优势，或是认为长期国债与被评估资产有着相同的到期期限。根据我国资本市场风险相对比较高的实际情况，如果被评估企业寿命无限期，那么，使用长期国债利率作为无风险利率较合适。这是因为：一方面，长期利率通常与被评估公司的现金流量期限基本对应，同时长期国债利率是短期国债利率的几何加权平均估计值；另一方面，长期国债利率更容易与股票市场组合指数的期限相匹配，这样就能保持与β值和市场风险溢价相一致。

第二，估计风险溢价。在CAPM模型中，风险溢价为$(R_m - R_f)$，指股票平均收益率与无风险收益率的差值。这个数据往往是在历史数据的基础上计算出来的，通常还需要考虑以下几个问题：一是样本观测期的长度，二是市场收益率的确定，三是计算平均值时选用算术平均法还是几何平均法。

国际上，使用的观测期往往是10年或比10年更长。基于CAPM模型，市场收益率应该是市场组合的收益率，由市场上所有资产以其价值为权重组成。从我国的实际情况来看，上证综合指数和深证综合指数在证券市场建立之初就发布了，并且包含两个市场交易的所有股票，因此，可以将这两个指数的平均值作为市场收益率。

第三，估计 β 系数。β 系数描述了非分散风险。它是公式中唯一与企业本身相关的参数。无论如何确定无风险利率和风险溢价，每个企业都有自己的风险参数值。通常而言，公司的价值取决于三个因素：公司所在的行业、公司的经营杠杆率；以及公司的财务杠杆水平。

β 值是衡量企业相对于市场风险程度的指标，因此，企业所处行业对市场的变化越敏感，其 β 值越高。一般而言，周期性企业的 β 值高于非周期性企业。若一家企业在多个领域从事经营活动，则 β 值为企业所处不同行业产品产值的加权平均值。基于经营杠杆理论，对于经营杠杆较高的企业而言，营业收入较大的可变性会导致一个较高的 β 值。基于财务杠杆理论，财务杠杆比率较高时，β 值也较大。

估计 β 值的一般方法是对这个公司的股票收益率（R_i）与整个市场收益率（R_m）进行回归分析：

$$R_i = \alpha + \beta \times R_m \tag{6-17}$$

首先，回归期限不宜过长，一般选择 2~5 年为宜，具体的时间视公司而不同。其次，要考虑回归分析时的数据时间间隔问题。时间间隔可以为年月、周天，甚至是一天中的某一个时段。最后，在回归时还要考虑如何确定市场收益率。回归估计 β 值的方法需要了解企业的历史资料，但是对于非上市企业和上市时间很短的企业而言，这些资料无法取得，市场价值也很难确定。对于非上市企业而言，以业务风险和经营杠杆为基准，与上市公司的 β 值相比后确定标的公司的 β 值。

（3）套利定价模型。CAPM 模型无法用值解释不同资产的异同及其限制性假设和对市场投资组合的依赖，为此受到学术界和企业界的质疑。1976 年，罗斯（Ross）提出了资本资产均衡的新理论——套利定价模型（Arbitrage Pricing Theory，APT），其逻辑基础与 CAPM 模型有很多相似之处，如投资者可以仅在承担非分散风险的情况下才能获得补偿。但与 CAPM 模型不同的是，APT 模型认为风险可由多个因素产生，而不像 CAPM 模型只有一个风险因素，这些因素的个数及其确认是由历史收益决定的。其基本表达式如下：

$$R = R_f + \sum_{i=1}^{k} \beta_i \times [E(R_i) - R_f] \tag{6-18}$$

式中：R 为股权成本，R_f 为无风险收益率，$E(R_i) - R_f$ 为 i 风险因素的风险补偿率，β_i 为 i 风险因素的 β 系数，k 为风险因素的数量。

使用 APT 模型的最大障碍在于找出影响预期收益率的各个风险要素，尽管这些要素可以保持模型的灵活性，并且减少测试中的统计问题，但却使人难以理解一个企业的 APT 模型究竟意味着什么，当企业有所变化(或重组)时它们又将如何变化。

西方众多发达国家的实践证明，CAPM 模型在资本市场中获得了成功，并逐渐成为衡量其他风险收益模型的标准。以公司普通股为例，人们之所以投资普通股，是期望获取两种收益：一种是发放的股息；另一种是股票涨价而带来的收益，称为资本增值收益。股东所要求的收益率，就是这两种收益率之和，它是股东购买公司股票所获正常报酬，因而也是公司用普通股筹资的成本。

如果投资者持有某公司普通股的时期为 n 年，其普通股的预期收益率可通过式(6-19)求解：

$$P_0 = \sum_{t=1}^{n} \frac{D_t}{(1+K)^t} + \frac{P_n}{(1+K)^n} \tag{6-19}$$

式中：P_0 为股票买入价格，P_n 为第 n 期的股票卖出价格，D_t 为第 t 年的股利，K 为普通股预期收益率。

3. 加权平均资本成本

企业为筹集资金而发行的全部有价证券的成本的加权平均值，其中成本包括股权资本成本和长期负债资本成本，称为加权平均资本成本(Weighted Average Cost of Capital，WACC)。首先计算公司的股权资本成本和债务资本成本，若企业没有优先股资本成本，则加权平均资本成本用公式表示如下：

$$WACC = \sum_{i=1}^{n} R_i W_i \tag{6-20}$$

式中：R_i 为第 i 种个别资本成本，W_i 为第 i 种个别资本成本占全部资本的比重(权数)。

在评价被并购的目标企业的价值时：

加权平均资本成本=税后债务成本×债务在全部资本中所占的比重+
　　　　　股本成本×股本在全部资本中所占的比重 　　　　(6-21)

其中，普通股和债务在全部资产中所占的比重应以市场价值为基础。如果目标企业经营风险较并购企业经营风险大，那么，并购企业由于实施了该项收购，就有可能增大自身的经营风险，因此，该项风险投资就要相应获得更大的风险补偿。所以，在确定资本成本时要加上风险补偿率。而由于公司采用的收购兼并战略存在种种优点，如市场地位加强、协同效应等，有可能在实施收购兼并行动后，收购方公司的经营更加稳定，经营风险下降，那么，该公司计算资本成本时，做出相应调减，计算出的用以收购的资本成本，可能比并购方公司原来的资本成本低。综上所述，计算加权平均资本成本总结如下：

第一，确定目标企业资本结构。确定目标企业（被评估公司）的资本结构能够提供市值权数用于计算加权平均资本成本。需要注意的是，这里的资本结构不是现行资本结构，是目标资本结构。可以使用以下三种方法确定：一是以现值为基础的公司资本结构，二是可比公司的资本结构，三是管理层不同的筹资方法及其对目标资本结构的影响。

第二，估算各种等资方式的筹资成本。

第三，按照上述公式计算加权平均资本成本。

〖案例〗

财务决策技巧的实际应用

这里假定 A 公司对 B 公司有并购意图。如果 A 公司是一家大型的家用电器制造商，在家电市场上处优势地位，最近一年的总销售额为 60 亿美元。A 公司的并购战略是要并购有类似的生产技术或有相似的研究和发展方向的公司，以加速 A 公司的成长。B 公司是一家销售额为 5 亿美元的企业，在家用电器的技术研究与新产品开发方面占有优势，它相当符合 A 公司的收购标准。并购前 A 公司与 B 公司的财务状况如表 6-1 和表 6-2 所示。

表 6-1　并购前 A 公司和 B 公司损益表（12 月 31 日）

经营状况	A 公司	B 公司
销售额（百万美元）	6000	500
经营成本（百万美元）	5200	425
经营利润（百万美元）	780	75
债务利息（百万美元）	45	4
税前利润（百万美元）	735	71
应交企业所得税（百万美元）	360	35.5
税后利润（百万美元）	375	35.5
流通在外的普通股数量（百万股）	100	11.1
每股收益（美元）	3.75	3.20
每股股利（美元）	1.30	0.64

表 6-2　并购前 A 公司和 B 公司的资产和负债表（12 月 31 日）

单位：百万美元

资产状况	A 公司	B 公司
流动资产	2070	101
其中：有价证券	2250	10
固定资产原值	2160	200
累计折旧	950	80
固定资产净值	1210	120
负债	560	51
股东权益	2720	170
总计	3280	221

一、B 公司现金流量分析

分析并购后 B 公司各年度的经营状况，确定 B 公司现金流量规则，在此我们要用到上文的现金流量计算公式[式（6-9）]：

$$CF_t = S_{t-1} \times (1+G_t) \times P_t \times (1-T) + D_t - (\Delta F_t + \Delta C_t)$$

表 6-3 是 A 公司管理部门对 B 公司的经营状况（假定 B 公司被并购后处在 A 公司控制之下）作出的最可能的估计。表 6-4 是在此基础上对 B 公司并购后未来 10 年的现金流量的规划。

表 6-3　B 公司处在 A 公司控制下未来 10 年最可能出现的经营状况估计

项目	年度		
	1~5	6~7	8~10
销售额增长率（G）	0.15	0.12	0.12
销售利润率（F）	0.18	0.15	0.12
企业所得税税率（T）	0.46	0.46	0.46
每增加 1 美元销售额所增加的固定资本投资（f）（美元）	0.20	0.20	0.20
每增加 1 美元销售额所增加的流动资本投资（S）（美元）	0.15	0.15	0.15

根据表 6-4 中数据，可用现金流量公式计算未来年度的现金流量。例如，B

公司第 1 年现金流量：

$$CF_t = S_{t-1} \times (1+G_t) \times P_t \times (1-T) - (S_t - S_{t-1}) \times (f+w)$$
$$= 500 \times (1+0.15) \times 0.18 \times (1-0.46) - (575-500) \times (0.20+0.15)$$
$$= 29.60(百万美元)$$

表 6-4　B 公司未来 10 年现金流量规划

单位：百万美元

项目	年度									
	1	2	3	4	5	6	7	8	9	10
销售额	575.00	661.20	760.40	874.50	1005.71	1126.40	1261.50	1412.90	1582.50	1772.30
经营费用	471.50	542.20	623.40	717.10	824.70	957.40	1072.30	1243.40	1392.60	1559.60
经营利润	103.50	119.00	137.00	1573.40	181.00	169.00	189.20	169.50	189.90	212.70
企业所得税	47.60	54.80	63.00	72.40	83.30	77.80	87.00	77.90	87.40	97.80
税后利润	55.90	64.20	74.00	85.00	97.80	91.20	102.20	91.60	102.50	114.90
减：固定资产净值增加	15.00	17.20	19.90	22.80	26.30	24.10	27.00	30.30	33.90	38.00
其中：追加固定资产投资	31.00	35.70	41.20	47.40	54.70	56.90	64.40	72.80	82.20	92.90
折旧	16.00	18.50	21.30	24.60	28.40	32.80	37.40	42.50	48.30	54.90
减：追加流动资产投资	11.30	12.90	14.90	17.10	19.70	18.10	20.30	22.70	25.40	28.50
现金流量	29.60	34.10	39.20	45.10	51.80	49.00	54.90	38.60	43.20	48.40

二、计算 A 公司的资本成本

假定 A 公司所确定的目标债务/股东权益比率为 0.30，即在全部资本中，负债率为 23%，股东权益率为 77%。再假定负债的年利息率为 9.5%，股本成本为 14%，收购风险补偿系数为 1.083，A 公司的资本成本如表 6-5 所示。

表 6-5　A 公司的资本成本

项目	权数	成本	加权成本
负债	0.23	0.051	0.012
股东权益	0.77	0.14	0.108
加权平均资本成本			0.12
包含收购补偿风险的资本成本	0.12×1.083		0.13

负债成本=0.095×(1-0.46)=0.051

所得税税率=46%

三、确定预测期长短

前面讲过，对现金流量的预测应该只限于在所期望的追加投资报酬率超过资本成本时间以内。为此我们要计算追加投资报酬率不小于资本成本所要求的增量临界利润率(ITM)。

由于：$ITM = (f+w)K/(1-T)$

$K = CCrr = 0.13$

$f = 0.20$

$w = 0.20$

$T = 0.46$

$ITM = (0.20+0.20) \times 0.13 \div (1-46\%) = 9.63\%$

根据 A 公司管理部门的分析结果(见表6-3)可知只有在未来的10年内，B公司税前销售利润率高于9.63%。所以，收购 B 公司现金流量预测期就限于10年。

四、计算在最低可接受报酬条件下(CCrr=0.13)，B公司的价值量

这里所说 B 公司的价值量，即 A 公司可以支付给 B 公司最高的、可接受的现金价格，计算方式见表6-6。计算公式为

公司价值=历年现金流量总现值-负债+经营不需要有价证券　　(6-22)

表6-6　以13%的贴现率(资本成本)收购 B 公司最高可接受价格(B 公司的价值)

年度	经营获得现金流量（百万美元）	现值系数	现值（百万美元）	累计现值（百万美元）
1	29.60	0.8850	26.20	26.20
2	34.10	0.7832	26.70	52.90
3	39.20	0.6931	27.20	80.10
4	45.10	0.6133	27.60	107.70
5	51.80	0.5428	28.10	135.90
6	49.00	0.4803	23.50	159.40
7	54.90	0.4251	23.30	182.70
8	38.60	0.3762	14.50	197.20
9	43.20	0.3329	14.40	211.60

年度	经营获得现金流量（百万美元）	现值系数	现值（百万美元）	累计现值（百万美元）
10	48.40	0.2946	14.30	225.90
	114.90	0.2946	260.20	486.10
加：当前经营中不需要的有价证券				10.00
减：债务				51.00
公司总价值				445.10
最高可接受现金价格(股东股票总价值)				445.10
每股最高可接受现金价格(股东每股股票价值)(美元)				40.10

残值 $SV = \dfrac{P_n}{i} \cdot (1+i)^n = 114.90 \div 0.13 \times (1+0.13)^{10} = 262.20(百万美元)$

五、计算可能的收购价格及报酬率

假设现在 B 公司股票市场价格是每股 24 美元，则 B 公司股票总市值为 24 美元乘 1100 万股等于 26640 万美元。经分析，A 公司管理部门认为，B 公司股东可能接受的最低收购价格为 35000 万美元，即每股 31.50 美元。考虑收购中会引起投机套利而导致股价上涨，A 公司估计，要取得对 B 公司股票的控制，最高的出价可能达 45000 万美元，也就是每股 40.50 美元。计算这两种方案的投资内部回收率，计算公式为

$$CV = \sum_{t=1}^{n} \frac{CF_t}{(1+i)^t} + SV - D_e + S_e \tag{6-23}$$

将表 6-6 中数据代入该函数式的右边，再令 CV 分别等于 26640 万美元及 35000 万美元。计算结果：

(1)第一种方案：投资内部回收率=0.152。

(2)第二种方案：投资内部回收率=0.129。

计算结果表明：收购价格在 35000 万~45000 万美元可以满足 A 公司资本成本的要求，即公司用于收购的资本报酬率不低于资本成本。

六、分析现金收购的可行性

在 A 公司管理部门认为收购 B 公司的适当价格在 35000 万~45000 万美元的同时，还需根据自己的负债能力，测算可用于收购行动的最大资金量，以确定是

否有足够的现金开展收购行动。

可用于收购行动最大资金数量＝并购后公司的负债能力-两个公司并购前债务+两个公司有价证券总额

在收购时全部用现金交易，收购者股东权益不变。这时：

A公司并购B公司的负债能力＝公司股东权益×目标债务/股东权益比率＝272000×0.30＝81600（万美元）。

A公司与B公司债务余额分别为56000万美元和5100万美元，两公司并购前债务总数为61100万美元。A公司与B公司有价证券合计数为26000万美元。

A公司可用于收购行动最大资金数量＝81600-61100+26000＝46500（万美元）

因此，在35000万~45000万美元范围内进行现金收购是可行的。

二、应用创新

近年来，"现金收购"一直是上市公司规避借壳或者类借壳交易结构设计中重要的组成部分。但随着监管动态的变化，"现金收购"规避监管的方式也一再升级。

在中国证监会2016年9月第三次修订《上市公司重大资产重组管理办法》之前，"现金收购"的现象已经大量出现了，常见于众多借壳上市例子中。早年的"现金收购"主要发生在事先并购上市公司获得上市公司控制权并随后注入资产的情况下。但是，这种简单而粗鲁的方式已经被监管机构管制。

根据2015年修订后的《上市公司收购管理办法》，对于未构成借壳的现金重大资产收购，只需向交易所报备，无须提交证监会审核，因此能够很快完成标的资产的收购。这样现金收购的优点就十分突出。因此，市场并没有放弃利用"现金收购"搭建交易结构，而随着监管动态的变化，更复杂以及更适应监管边界的方案逐渐涌现出来。21世纪资本研究院梳理了2016年9月证监会重大资产重组新规以来的多起案例，试图厘清"现金收购"的重重变奏。

变奏一："现金收购"引入第三方交易

在这种交易结构的设计中，上市公司控制权由原股东转移到第三方，同时采用"现金收购"的方式购买标的资产，在这样的交易结构中，首先注入资产和控制权转让分割，从而规避了借壳的认定，同时，因为采用现金支付的方式只需向交易所报备，股东大会通过即可，而无须上并购重组委，这样通过的概率更大，审核效率更高。

2017年初，以方案创新备受瞩目的三爱富交易案便采用这一设计。

三爱富在方案中拟以现金方式购买优质教育信息化标的奥威亚100%股权，

向博闻投资、明道投资购买其合计持有的东方闻道 51% 股权的并购项目。在此项目中，上市公司还拟将其持有的三爱富索尔维 90% 股权、常熟三爱富 75% 股权等其他与氟化工相关的部分资产出售给公司控股股东上海华谊及其全资子公司新材料科技、氟源新材料。

为了达到规避控制权变更的借壳上市认定，三爱富控股股东上海华谊通过公开征集受让方的方式拟将其所持有的三爱富 20% 的股权转让给中国文发集团。该股份转让完成后，三爱富控股股东将由上海华谊变更为中国文发。

由于本次交易是收购第三方的资产，即新的实际控制人与资产方非关联，所以不构成借壳，且由于是现金收购，不需要经过证监会审核。

从该方案设计的可复制性来看，现金收购对资金实力的要求较高，找到优质标的和资质优良的第三方（如国有企业），以及交易各方的利益达成平衡的难度也不小。同时需要警惕此类规避方式所引发的利用高息银行贷款等高杠杆现金收购的风险。

除了三爱富的案例，联想控股操盘万福生科（现更名为佳沃食品）的案例也采用了这一方式。

变奏二：用"现金收购"完成所有交易

所有交易全部采用"现金收购"完成，这一设计利用了对于未构成借壳的现金重大资产收购，只需要向交易所报备，无须提交证监会审核的特点，因此，能够很快完成标的资产的收购，更加高效。

维格娜丝成功采用这一方式完成类借壳交易。在这一交易案例中，维格娜丝拟作价约 50 亿元分两步收购衣念香港及其关联方持有的 Teenie Weenie 品牌及该品牌相关的资产和业务，先收购标的资产 90% 股权的对价约为 45 亿元，支付方式为 100% 现金支付，在公布现金收购方案的同时，维格娜丝还公告了 44 亿元定增方案，用于收购 Teenie Weenie 品牌及该品牌相关的资产和业务。

这一方案的优点在于现金收购不需要审批，很快就能够将标的资产拿下。另外，如果向原标的资产持有人直接发股的话，上市公司实控人必然出现变更，且相关指标也达到标准，就必然构成借壳上市了，而按照上述交易方案进行了很好的规避。

全现金收购的优点显而易见，但潜在的风险也不容忽视。首先，现金收购导致资产负债率激增，且定增补充资金是否通过也不确定，上市公司资金压力较大。

在这一笔交易完成后，维格娜丝资产负债率由 8.34% 大幅飙升至超过 70%。

变奏三：现金支付调节股权支付比例

除了成为"规避借壳"的主要手段，"现金支付"在一些案例中还承担了调节股权支付比例的作用。

如果拟收购的资产体量较大，同时股权支付的比例又较高，原实控人的持股比例被大幅稀释后，控制权较容易发生变更，进而很容易触碰借壳红线。如果减少股权收购比例，则标的资产持股比例下降，原实控人持股稀释程度下降，那么，控制权就可以保持不变，达到形式上不构成借壳上市。

相关的典型案例是宁波富邦。宁波富邦最初的方案中，将以发行股份及支付现金方式收购天象互娱100%的股权（交易对价37.5亿元）和天象互动100%股权（交易对价1.5亿元）。

但交易完成后，由于股权支付比例过高的问题，宁波富邦实际控股人和收购标的方的股东持股比例接近，这也导致交易所就宁波富邦未来股权结构稳定以及控制权归属进行了询问。

随后公司火速修改了方案，方案调整核心在于缩减标的资产股权收购比例，其中陈琛持股部分全部改为现金收购。调整后的交易方案中，上市公司将收购天象互娱100%的股权改为收购70%的股权，交易作价26.25亿元。

如此一来，本次交易后，在剔除富邦控股及其一致行动人通过认购募集配套资金获得的股份后，富邦控股仍直接持有上市公司17.7223%的股权，为上市公司第一大股东，高于标的资产方何云鹏等六人合计持有的宁波富邦股权占比（约12.58%）。这样就可以表明此次交易未导致上市公司控制权发生变化，本次交易不构成借壳上市。

第二节　换股并购中的财务决策技巧

除现金收购方式外，公司亦可以用其本身的股票换取另一家目标企业的股票，对其进行吸收兼并，以实现公司外部成长的战略目的。下面我们将讨论换股收购方式中财务决策的方法。和现金收购方式一样，换股收购方式中财务决策的重点亦在收购价格——换股比例的确定（向目标企业支付的每股购价/收购方公司每股价格），并由此分析此项交换是否能实现公司收购兼并的战略目的——公司股价最高化。

一、换股比例原则

基于实现股东财富最大化的目的（"都是赢家"原则），确定股票的交换比率十分重要。不管是收购方股东还是目标企业股东，他们都希望并购后持有的股票增值。而这取决于双方股票的交换比率。如果并购方用较高的比率换取目标企业股份，则对并购方不利；反之，则对目标企业方不利。因此，并购方打算发行多少新股用于交换，也就是股票交换比率十分重要。交换比率决定了收购方公司要发行多少或卖出多少普通股方可完成合并。举例来说，股票价格为 60 元/股的 A 公司要收购股票价格为 20 元/股的 B 公司，其收购价格以双方股票市价为准，其股票交换比率 = 20÷60 = 0.3。这说明 A 公司每得到 B 公司 1 股股票，就需向 B 公司股东发放 0.3 股本公司的新股。在实际操作中，收购价格往往要比此价格高，交换比率的确定往往包括溢价部分。若上例 A 公司按每股 30 元价格收购 B 公司的股票，则股票交换比率 = 30÷60 = 0.5，这说明 A 公司每得到 B 公司 1 股股票，就需向 B 公司股东发放 0.5 股本公司的新股，比之前假设的要高出不少。A 公司支付价格高于假设价格是为了刺激 B 公司的股东出让股票。

二、每股收益变动定理与兼并动因分析

(一)每股收益变动定理

以换股收购方式进行的公司间并购中，双方公司每股收益增减取决于收购方公司支付给目标企业的市盈率。并且，收购方公司的税后利润越大于目标企业税后利润，兼并时双方公司每股收益变动的幅度就越小，如表 6-7 所示。

表 6-7　每段收益变动定理

收购方市盈率 P_0/E_0	目标企业市盈率 P_1/E_1	收购方每股收益 R	目标企业每股收益
$P_0/E_0 > P_1/E_1$		增加(R>0)	减少
$P_0/E_0 < P_1/E_1$		减少(R<0)	增加
$P_0/E_0 = P_1/E_1$		不变(R=0)	不变

(二)兼并动因分析

1. 换股并购原则与每股收益变动定理矛盾

实际上，每股收益变动定理与"都是赢家"的换股原则间存在矛盾。根据每股收益变化定理，合并中一家公司每股收益的增加是以另一家公司每股收益的减

少为代价的。如果支付给目标企业股东的市盈率等于并购企业的市盈率，则合并双方的每股收益将保持在合并前的各自水平，并且不会给合并双方股东带来任何额外收益。因此，我们得出这样的结论：以换股收购方式实施的兼并不能带来"都是赢家"的结果。但是，许多成功的兼并确实给双方股东带来"都是赢家"的结果。为此，我们将研究再深入一步，找出之所以能产生"都是赢家"的内在因素，这些因素包括"未来收益"、"联合效应"及兼并后的市盈率等。

2. 未来收益

如果目标企业未来收益增长率高于收购方公司，尽管收购方公司向目标企业支付了较高的市盈率，引起兼并后收购方公司每股收益下降，但由于兼并后目标企业的利润并入收购方公司，会使收购方公司未来年度每股收益加大。与不进行该项兼并相比，兼并后收购方股东在未来能获得更大的收益。

3. 联合效应

如果并购公司与被并购公司各有千秋、专长互补，这种兼并就有可能产生"1+1>2"的结果，即与两公司独立经营条件相比，两公司兼并后盈利额有较大增长，这使兼并后双方公司股东获得更大收益。我们在此称之为"联合效应"。例如，一家公司研究开发新产品的能力很强，但市场开拓能力较差，存在缺乏营销谋划、产品销售渠道有限等问题，而另一家公司的长处是市场营销，但其经营的产品处于衰退期，或者产品可替代性较高。如果这两个公司合并，就能研发新产品并畅销于市场，获得超额利润。

三、市盈率分析与股价变动

（一）换股收购中市盈率对股价变动的影响

从战略的角度，换股收购的主要目的是实现"股东财富最大化"。在发达的资本市场上，股东财富的大小是以其拥有公司股份的市场价值来衡量的，因此，公司实行的收购行动是否提高了其股票的市价，一般被认为是评价兼并成功与否的标志。在很大程度上，每股收益增长意味着股东财富的增长，通常情况下会提高股票的价格。但股票的价格又受到市盈率的影响，因此讨论在公司每股收益一定的条件下，市盈率变动对公司股价的影响。两个公司兼并后，股票市场将为兼并后的收购方公司提供新的市盈率。

（二）换股收购中股价变动规律

换股收购中股价变动规律如表 6-8 所示。

表 6-8　换股收购中股价变动规律

并购后公司每股收益	并购后市盈率	对并购公司股价影响
增	增	上升
减	减	下跌
不变	不变	不变
增	不变	上升
减	不变	下跌
不变	增	上升
不变	减	下跌
减（增）	增（减）	两者对股价的影响相反，股价上升、下降、不变的可能性均存在

如表 6-8 所示，如果并购后市盈率减少，不利于并购后公司股价上升，则公司不应进行并购；如果并购后市盈率增加，有利于并购后公司股价上升，则公司应及时采取并购行动。值得注意的是，在某些时候，尽管并购会导致并购方公司每股收益的降低，但如果并购后该公司的市盈率能够提高，其股价可能不会随之下降，甚至会有所提高。

四、换股比例确定方法

（一）换股估价法

在市场经济条件下，股票的市场价格体现了投资者（包括股东）对企业价值所做的评价，所以，人们通常用股票的市场价格来代表企业价值或股东财富。一般来说，股票的市场价格反映了企业目前和未来的盈利能力、时间价值和风险报酬等方面的因素及其变化，因此，股票市场价格最大化在一定条件下成为企业追求的目标。换股并购以股票市场价格最大化作为目标。因此，只有并购后的股票价格高于并购前双方（并购方与被并购方）的股票价格，并购方和目标企业双方的股东才能接受，否则换股并购无法有效进行。

若 A 公司打算并购 B 公司。P_A 和 P_B 分别表示并购前 A 公司、B 公司的股票市场价格。β 表示并购后 A 公司的市盈率。则并购后 A 公司的股票价格为：

$$P_{AB} = \beta \times (Y_A + Y_B + \Delta Y) \times \frac{1}{S_A + ER \times S_B} \qquad (6-24)$$

式中：Y_A 为并购前 A 公司的总盈余，Y_B 为并购前 B 公司的总盈余，S_A 为并购前 A 公司普通股的流通数量，S_B 为并购前 B 公司普通股的流通数量，协同效应产生的协同盈余用 ΔY 表示，ER 为换股比率。

对于并购方 A 公司的股东来说，需满足 $P_{AB} \geqslant P_A$，也就是说，并购后 A 公司股票市场价格大于等于并购前 A 公司股票的市场价格；从目标企业方 B 公司股东的角度来说，又要满足 $P_{AB} \geqslant P_B/ER$，即并购后拥有 A 公司的股票价值总额大于等于并购前拥有 B 公司的股票价值总额。因此，得出最高的股权变换比率为：

$$ER_A = \frac{\beta \times (Y_A + Y_B + \Delta Y) - P_A \times S_A}{P_A \times S_B} \qquad (6-25)$$

此时，$P_{AB} = P_A$。

由 $P_{AB} \geqslant P_B/ER$，得出最低股权交换比例为：

$$ER_B = \frac{P_B \times S_A}{\beta \times (Y_A + Y_B + \Delta Y) - P_B \times S_B} \qquad (6-26)$$

此时，$P_{AB} = P_B/ER$。

从理论上来讲，换股比例应在 ER_A 与 ER_B 之间。在实际工作中，换股比例究竟为多少，取决于双方的谈判过程。

（二）L-G 模型

1969 年，被学者广泛认可的 L-G 模型由 Kermit D. Larson 和 Nicholas J. Gonedes 提出。在上市公司并购中，一方面，并购企业方想要得到尽可能大的换股比例，换股比例越大，说明并购企业的价值越大，对并购企业越有利；另一方面，目标企业方则希望换股比例越小越好。因此，在计算换股比例时要权衡双方的要求。L-G模型以并购双方股东财富不因并购而减少为目标，推导出并购过程中换股比例的合理区间。该模型旨在不减少在并购后并购双方股东的财富，并能够推测出合适的换股比例。L-G 模型的使用有以下前提条件：①以普通股为交换对象。②并购双方以及并购后双方的财富状况都是由股票的市场价格来衡量，即普通股的现行市价。③并购双方的市盈率和并购后企业的预期市盈率是计算模型中的关键点。并购后公司的预期股价被预期市盈率的高低直接影响。

假设并购当期不存在协同效应，合并后公司的 EPS(每股净利润)如下：

$$EPS_{AB} = \frac{(E_A + E_B)}{S_A + S_B \times ER} \qquad (6-27)$$

式中，E_A 为并购公司(主并公司)A 净利润，E_B 为目标企业(受并公司)B 的净利润。S_A 为并购公司(主并公司)A 普通股股数，S_B 为目标企业(受并公司)B 普通股股数。并购公司(主并公司)A、目标企业(受并公司)B 的每股净利润分别为

EPS_A、EPS_B。A、B 每股市价分别为 P_A、P_B。A、B 市盈率分别为 M_A、M_B。换股比例为 ER。合并后公司的总股数为 $S_A+ER×S_B$，合并后公司的净利润为 E_A+E_B。

为确保并购公司(主并公司)A 的股东财富不因换股而减少，合并后公司的股价至少要与并购公司(主并公司)股价持平。基于市盈率=股价/EPS，所以有：

$$EPS_A×M_A=\frac{E_A+E_B}{S_A+S_B×ER}×M_{AB} \qquad (6-28)$$

由此可求主并公司可接受的最大换股比例：

$$ER_A=\frac{(E_A+E_B)×M_{AB}-E_A×M_A}{E_A×M_A}×\frac{S_A}{S_B} \qquad (6-29)$$

同理可得，受并购公司股价不因并购而减少，至少需满足 $ERP=P_B$，由此得出的换股比例是受并购公司可接受的最小值：

$$ER_B=\frac{E_B×M_B}{(E_A+E_B)×M_{AB}-E_B×M_B}\frac{S_A}{S_B} \qquad (6-30)$$

因此，L-G 模型的最优换股比例应在 $[ER_B，ER_A]$ 换股比例区间中。

需要指出的一点是，L-G 模型运用的一个重要假设是企业并购当期不产生协同效应，并且该模型的唯一变量是合并后企业的预期市盈率。

值得注意的是，运用 L-G 模型要遵从并购时不存在并购协同效应这一假设。还有，在此模型中并购后企业的预期市盈率是唯一的变量。然而，只有在健全有效的完全竞争股票市场上，股票价格才能准确反映企业当前的盈利能力、内在价值和预期增长。我国证券市场发展起步较晚，相关规章制度尚未完善，股票价格波动性大，股票市场充斥着许多非理性因素，股票价格往往背离其真实价值，不能正确反映企业价值和未来增长。所以，在确定换股并购的换股比例时，仍采用股价代表企业内在价值的话似乎有失偏颇。再者，在约束条件方面，L-G 模型的提出是以并购双方股东财富不因并购而减少为约束条件的，并以股票价格代表股东财富，计算的唯一变量是预期市盈率。我国股票市场运作机制尚未完善，投资投机性很大，股票市盈率普遍较高，难以取得适当的市盈率标准，而在预测未来市盈率方面存在一定困难，稍有差错估值就会出现较大偏差。更重要的一点是，L-G 模型建立的前提是并购当期不产生协同效应，而在本次并购中追求协同效应是较大的动机之一。

还需注意的是，股票价格有时并不能正确反映企业价值，而且，因为获得合适的市盈率标准存在一定难度，所以，在预测未来市盈率方面难度较高。因而，基于 L-G 模型，引入并购协同效应，是以"股东财富不因并购而减少"替换成"每股收益不因并购而减少"为前提。则并购后公司的每股收益(EPS_{AB})：

$$EPS_{AB} = \frac{E_A + E_B + \Delta E}{S_A + S_B \times ER} \tag{6-31}$$

式中：并购公司并购前一年的净利润为 E_A，同理，E_B 为目标企业并购前一年的净利润。并购所产生的协同收益为 ΔE。$S_A + ER \times S_B$ 为并购后公司的总股数。

如果要确保并购后公司股票的每股收益不减少，那么，需要满足 $EPS_{AB} \geq EPS_B$，则：

$$\frac{E_A + E_B + \Delta E}{S_A + S_B \times ER} \geq EPS_B \tag{6-32}$$

据此可以计算出协同收益 ΔE。

（三）每股收益法

每股收益法主要以企业盈利能力决定了企业股票的价值为理论基础，将每股收益比率（能直观体现盈利能力的指标）用于确定换股比例。每股收益法以时间划分了两种方法：

第一种方法是当前法，即

换股比例＝目标企业当前每股收益/并购公司当前每股收益　（6-33）

第二种方法是预期法，即

换股比例＝目标企业预期每股收益/并购公司预期每股收益　（6-34）

（四）每股净资产法

每股净资产法是以公司并购前各自的每股净资产为基础确定换股比例的方法，公式为：

换股比例＝目标企业当前每股净资产/并购公司当前每股净资产　（6-35）

由于净资产是一个公司长期经营结果的反映，具有一定的客观性，而且可以运用于非上市公司的合并。因此，每股净资产法具有可靠、直观、便捷等优点。但是，这种方法只关注资产的数目，而没有考虑资产带来的价值、闲置资产的存在，即忽略资产的质量。因此，每股净资产法不能准确反映企业盈利能力，尤其是未来的盈利能力。

（五）每股市价法

如果并购双方都是处于充分竞争且有健全制度能够满足活跃交易的市场上的上市公司，则可以使用每股市价法：

换股比例＝目标企业当前每股市价/并购公司当前每股市价　（6-36）

每股市价法的优点是股票价格不仅能够反映公司当期盈利能力,而且还表现了其成长性及风险特征。

〔案例〕

换股收购实际应用

2016 年 9 月 23 日,宝钢股份发布公告,将发行 A 股股份,并通过换股方式与武钢股份合并。这次合并极大地改变了中国钢铁行业的竞争格局。

一、并购双方基本情况

1. 并购企业(主并企业)

宝山钢铁股份有限公司(以下简称"宝钢股份")是我国最大的钢铁制造企业,由上海宝钢集团于 2000 年 2 月设立,注册资本为 2210265.69 万元,同年 12 月在上海证券交易所上市,股票代码:600019。宝钢集团作为宝钢股份的直接控股股东,在合并前持股比例为 76.97%,宝钢股份主要生产碳钢、不锈钢和特钢三大系列产品,其中碳钢业务是公司收入和利润的主要来源。截至 2016 年 12 月 31 日,宝钢集团资产总额为 2679 亿元,实现营业收入为 1857 亿元,净利润为 89.65 亿元。

2. 目标企业(受并企业)

武汉钢铁股份有限公司(以下简称"武钢股份")是中国第一个特大型钢铁企业,由武钢集团于 1997 年单独设立,注册资本为 1009377.98 万元,1999 年在上海证券交易所上市,股票代码:600005。并购前公司第一大股东为武钢集团,持股比例为 52.76%,武钢股份享有全套高科技的生产钢铁的全流程工艺设备,主要业务范围包括冶金产品及副产品生产、冶金产品的技术开发以及钢铁延伸产品制造。截至 2016 年 12 月 31 日,武钢集团的资产总额为 912 亿元,实现营业收入 613 亿元,净利润 1.1 亿元。

二、换股并购方案

1. 并购形式

宝钢股份向武钢所有转股股东发行了 5652116700 股 A 股无限制股份。所有新发行的股份将用于交换武钢集团的股份。新股将在 2017 年 2 月 27 日上市流通。不同意该计划的武钢股份股东可以行使现金选择权。

2. 并购对价

宝钢股份本次发行的股票定价为 4.6 元/股，对于目标企业武钢股份给予 2.58 元/股(除息前)的收购价，故此次换股并购的换股比例为 1:0.56，即每股武钢股份的股票可以换取 0.56 股宝钢股份的股票。

3. 现金选择权

拒绝换股并购方案的武钢股份股东，只有现金选择权，即以 2.58 元/股(除息前)的价格向宝钢股份出售其持有的武钢股份并获得现金。

三、并购后股本变动情况

并购前后股本结构变动情况如表 6-9 所示。

表 6-9 并购前后宝钢股份股本变动情况

股东	换股吸收合并前		换股吸收合并后	
	持股数(万股)	持股比例(%)	持股数(万股)	持股比例(%)
宝武集团(原宝钢集团)	1152338.58	69.98	1152338.58	52.10
武钢集团	—		298217.25	13.48
宝钢股份其他股东	494354.14	30.02	494354.14	22.35
武钢股份其他股东	—		267034.42	12.07
股份总数	1646692.72	100.00	2211944.39	100.00

换股并购后，宝钢集团对宝钢股份持股比例下降，但仍然处于绝对控股地位。

四、换股比例测算

据公告可知，宝钢股份与武钢股份的换股并购的换股比例为 1:0.56。下面通过不同计算方法进行换股比例测算。

1. 每股收益法

根据宝钢股份与武钢股份发布的 2016 年第三季度报告，两家公司截至 2016 年 9 月 30 日每股收益情况如表 6-10 所示。

表 6-10 宝钢股份与武钢股份每股收益

公司	每股收益(元)
宝钢股份(EPS_A)	0.34
武钢股份(EPS_B)	0.04

运用这种方法确定的换股比例为：$ER_{AB} = 0.04 \div 0.34 = 0.12$，明显低于本案例的实际换股比例（0.56），从这个角度来看，此次换股并购武钢股份的价值并未被低估，反而是宝钢股份原中小股东的利益被稀释了。

2. 每股净资产法

根据宝钢股份与武钢股份发布的 2016 年第三季度报告，两家公司截至 2016 年 9 月 30 日每股净资产情况如表 6-11 所示。

表 6-11　宝钢股份与武钢股份每股净资产

公司	每股净资产（元）
宝钢股份（$BVPS_A$）	7.16
武钢股份（$BVPS_B$）	2.85

运用该方法确定的换股比例为：$ER_{AB} = 2.85 \div 7.16 = 0.398$，比实际换股比例（0.56）略低，武钢股份股东换得少于实际换得的宝钢股份的股票。

3. 每股市价法

根据武钢股份停牌前（最后一个交易日为 2017 年 1 月 26 日）30 个交易日的交易数据，可以整理得出以下几个比较重要的平均值，具体情况如表 6-12 所示。

表 6-12　宝钢股份与武钢股份每股市价及换股比例

交易日	宝钢股份（元）	武钢股份（元）	换股比例
停牌前 5 个交易日	6.73	3.74	0.56
停牌前 10 个交易日	6.58	3.55	0.54
停牌前 15 个交易日	6.41	3.54	0.55
停牌前 20 个交易日	6.15	3.43	0.56
停牌前 25 个交易日	6.04	3.45	0.57
停牌前 30 个交易日	6.12	3.42	0.56

根据上述数据，整理得出换股比例的合理区间为 [0.54, 0.57]，其中值或均值 0.56 恰好是本案例采用的换股比例。

4. L-G 模型

宝钢股份与武钢股份均为上市公司，为进一步分析本案例的换股比例是否合理，用 L-G 模型对其进行检验，此处采用可比公司法确定合并后存续企业的预期市盈率,如表6-13所示。

表6-13　A股钢铁行业可比上市公司市盈率

可比上市公司	股票代码	2016年市盈率
三钢股份	002110	33.40
新钢股份	600782	43.43
马钢股份	600808	26.82
方大特钢	600507	29.20
鞍钢股份	000898	29.46
行业平均		32.47

由表6-13可知,可比钢铁行业上市公司的平均市盈率为32.47,以此平均市盈率作为合并后公司的预期市盈率,即$M_{AB}=32.5$(见表6-14)。

表6-14　L-G模型参数数据

公司	净利润	股份数	股价	市盈率	预期市盈率
宝钢股份	E_A:58.2亿元	S_A:165亿	P_A:6.58元	M_A:25.68	M_{AB}:32.47
武钢股份	E_B:3.7亿元	S_B:101亿	P_B:3.71元	M_B:-6.1	

使用L-G模型计算的换股比例如下:

$$ER_A=\frac{M_{AB}\times(E_A+E_B)-M_A\times E_A}{M_A\times E_A}\times\frac{S_A}{S_B}$$

$$=\frac{32.47\times(58.2+3.7)-25.68\times58.2}{25.68\times58.2}\times\frac{165}{101}=0.5653$$

$$ER_B=\frac{M_B\times E_B}{M_{AB}\times(E_A+E_B)-M_B\times E_B}\times\frac{S_A}{S_B}$$

$$=\frac{(-6.1)\times3.7}{32.47\times(58.2+3.7)+6.1\times3.7}\times\frac{165}{101}=-0.0181$$

综上所述,宝钢股份与武钢股份的换股吸收合并案例中的换股比例是在每股市价的基础上确定,并通过L-G模型验证了其合理性,兼顾了交易双方股东利益,有助于达到双赢的结果。

第三节　杠杆收购中的财务决策技巧

一、财务杠杆在收购兼并中的作用

通过前文可知，现金和股票都可以作为并购的方法，那么，若某家公司对另一家目标企业有明确的并购意向，它到底是采用现金收购方式还是采用换股收购方式呢？

公司负债的增加（现金收购的主要资金来源是外债融资）或发行新股（换股收购方式）将增加公司的总资本规模，同时会改变公司的资本结构，因为现金购买将增加负债在公司资本中的比例，而换股收购增加股本或股东权益在公司资本中的比例。另外，在兼并中，将目标企业的所有资产合并为并购企业的总资产。因此，目标企业的负债将合并到收购方的负债总额中，可能会导致收购方的资本结构变动。

财务杠杆的原理是使用优先股筹集资金的债务利息或优先股股利按固定利率支付。如果由其投资形成的公司资产的资产收益率高于利率或优先股股息率，则与增加普通股融资的发行相比，它可以增加普通股的每股收益。财务杠杆意味着在公司的资本结构中，增加债务或优先股的比例可以增加公司的普通股每股收益。

收购兼并是以增加股东的财富为目的的一项重大投资举措。在一定的条件下，我们在制定收购兼并的资本扩充规划时，可以扩大公司的负债以筹措现金，对目标企业实施现金收购，提高每股收益，促进公司股价上升，实现"股东财富最大化"的成长目的。

杠杆收购是指在举债收购中，财务杠杆作用有利于提高收购方公司每股收益的一种大量举债收购兼并方式。杠杆收购是公司并购的一种特殊形式，主要通过债务进行收购，即并购公司以被并购企业的资产为抵押，并通过向银行或投资者借款来筹集资本，以完成对目标企业的收购。收购成功后，它将用被并购企业的收益或出售其资产偿还本金和利息。这是一种收益少、风险高的收购方式。

比较其他企业并购方式，杠杆收购有其独有的特点：

第一，特殊的融资结构。杠杆并购中的融资结构呈现出一种倒金字塔形，一般而言，收购资金的60%通常是目标企业向金融中介的借款；30%通常是过桥资本，一般由优先股、次级债务、可转换债券构成；剩下的10%是并购企业以自有资金对目标企业的投入。

第二，特殊的实施流程。①在海外成立一个专门用于收购目标企业的子公司，即"空壳公司"。②并购企业从金融机构借入用于购买目标企业的股权的临时或短期借款（"过桥贷款"）。③"空壳公司"举债发行债券。④"空壳公司"与目标企业合并，并把其负债转移到目标企业名下。⑤经营目标企业偿债、获利。

第三，离不开金融中介机构的支持。杠杆收购所需资金量巨大，并且风险较高，普通银行往往不愿投资。但证券公司等金融机构的特点就是通过承担高风险，获取高回报。若是没有金融中介机构的支持，则企业无法有充足的资金进行杠杆收购。因此，金融机构有着极其重要的地位，并且必须有其参与才能完成资金的筹集。

第四，在很大程度上依赖资本市场的支持。杠杆收购主要是外部融资，在很大程度上取决于资本市场的发展。首先，资本市场必须配备一定的市场环境和完善的法律制度，以便进行杠杆收购。其次，在良好的资本市场中，投资者可以通过各种手段分散投资风险。

第五，相对来说，收购成本比较低。基于直接成本角度，杠杆并购中并购方只用筹集少量的自有资金，筹资成本较低；在所得税方面，杠杆收购具有利息支出税前抵扣特点，将会产生债务税盾效应，从而减少所得税的支出。基于间接成本角度，杠杆收购降低了代理成本。

第六，具有广泛的资金来源。并购企业使用较少的自有资本，大部分资金通过外部融资来获得大量的资金。

第七，具有高风险性。一是信息风险：由于信息不对称，可能存在并购企业不了解目标企业的情况。二是财务风险：并购中需要大量的债务融资来获取资金进行杠杆收购。这将导致财务杠杆增大，并购方所需支付利息费用大大增加，因此，财务风险较大。三是操作风险：在杠杆收购过程中，涉及很多复杂的部分，存在具体操作的风险。

二、杠杆收购的实施条件

（一）成熟的资本市场做支撑

实施杠杆收购的收购方只会用到很少一部分自有资金，大部分收购资金来自借债，而要充分发挥这种债务杠杆的作用，使可用资金成倍地增加，就需要有成熟的资本市场做支撑。

（二）找到合适的目标企业

在美国的第三次并购浪潮中，许多大公司为了扩大自身实力和提高竞争能力而盲目地扩张和收购了许多其他行业的公司。但是，这种盲目的扩张和收购并没有达到预期的效果，反而造成后续许多公司不得不以低价出售以前收购的公司。因此，找到合适的目标企业非常重要。而合适的目标企业往往需要具有稳定的现金流、明显的成本压缩空间、现有债务负担较轻等特点。

（三）有效地整合及重塑公司价值

并购双方管理层理念的不同、经营方式的差异以及偶尔的冲突与矛盾可能使并购后企业发展受阻。因此，在杠杆收购完成后，随着管理、研发、培训和市场营销方面的投资增加，产品种类增加，市场份额不断扩大，必须任命有效的管理人员来收购目标企业并不断挖掘该公司的潜力。因此，杠杆收购若要真正的成功，既要增强市场竞争力，又要有效整合及重塑公司价值。

三、杠杆收购方法

（一）两步走法

顾名思义，两步走法分为两个阶段来完成。

第一阶段：并购企业用现金收购目标企业 50% 的股权，从而获得目标企业的控制权，即取得目标企业股东大会或董事会投票表决权的控制。

第二阶段：在第一阶段完成后，目标企业就成为并购企业的子公司，但是目标企业仍然有部分股权流通在外。此时，并购方就可以以目标企业的名义发行"双高"（高利率、高风险）的公司债券，以此获得资金，用来回购目标企业流通在外的股票，从而把目标企业从自己的子公司变成全资子公司。这种债券被称为"垃圾债券"是由于其投资风险很大，而且债券资信很低。若资金来不及周转，并购方仍然需要不断发行目标企业的债券来获取现金。

（二）全部现金收购法

随着西方国家资本市场的发展，20 世纪 80 年代中期，由于采用两步走法进行的并购周期太长，这种方法已经过时了。同时，由于在资本市场上建立了巨大的现金来源渠道，因此，在大多情形下，收购方可以使用其可动用的现金购买目标企业的所有股份并将其合并。收购方的现金来源多种多样：第一，收购方自己的自筹现金；第二，主要投资银行持有的用于并购的现金，如由其基层管理的"收购基金"；第三，专门从事并购的金融公司持有的现金以及银行家的现有现金的收取；第四，银行专门用于补贴收购方的短期紧急付款，即"中继付款"。银行提供的巨额"中继贷款"使收购方可以使用数十亿美元现金吞噬目标企业的所有股票。收购并合并目标企业后，收购方将使用合并后公司的现金流量，发行"垃圾债券"或申请长期银团资金以返还"中继付款"。如果这还不足以偿还债务，则出售已合并公司的部分资产和业务即可。

（三）管理层收购

管理层收购（Management Buy-Outs，MBO）是随着杠杆收购的发展，在一些公司的管理当局参与收购兼并的行动中，向自己经营的公司发动攻击，即公司管理当局对其本公司进行的收购。

在美国等西方国家，"职工持股计划"是一种以增强职工参与意识为目的鼓励公司职工对所在公司购股、参股的计划。根据该计划，公司员工可以使用银行贷款购买公司股票，并享受优惠的贷款利率和本金还款。因而，公司管理层的大部分人一般都拥有一定数量本公司股票，管理层可以使用个人的现金和自筹的资金购买一定比例的本公司股票并获得对公司表决权的控制。随后，他们可以通过公司的名义从投资银行中寻求贷款和发行"垃圾债券"，以通过增加公司负债的方法回购流通在外的公司股票，将该公司从公众公司变为私人公司，对该公司进行全面的控制。

四、卡拉维杠杆收购三部曲

国外资本市场较为流行的公司杠杆收购程序是卡拉维杠杆收购三部曲。主要步骤如下所示：

第一步，集资。确定目标企业后，收购方先筹措全部收购价格10%的资金作为自有资本，然后向银行借入50%~70%的资金作为主要资金来源。此外，其他资金缺口通过发行"垃圾债券"获得，这部分占20%~40%。

第二步，收入和重整。杠杆收购的目标一般是资本存量大但目前经营不善的公司，将目标企业兼并或置于自己控制下，然后开始拍卖公司资产、裁减多余的机构与人员，并以此收入来偿还筹资时所借的债务，同时，下大力气对该公司进行整合及重塑公司价值，确定正确的整合战略，实现潜在的协同效应，从而提升企业价值。

第三步，公司股票重新上市并择机出售。被并购公司经过裁减整顿之后，保留下来的都是精简后的机构与人员和财务状况良好、盈利能力强的经营项目。经营管理的改进促进成本降低、利润增加，公司形象得到改善，信誉得以提升，社会公众看好该公司，会纷纷购买该公司股票，进而促进股价上升，收购者乘机将手中股票抛出，就可获得巨大利益。

杠杆收购中，收购者、目标企业股东与提供贷款的金融机构都从中获利，即"各方都是赢家"。那么，通过杠杆收购获得的利益是源于利益的再分配（利益的转移），还是目标企业被收购后经营效率的提高呢（价值创造）？一般认为，这种利益源于三个方面：一是收购者的举债可以减免所得税，属于价值转移。二是并购后公司经营效率的提高，属于价值创造。三是先前目标企业股票价值被低估，收购者从交易中获得额外的增值，属于价值转移。

五、杠杆收购的融资方式

（一）债务融资

1. 银行贷款

银行贷款是一般企业缺乏资金时首选的一种债务融资方式，尤其是企业在进行杠杆收购时需要大量的债务融资，更会期望在银行贷款的渠道获得更多的款项。在实际中，并购方通常以自身资产作为抵押，并购成功后也可以将被并购方资产进行抵押。在我国，信用较好的大中型企业和上市企业可以较容易地拿到银行贷款，对于大多数中小企业尤其是信用差的中小企业来说，想要从银行取得普通贷款就比较困难。除了国内银行贷款，企业可以选择国外银行贷款。国外银行贷款使用灵活简便，限制条件少，所以对于我国进行杠杆并购的企业是一个很好的融资形式。

2. 卖方融资

卖方融资是指在买方完成对目标企业的收购之后，卖方允许企业基于目标企业未来的经营成果，使用分期付款的方式来支付余款，而不是直接收回款项。例如，吉利收购沃尔沃时便采用了这种方法。

3. 风险资本

风险资本是指以目标企业的资产和未来的收益作为抵押，向国内外各类风险投资公司、风险投资基金、创业投资基金等多方筹得资金。一方面，企业从多方面筹措资金，分散风险并降低筹资难度；另一方面，一部分权益资本是从风险投资公司筹集的，可以利用风险资本在债务资本和股权资本中的不同参与水平来获得大量的风险资本，并且资本的杠杆可以在管理、运营、市场和技术方面向企业提供风险投资指导，提高管理水平，并促进技术创新。

（二）权益融资

1. 增发股票

我国上市企业可以通过向外部投资者或者目标企业管理层增发定向股票融资。借此，在融资的同时，还可以建立起一种以股权为基础的激励机制。在实际操作中，可以选择"买十股赠送一股"等一系列相似的方式，以增强对目标企业管理层的激励作用。

2. 换股并购融资

通过以一定比例将目标企业股票转化为并购方的股票来取得目标企业的控制权的一种收购融资方式（一种用股票换取目标企业资产或股票的支付方式），就是换股并购融资。此融资方式缓解了现金支付的压力，而且不受并购规模的约束，可以达到以小换大的结果。此外，换股并购可以分散并购后企业的财务协同效应无法匹配卖方的股份溢价风险。

（三）混合融资

1. 认股权证

认股权证融资是通过给予其购买者（目标企业的管理层或员工、外部的投资者）一种长期选择权来筹得资金的一种新型筹资方式。购买者期望在企业上市时，在一定时间范围内以约定的价格购买事先指定的股份数量来获利。在认股权证被行使时，以前筹得的资金无须偿还，这致使公司的资本增加。

2. 可转换债券

可转换债券是债券持有人可按照发行时约定的价格将债券转换为公司普通股票的债券。此债券利率比普通债券票面利率低，这就是所谓的可转换债券。可转换债券的核心是获得选择权，以便在获得公司债券的同时，在一定时间内以一定价格将购买的债券转换为公司股票。一方面，此类债券的较低收益率可以降低公司的债务融资成本；另一方面，在将这些债券转换为股票后，不需要偿还债券本金，从而消除公司偿还债务的负担。

六、几类典型的杠杆收购现象

(一) 缺乏资产支持的银行并购贷款

我国在法律法规方面对于并购贷款存在相关法律法规指引颁布较晚、具体配套政策不完备的问题，以致企业在实际争取银行并购贷款时屡屡碰壁。同时，我国杠杆收购融得的资金往往缺乏足够的资产和其他信用支持，借款方以拟收购上市公司股权作为质押物担保融资的情况十分常见。此类股权质押安排将并购贷款借贷方还款能力与拟并购企业股价直接挂钩，存在较大的风险。例如，2016 年11 月，天津汇泽丰企业管理有限公司(以下简称"汇泽丰")使用银行借款举债 25亿元收购福建浔兴拉链科技股份有限公司(以下简称"浔兴股份")25% 股权及公司控制权。此外，汇泽丰还将其持有的全部浔兴股份质押给了第三方，覆盖其收购的债务头寸。可以看出，上述并购贷款中银行仅具有中介功能，而 25 亿元的高额借贷并无可靠的底层资产作为支撑。一般杠杆收购中使用的银行并购贷款存在缺乏足够的信用支撑的问题。例如，2016 年 4 月，苏州正悦用 15 亿元银行借款杠杆收购尤夫股份，融资担保仅为个人的信用。

(二) 通过股权质押的质押融资

股权质押是并购融资的常见担保手段之一。在我国，通过杠杆收购筹集的资金经常面临着股价波动引起的还款压力。同时，与杠杆收购相关的质押融资比例通常较高，因此产生的风险以及对上市公司的治理和监督的压力也有所增加。

2016 年下半年，宝光股份的第二大股东西藏锋泓有意持有大量公司股份，并通过大宗交易和司法拍卖竞争控制权。然而，由于证券市场持续下跌的趋势，西藏锋泓补充了 546.61 万股公司股票的质押，并将其持有的质押率提高到97.45%，从而为二级市场收购的融资提供了担保。最后，由于公司对股权控制的复杂性日益增加，西藏锋泓单方面宣布终止其增资计划。

(三) 并购基金"私募股权基金+上市公司"的模式

"私募股权基金+上市公司"的运作模式是上市公司通过设立并购基金，引入资金方作为有限合伙人进行收购活动。"私募股权基金+上市公司"模式本是使用并购基金收购获得控制权，实现较高的投资回报率。此模式在我国已经较为成熟并被广泛运用。但是，由于并购基金采用合伙制，容易引起复杂的资管结构和融资方式，从而增加公司治理和监管层面的不确定性。

第一，以并购基金"私募股权基金+上市公司"的模式的杠杆收购存在披露信息无法穿透的问题。通过资产计划以及私募股权基金的合伙制度的层层安排，实际出资人的真实身份往往能够轻易隐匿。2015 年 11 月，蕙富骐骥斥资 6 亿元收购汇源通信 20.86% 的股权，成为汇源通信的控股股东。根据公告，蕙富骐骥的出资人为汇垠澳丰及汇垠澳丰 6 号。然而，公告并未披露汇垠澳丰 6 号的资金结构及实际出资方。2017 年 2 月 6 日，珠海泓沛基金要求召开汇源通信合伙人大会时实际出资方才得以披露。

第二，"私募股权基金+上市公司"的模式允许实际控制人通过对信托基金等机构的控制实现高杠杆收购，容易造成内部人控制情形下的高风险投资行为，若无相应的监管措施，将会给并购市场带来潜在风险。以前，上海领资股权投资基金合伙企业(有限合伙)(以下简称"领资投资")斥资超过 8 亿元在二级市场增持上海新黄浦置业股份有限公司(以下简称"新黄浦")不到 20% 的股份。事后才得知，王丁辉系领资投资的实际控制人，而领资投资实缴出资为 100 万元，王丁辉通过担任有限合伙人的信托渠道连番举牌新黄浦，实现了以小博大的目的。但是，高杠杆带来的投资风险也是同步提高的，据相关报道，新黄浦杠杆收购一度浮亏 4 亿元，因此，受到市场和监管层高度关注。

(四)保险资金举牌：万能险为"自由资金+高杠杆"举资模式

在保险资金进行的杠杆收购中，杠杆资金存在相互套嵌的现象，风险传导链条较长，一旦存在大面积债务违约，则引发系统性风险的可能较高。与此同时，以万能险为代表产品的保险资金在二级市场投资具有资金体量大、收购周期短的特点，举牌收购往往出其不意，也增加了二级市场异常交易监管的压力。例如，2016 年，安邦资产管理有限责任公司(以下简称"安邦")大量买入中国建筑股份有限公司(以下简称"中国建筑")的股票。与此同时，安邦运用"安邦资产—共赢 3 号集合资产管理产品"买入中国建筑近 10% 的股份。安邦在 5 个工作日内二度举牌累计斥资约 232 亿元收购中国建筑，其时间之快、资金规模之巨令人咋舌。在同一时段的中国 A 股市场，还有吉林敖东、万科等多家公司的股份也受到了保险资金不同程度的青睐。

(五)资管计划：多重嵌套低调持股模式

资管计划是杠杆收购融资的常用方式之一。例如，广东顺威精密塑料股份有限公司(以下简称"顺威股份")的实际控制人变更案例中体现的资本链条的杠杆放大效应。在顺威股份的实际控制人变更过程中，实际控制人蒋九明利用分级式的"汇融1号集合资产管理计划"作为支付手段受让公司29%的股份。由于其劣后级的资管计划份额安排，蒋九明仅需要支付原本拟支付的17.28亿元对价中的5.76亿元。与此同时，相关报道显示在上述5.76亿元的对价支付安排内，仍是带有二重杠杆的资本安排。因此，通过层层的多重杠杆堆叠，杠杆倍数将进一步放大。

〖案例〗

PAG集团10倍杠杆收购好孩子

一、案例概述

2006年1月底，私募投资基金太盟投资集团(Pacific Alliance Group，PAG)以1.225亿美元的总价值购得原来由中国香港第一上海、日本软银集团(Soft Bank Group，SBG)和美国国际集团(American International Group，AIG)持有的67.4%好孩子国际控股有限公司(以下简称"好孩子")股份。至此，PAG成为好孩子的绝对控股股东，而好孩子总裁宋郑还等管理层持32.6%股份为第二大股东。

二、相关背景

1. 好孩子简介

好孩子创立于1989年，是中国最大的童车生产商。在被收购前的5年内，好孩子的年利润增长率达到20%~30%。2005年，好孩子的销售额达到了25亿元，纯利润1亿多元，净利润率约为5%，位居世界同行业前几名，其中国际与国内市场的比例为7∶3。作为国内最知名的童车及儿童用品生产企业，好孩子已经成功占领了消费市场。好孩子的销售额有将近80%来自海外市场，部分产品在海外市场的占有率近50%。

2. PAG简介

PAG是一家在中国香港注册、专门从事控股型收购的私募基金。资料显示，PAG旗下管理着大约4亿美元基金，投资好孩子是其在中国的第五起交易。2006年2月前的12个月内，PAG在中国累计投资约2亿美元，其中包括收购好孩子集团。

三、收购过程

1. 第一阶段：目标选择

好孩子集团的优势包括以下三个方面：

(1)强大的市场份额。好孩子是中国最知名的童车及儿童用品生产制造商。其生产的童车占领了70%的国内市场，稳坐国内市场的头把交椅；部分产品在海外市场的占有率近50%，在美国的市场占有率也达1/3。强大的市场份额成为私人基金眼中的宠儿。

(2)良好的自建通路。区别于其他单纯的供应商，好孩子在中国迅速发展的巨大商业市场背景下，拥有1100多家销售专柜，也拥有了让资本青睐的本钱。

(3)不存在产业周期。由于好孩子所在的消费品行业基本不存在产业周期，因此，能够创造稳定的现金流。因为只有消费品行业企业才具有持续的业绩增长能力，而持续的业绩增长能力是可以给予市场溢价的，这正是PAG投资信心的来源。

2. 第二阶段：杠杆设计

(1)PAG事先对好孩子做了严密的估价。按照市盈率计算，好孩子当时的市场价值在20亿元以上，折算成PAG 67.5%的持股比例，该部分股权的市场价值超过1.7亿美元，而双方协商的收购价格为1.225亿美元，说明此项收购具有投资价值。为了实现既定的400%的高额投资回报率，PAG确定用自有资金支付的金额不超过1200万美元。

(2)PAG设计了一个颇为漂亮的杠杆。经过精心的测算和设计，通过资产证券化及间接融资等手段，在确定收购意向后，PAG先通过好孩子管理层组成的集团筹集收购价10%的资金，然后以好孩子公司的资产为抵押，向银行借入过渡性贷款，相当于整个收购价50%的资金，并向PAG的股东推销约为收购价40%的债券。PAG借助外资银行贷款完成了此次杠杆收购交易，交易所需部分资金来自台北富邦商业银行的贷款，贷款金额5500万美元。

3. 第三阶段：实施过程

在PAG接手前，好孩子的控制人为2000年7月注册于开曼群岛的吉奥比国际公司。股东主要有4家，分别是：中国香港上市公司第一上海，持股49.5%；美国国际集团旗下的中国零售基金(CRF)，持股13.2%；日本软银集团，持股7.9%；PUD公司[宋郑还等好孩子集团管理层在英属维尔京群岛(BVI)注册的投资控股公司]，持股 29.4%。即好孩子管理层持股 29.4%，其他股东共持股 70.6%。

整个实施过程，通过离岸公司平台进行，概括地说可以有以下三步：

第一步，PAG 在 BVI 全资建立了一家离岸公司 G-Baby。

第二步，G-Baby 以每股 4.49 美元价格共计支付 1.225 亿美元，收购了第一上海、AIG、SBG 三家股东所持有的所有吉奥比股份，占总股份的 67.5%。还有约 3%股份已由 PUD(好孩子管理层)以每股 2.66 美元购入。PUD 购入这些股份后，持股比例升至 32.5%。售给 PUD 股份起因于管理层与原股东在 2003 年签署的一份期权协议，但那份协议在法律上并没有执行，原股东最终还是履行了当初的承诺。

第三步，G-Baby 用换股和支付一定现金的方式收购了 PUD 持有的所有吉奥比股份，形成 PUD 和 PAG 共同持有 G-Baby 股份的局面。

经过上述步骤，吉奥比(开曼)成为 G-Baby 的全资子公司。好孩子的实际股东也变为 PAG 和 PUD(好孩子管理层)两家，其中，PAG 持股 67.5%，管理层持股 32.5%。

4. 第四阶段：收购后整合

第一上海、AIG 和 SBG 获利退出，好孩子的股东减少到两个。好孩子的董事会从原来的 9 人缩为 5 人：PAG 方面 3 人，好孩子管理层 2 人，董事长还是由好孩子的创始人宋郑还担任，PAG 没有更换好孩子的 CFO，也没有派出参与管理层的执行董事。PAG 进入好孩子后，对其法人治理结构进行改造，实行了一系列整合措施，进一步提高了这家企业的发展速度，成就了好孩子的绝对市场霸主地位。截至 2007 年，"好孩子"童车已占据了国内童车市场 70%以上的份额，美国市场的占有率也已达 40%以上，成为世界儿童用品领域具有广泛影响的中国品牌。2008 年 6 月，好孩子成功完成了对哈尔滨一家年销售 6000 万元的目录销售商的收购。经过一年多的精心筹备，2010 年 3 月 25 日好孩子上市计划正式启动，2010 年 11 月 24 日在联交所 IPO，用了整整八个月。最终好孩子 IPO 价格定在每股 4.9 港元，总计发行 3 亿股，募集资金净额达 8.95 亿港元。

四、案例分析

1. 具有典型的杠杆性

在该案例中，PAG 只以 1200 万美元的自有资金撬动 1.225 亿美元的并购交易，相当于 10 倍杠杆，其余的资金均以负债的方式筹集。PAG 所筹集的资金是以好孩子的资产为抵押的，是一个标准的杠杆收购，与国内"先交货后付款"的变相模式有明显的区别。

2. 灵活运用了收购方式

该案例将杠杆收购中的机构收购和管理层收购相结合，其中好孩子管理层既是买家，又是卖家：好孩子管理层控股公司（PUD）在以每股价格2.66美元向第一上海等原股东购买了约3%股权后，又通过换股方式卖给了G-Baby。在支付方式上将现金支付与股权支付相结合，成功完成了对好孩子善意的杠杆收购。

3. 选取的收购目标较为成功

首先，好孩子是中国最大的童车制造商，有着良好的销售渠道和强大的市场份额，在占有美国学步车和童车1/3的市场后，好孩子在国内同样占有超过70%的市场份额。其次，区别于其他单纯的供应商，好孩子拥有良好的销售渠道，企业长期负债少，市场占有率高，流动资金充足稳定。最后，作为消费品行业，好孩子具有持续的业绩增长能力，因此，可以给以市场溢价，企业的实际价值超过账面价值。好孩子的各项特征都非常适合收购者采用杠杆收购的方式。

4. 管理层积极配合

首先，在PAG收购之前，好孩子已经完成了离岸控股架构，由注册于开曼的吉奥比公司全资拥有，这就为随后的收购做了很好的准备工作。其次，PAG收购过程的第一步就是在BIV全资设立了一家离岸公司G-Baby。新设立的公司在资产方面的质量比较好，对收购十分有利，并且选取的地点BIV实行低税率，岛屿国际有限公司在外地经营所得利润无须交利得税，所受的税务管制非常少。更值得一提的是，好孩子管理层控制的PUD公司的注册地点也是BIV，为之后G-Baby对PUD的换股收购提供了便利。从这一细节可以发现，这宗杠杆收购案经过PAG和好孩子管理层的精心策划，是一起善意收购。

5. 实现了新旧股东与管理层三方都获利的目的

收购完成后，吉奥比公司原股东第一上海获得4.49亿港元的现金，交易所获的收益达8170万港元，软银的卖出价格也是买入时的两倍：管理层公司PUD（也是原股东之一）增加了3%的股份和一笔现金，持股比例增加到32.5%；PAG持有67.5%的股份，拥有绝对控股权，并有望在好孩子实现海外上市后获得丰厚收益。另外，从收购性质上讲，PAG是一家财务性质的投资基金，并不追求长期的产业控制，属于金融资本追逐短期利益的收购。不会引起好孩子内部人事、生产管理方面的变化。PAG 获取收益的途径就是通过将好孩子在海外运作上市，达到资本增值的目的。而对于好孩子来讲，其可以通过在海外上市募集的资金，实现自身的发展。因此，管理层的利益和 PAG 的利益实际上是一致的。

6. 收购过程极具效率

当好孩子进入 PAG 视野时，花旗和好孩子方面的谈判已经相当深入，但迟迟没有做出决策。而与国际知名的老牌投资公司相比，名不见经传的 PAG 出手极其犀利，此次收购前后耗时不到 4 个月，2005 年 10 月 PAG 接触好孩子，12 月 13 日就签署了股权转让协议。这可能是因为其他一些知名的投资公司受到的监管比较多，在法律等方面的细节也考虑很多，所以决策比较犹豫。而 PAG 行动非常迅速，善于避开枝节，因此，仅跟好孩子短暂谈判两个月就达成协议。

这是中国第一例真正意义上的外资金融机构借助外资银行贷款完成的"杠杆收购"案例，以上分析的这起案例中的六点突出之处具有借鉴意义。

七、杠杆收购中的偿债风险及预防

(一) 杠杆收购偿债风险的产生因素

杠杆收购是一种"以小博大"的收购方法。若使用杠杆收购，资本较少的公司也可以实现并购，但随之而来的是较高的债务偿还风险。而导致公司杠杆收购债务偿还风险的因素如下：

1. 信息不对称

在杠杆收购法中，存在信息不对称和较高的风险性。如果目标企业缺乏针对非上市公司的信息披露机制，则并购企业通常无法了解其负债，特定情况下的财务报表是否真实，资产抵押是否存在争议以及其他诉讼案件是否存在，因此，无法准确确定其资产价值和盈利能力。

2. 并购过程中不确定性

公司并购过程中存在许多不确定因素，如经济周期波动、国家宏观经济政策法规、通货膨胀、并购企业的内部和外部环境、资本条件的变化以及目标企业技术合并后的及时性。所有这些变化将影响合并过程的结果以及各种预期偏差的发生。

3. 财务风险

庞大的资金支持通常是确保杠杆收购项目成功的关键。由于杠杆收购所需的巨额资金和并购企业的资金有限，并且单债务融资无法解决实际问题，因此，存在一定的财务风险：一是，除了高息债券的资本收购风险，还包括银行贷款风险；二是，高收益风险债券带来的风险；三是，债务约占杠杆收购资本结构的90%，并购企业承受巨大的债务偿还压力。

(二) 预防杠杆收购偿债风险的措施

尽管存在巨大的债务风险，在杠杆收购的过程中也存在一定的积极作用，例如，可以促进治理和发挥公司资本的积极作用。中国公司应该对杠杆收购持积极态度，以便杠杆收购能够慢慢进入我国经济并为公司服务，使其在公司治理及竞争过程中发挥积极作用。

1. 改善信息不对称

信息不对称可能对目标企业的估值产生巨大影响。因此，从并购企业方面出发，并购企业应尽量避免进行恶意收购。合并前应对目标企业进行详细审查。我们可以通过对目标企业的综合分析和预测来聘请投资银行，以对目标企业进行全面的业务发展战略规划、财务状况和分析，可以通过对目标企业的综合分析和预测，合理地预测未来企业利润目标。目标企业的估值相对接近企业的真实价值，对降低股票价格风险具有一定的作用。

2. 管理流动性风险

通过调整资产负债之间的匹配关系，流动性风险才能在市场上达到结构性平衡，并且可以通过分析资产负债的期限结构来解决。合并和收购可以结合未来的现金流入和流出，以找出现金流和发生的资金缺口。通过不断调整自身资产负债结构的流动性风险，起到防御作用。

3. 增加可转债在杠杆收购中的用途

由于中国市场上人们更喜欢股票，而可转换债券可以将债券转换为股票，因此，可转换债券的发行在融资方面具有优势。这样可以防止并购企业的股权被稀释，并且可以非常好地保护并购企业股东的利益，并且到期债务偿还的压力要小得多，这有利于降低偿还债务的风险。

附　录

附录一

国际财务报告准则第 3 号——企业合并

附录二

企业会计准则第 20 号——企业合并（2006）

参考文献

［1］ Agrawal, A, Jaffe JF. The post-merger performance puzzle［J］. Advances in Mergers and Acquisitions, 2000, 1: 7-41.

［2］ Agrawal, Jaffe A JF, Mandelker GN. The post-merger performance of acquiring firms: A re-examination of an anomaly［J］. Journal of Finance, 1992, 47: 1605-1621.

［3］ Bagnoli M, Lipman B. Successful Take overs with out Exclusion［J］. Review of Financial Studies, 1988, 1(1): 89-110.

［4］ Baron D P. Tender Offers and Management Resistance［J］. Journal of Finance, 1983, 38(2): 331-343.

［5］ Bebchuk L A. The Pressure to Tender: An Analysis and a Proposed Remedy ［M］//Coffee J C, Lowenstein L, Rose - Ackerman S. Knights, Raiders, and Targets. Oxford: Oxford University Press, 1988.

［6］ Berkovitch E, Khanna N. How Target Shareholders Benefit from Value Reducing Defensive Strategies［J］. Journal of Finance, 1990, 45(1): 137-156.

［7］ Berry S, Ariel P. Some Applications and Limitations of Recent Advancesin Empirical Industrial Organization: Merger Analysis［J］. American Economic Review, 1993, 83(2): 247-252.

［8］ Bradley M, Desai A, Kim E H. Synergistic Gains from Corporate Acquisitions and Their Division between the Stockholders of Target and Acquiring Firms［J］. Journal of Financial Economics, 1988, 21(1): 3-40.

［9］ Bradley M, Desai A, Kim E H. The Rationale Behind Interfirm Tender Offers: Information or Synergy? ［J］. Journal of Financial Economics, 1983, 11(2): 183-206.

［10］ Bradley M. Inter Firm tender Offer and the Market for Corporate Control［J］. Journal of Business, 1980, 53(3): 345-376.

［11］ Bruner, R F. Does M&A pay? A survey of evidence for the decision-maker ［J］. Journal of Applied Finance, 2002, 12: 48-68.

［12］ Burkart M, Gromb D, Panunzi F. Why Higher Takeover Premia Protect Minority shareholders［J］. Journal of Political Economy, 1998, 106(1): 172–204.

［13］ Burkart M. Initial Shareholders and Overbidding in Takeover Contests［J］. Journal of Finance, 1995, 50(5): 1491–1515.

［14］ Chowdhry B, Jegadeesh N. Pre–Tender Offer Share Acquisition Strategy in Takeovers［J］. Journal of Financial and Quantitative Analysis, 1994, 29(1): 117–129.

［15］ Coase R H. The Nature of the Firm［J］. Economica, 1937(16): 386–405.

［16］ Comanor W S. Market Structure. Product Differentation and Industrail Research ［J］. Quarterly Journal of Economics, 1967(4): 639–657.

［17］ Daniel K, Hirshleifer D. A Theory of Costly Sequential Bidding［Z］. Working Paper, Anderson Graduate School of Management, UCLA, 1993.

［18］ De angelo H, Rice E. Anti Takeover Charter Amendments and Stockholder Wealth［J］. Journal of Financial Economics, 1983(11): 329–360.

［19］ Deneckere R, Davidson C. Incentive to Form Coalitions with Bertrand Competition［J］. Rand Journal of Economics, 1985, 16(3): 473–486.

［20］ Dewatripont M. On Takeover Contests and Stock Price Dynamic ［Z］. Working Paper, University Autonomade Barcelona, 1991.

［21］ Dodd P, Ruback R. Tender Offers and Stockholder Returns: An Empirical Analysis［J］. Journal of Financial Economics, 1977, 5(3): 351–374.

［22］ Dodd P, Leftwich R. The Market for Corporate Charters: "Unhealthy Competition" Versus Federal Regulation［J］. The Journal of Business(Chicago, Ⅲ.), 1985, 53(3): 259–283.

［23］ Fama E F, Jensen M C. Separation of Ownership and Control［J］. Joumal of Law and Eeonomics, 1983(2): 301–325.

［24］ Farrell J, Shapiro C. Horizontal Mergers: An Equilibrium Analysis ［J］. American Economic Review, 1990, 80(1): 107–126.

［25］ Ferguson M F. Ownership Structure, Potential Competition, and the Free–rider Problem in Tender Offers［J］. Journal of Law, Economics, and Organization, 1994, 10(1): 35–62.

［26］ Fishman M J. A Theory of Pre–emptive Take Overbidding［J］. Rand Journal of Economics, 1988, 19(1): 88–101.

［27］ Fishman M J. Preemptive Bidding and the Role of the Medium of Exchange in Acquisitions[J]. Journal of Finance, 1989, 44(1): 41-57.

[28] Franks J, Harris RS, Titman S. The post-merger share-price performance of acquiring firms[J]. Journal of Financial Economics, 1991, 29: 81-96.

[29] Giammarino R M, Heinkel R L. A Model of Dynamic Take over Behavior[J]. Journal of Finance, 1986, 41(2): 465-480.

[30] Gregory, A. An examination of the long run performance of UK acquiring firms[J]. Journal of Business Finance and Accounting, 1997, 24(7&8), 971-1002.

[31] Grossman S J, Hart O D. Takeover Bids the Free-rider Problem and the Theory of the Corporation[J]. Bell Journal of Economics 1980(11): 42-64.

[32] Hansen R G. A Theory for the Choice of Exchange Medium in Merger Sand Acquisitions[J]. Journal of Business, 1987, 60(1): 75-95.

[33] Healy, P, Palepu KG. The challenges of investor communication: The case of CUC international, Inc[J]. Journal of Finance Economics, 1995, 38(2): 111-140.

[34] Hirshleifer D, Titman S. Share Tendering Strategie Sand the Success of Hostile Take Overbids[J]. Journal of Political Economy, 1990, 98: 295-324.

[35] Jarrell G., A. Poulsen. The Returns to Acquiring Firms in Tender Offers: Evidence from Three Decades[J]. Financial Management, 1989, 18(3): 12-19.

[36] Jensen M C, Meckling W H. Theory of the Firm: Managerial Behavior, Agency Costs and Ownership Structure[J]. Journal of Financial Economics, 1976(3): 305-360.

[37] Jensen M C, Ruback R S. The Market for Corporate Control: The Scientific Evidence[J]. Journal of Financial Economics, 1983(11): 5-50.

[38] Khanna N. Optimal Bidding for Tender Offer[Z]. Working Paper, University of Michigan, Graduate School of Business Administration, 1987.

[39] Khemani R S, Shapiro D M. An Empiricial Analysis of Canadian Merger Policy[J]. Journal of Industrial Economics, 1993, 41(2): 161-177.

[40] Kyle A S, Vila J L. Noise Trading and Takeovers[J]. Rand Journal of Economics, 1991, 22(1): 54-71.

[41] Kyle A S. Continuous Auctions&Insider Trading[J]. Econometrica, 1985, 53(6): 1315-1335.

[42] Leland H. Financial Synergies and Theoptimal Scope of the Firm: Implications for Mergerssp in Offs, and Sstructured Finance[J]. Journal of Finance, 2007,

62(2): 765-807.

[43] Lewellen W G, Huntsman B. Managerial Pay and Corporate Performance[J]. American Economic Review, 1970, 60(3): 710-720.

[44] Loughran, T, AM Vijh. Do long-term shareholders benefit from corporate acquisitions? [J]. Journal of Finance, 1997, 52: 1765-1790.

[45] Manne H G. Mergers and the Market for Corporate Control[J]. Journal of Political Economy, 1965, 73(2): 110-120.

[46] Martynova M, Oosting S, Renneboog L. The Long-Term Operating Performance of European Mergers and Acquisitions[J]. European Corporate Governance Institute (ECGI)-Finance Working Paper Series, 2006.

[47] Matsusake J G. Target Profitsand Managerial Discipline Duringthe Conglomerate Merger Wave[J]. Journal of Economics, 1993, 24(3): 357-379.

[48] Mueller D C. A Theory of Conglomerate Mergers[J]. Quarterly Journal of Economics, 1969, 83(1): 643-659.

[49] Mueller H, Panunzi F. Tender Offers and Leverage[J]. Quarterly Journal of Economics, 2004, 119(4): 1217-1248.

[50] Perry M, Porter R. Oligopoly and Incentive for Horizontal Merger[J]. American Economic Review, 1985, 75(2): 219-227.

[51] Rau R P, Vermaelen T. Glamour, value and the post-acquisition performance of acquiring firms[J]. Journal of Financial Economics, 1998, 49: 223-253.

[52] Roll R. The Hubris Hypothesis of Corporate Takeovers[J]. Journal of Business, 1986, 59(2): 74-91.

[53] Salant S S, Reynolds R. Lossesdueto Mergers: the Effect of Exogenous Changein Industry Structureon Cournot-Nash Equilibrium[J]. Quarterly Journal of Economics, 1983, 98(1): 185-199.

[54] Shleifer A, Vishny R W. Greenmail, WhiteKnights, and Shareholders' Interest[J]. Rand Journal of Economics, 1986b, 17(2): 293-309.

[55] Shleifer A, Vishny R W. Large Share Holders and Corporate Control[J]. Journal of Political Economy, 1986, 94(3): 461-488.

[56] Shleifer A, Vishny R. Large Share Holders and Corporate Control[J]. Journal of Financial Economics, 1986a(15): 3-29.

[57] Smith K W, Triantis A J. The Value of Optionsin Strategic Acquisitions[M]//

Trigeorgis L. Real Optionsin Capital Investment. New York：Praeger Publishers，1995：135-149.

［58］Walkling R. Predicting Tender Offer Success：A Logistic Analysi［J］. Journal of Financial and Quantitative Analysis，1985，20(4)：461-478.

［59］Weston J F，Mitchell M L，Mulherin J H. Takeovers，Restructuring and Corporate Governance［M］. New Jersey：Pearson Prentice-Hall，2004.

［60］陈雄. 基于企业并购行为下的 M 公司价值评估［D］. 长沙：湖南大学，2018.

［61］程相萍. 企业换股并购中换股比例的确定方法探析——宝钢换股吸收合并武钢案例研究［J］. 理财，2019(7)：58-61.

［62］戴娜. 清华同方以换股方式兼并鲁颖电子案例分析［J］. 广西会计，2000(10)：29-32.

［63］邓涛. 我国上市公司协议收购案例研究［D］. 北京：对外经济贸易大学，2005.

［64］符有钦. 我国医药企业海外横向并购绩效分析［D］. 成都：西南财经大学，2017.

［65］付晨曦. 关于杠杆并购中适应我国的融资方式［J］. 管理观察，2018(6)：142-144.

［66］谷枫. 类借壳现金收购三重变奏：告别简单粗暴升级交易结构［EB/OL］.(2017-10-27). https：//m. sohu. com /a/200497942_ 115443.

［67］韩莉. 企业并购的财务整合研究［D］. 北京：财政部财政科学研究所，2013.

［68］胡康康. 中小股东要约收购 ST 生化的案例研究［D］. 杭州：浙江工商大学，2019.

［69］胡玄能. 企业并购分析［D］. 北京：中国社会科学院研究生院，2001.

［70］胡玄能. 清华同方以股票收购方式吸收合并鲁颖电子案例［J］. 北京市经济管理干部学院学报，2001(1)：27-31.

［71］黄方亮. 公司上市与并购［M］. 济南：山东人民出版社，2013.

［72］江乾坤，雷如桥. 吉利控股集团系列跨国并购融资创新案例研究［J］. 会计之友，2013(12)：33-38.

［73］蒋璐. 并购中目标企业 D 制药公司价值评估研究［D］. 长沙：湖南大学，2014.

[74] 李家婧. 杠杆收购在民营企业跨国并购中的应用研究[D]. 上海: 上海国家会计学院, 2018.

[75] 李晋, 秦欣. 企业杠杆收购中偿债风险研究[J]. 商场现代化, 2015(13): 156.

[76] 李莉文. 世界经济新格局与中国企业海外并购的特征、风险及应对[J]. 国际论坛, 2017, 19(1): 60-65, 81.

[77] 李世娟. 我国上市公司并购的财务分析[D]. 大连: 东北财经大学, 2005.

[78] 李肃, 周放生, 吕朴, 等. 美国五次企业兼并浪潮及启示[J]. 管理世界, 1998(1): 121-132.

[79] 李晓明, 袁泽沛. 论企业价值评估与全面价值管理[J]. 武汉大学学报(社会科学版), 2002(3): 312-318.

[80] 李亚鑫. 油气资产并购定价问题研究[D]. 上海: 上海国家会计学院, 2017.

[81] 李阳一. 企业并购中的财务风险防范[J]. 财会月刊, 2019(S1): 72-87.

[82] 刘超, 巩新颖, 王泳雁. 从企业文化整合的角度分析吉利集团并购沃尔沃[J]. 商场现代化, 2020(15): 25-27.

[83] 刘建波. 企业并购财务分析及财务风险控制[J]. 财政监督, 2010(4): 70-71.

[84] 刘晶晶, 巨泽旺, 薛有奎. 购买法和权益结合法下并购日会计处理比较[J]. 商业会计, 2012(14): 23-24.

[85] 刘丽芳, 杨博武. 文化企业并购中无形资产价值评估研究[J]. 中国证券期货, 2013(1): 213.

[86] 欧阳春花. 企业并购失败的原因分析[J]. 当代经济, 2007(03X).

[87] 欧阳静波. 公司并购动因理论综述[J]. 金融经济, 2010(2): 77-78.

[88] 裘淑萍. 申通快递借壳艾迪西上市的案例分析[D]. 南昌: 江西财经大学, 2017.

[89] 上海财经大学明德并购重组研究中心, 上海财经大学金融学院. 2018中国金融发展报告: 并购重组市场概览[M]. 上海: 上海财经大学出版社, 2018.

[90] 邵巧蓉. 并购融资财务活动的案例分析[J]. 时代经贸, 2018(11): 27-29.

[91] 施仲波, 江少波. 上市公司并购动机研究——以艾迪西收购申通快递为例[J]. 经济研究参考, 2018(29): 60-65.

[92] 松涛楼. 关于上市公司并购重组涉税问题的深度解析[EB/OL]. (2018-04-25). http://www.360doc.com/content/18/0425/14/7072309_748634849.shtml.

[93] 苏洪丹. 纵向并购对企业绩效的影响研究[D]. 石河子：石河子大学, 2015.

[94] 孙征. 企业并购与整合中的财务研究[D]. 北京：北京邮电大学, 2007.

[95] 田瑞雪. 企业并购中无形资产评估问题探讨[J]. 商场现代化, 2014(22)：261.

[96] 王冰. 对企业并购的财务分析[J]. 企业科技与发展, 2015(15)：11-12.

[97] 王化成. 高级财务管理学[M]. 北京：中国人民大学出版社, 2016.

[98] 王健康, 秦微. 杠杆收购在我国实施的障碍及对策分析[J]. 商业经济, 2014(5)：71-73.

[99] 王书仁. 我国上市公司并购融资选择研究[D]. 武汉：武汉大学, 2012.

[100] 王迎春, 王谦. 创值法及其在公司并购绩效评价中的应用[J]. 商业研究, 2004(18)：75-77.

[101] 王永贵. 企业并购新思维："非互利共生"并购[J]. 中外管理, 1997(12)：27-29.

[102] 肖敏驹. 并购并不总是成功[J]. 中外管理, 1998(9)：35-36.

[103] 解程媛. 企业并购中无形资产的价值研究[D]. 哈尔滨：哈尔滨师范大学, 2015.

[104] 谢彬. 横向并购、纵向并购、混合并购的比较分析[J]. 华北电力大学学报(社会科学版), 2002(2)：7-10, 22.

[105] 谢航. 金融企业混合并购绩效研究[D]. 昆明：云南财经大学, 2018.

[106] 胥朝阳, 刘睿智, 唐寅. 技术并购的创值效应及影响因素分析[J]. 南方经济, 2013(3)：48-61.

[107] 杨洁. 企业并购整合研究[D]. 长春：吉林大学, 2004.

[108] 杨婷. 现金收购背后的利益输送动机研究[D]. 成都：西南财经大学, 2019.

[109] 姚彩红. 企业跨国并购动因理论研究综述[J]. 商业经济, 2010(10)：36-37.

[110] 姚远. 浅析企业的敌意并购与反并购——以"宝万之争"事件为例[J]. 西部财会, 2016(5)：51-54.

[111] 叶会，李善民．企业并购理论综述[J]．广东金融学院学报，2008(1)：115-128.

[112] 于青昊，高兵．企业并购中无形资产评估研究[J]．合作经济与科技，2016(6)：105-107.

[113] 于善波，刘志伟．企业并购的财务效应分析[J]．中国市场，2015(21)：237-238.

[114] 余瑜．中国上市公司并购浪潮动因与时间性特征实证研究[D]．成都：西南交通大学，2016.

[115] 虞洁．企业并购的财务运作研究[D]．南京：南京理工大学，2003.

[116] 曾斌，韩斯睿．上市公司杠杆收购的风险、治理和监管[J]．证券法苑，2017(4)：321-340.

[117] 张德亮．企业并购及其效应研究[D]．杭州：浙江大学，2003.

[118] 张金杰．中国企业海外并购的新特征及对策[J]．经济纵横，2016(9)：61-67.

[119] 张玲慧．我国互联网企业战略并购的动因及效应分析[D]．广州：暨南大学，2015.

[120] 张明坤，李卫斌．益佰制药并购的创值效率分析[J]．商业会计，2020(10)：66-69.

[121] 张维，齐安甜．企业并购理论研究评述[J]．南开管理评论，2002(2)：21-26.

[122] 张泽彬．南京新百战略转型并购的案例研究[D]．南昌：南昌大学，2021.

[123] 赵鹏飞．我国上市公司并购信息披露法律问题研究[D]．泉州：华侨大学，2013.

[124] 中债资信．展望2020：全球及中国海外直接投资概况[EB/OL]．(2020-03-17)．https：//baijiahao.baidu.com/s？id=1661387044735933620&wfr=spider&for=pc.

[125] 周俊如．企业并购中资产评估相关问题研究[D]．太原：山西财经大学，2013.

[126] 周云龙．杠杆收购的原理及意义[J]．中国证券期货，2012(5)：158.

[127] 周运兰，魏婧娅，陈玥．万达商业、融创与富力地产股权并购案分析[J]．财务与会计，2018(21)：22-24.

［128］ 朱海峰．企业并购成本问题研究［D］．成都：西南财经大学，2006．

［129］ 朱宏．申银万国合并宏源证券会计处理方法研究［D］．昆明：云南师范大学，2018．

［130］ 朱林平．浅谈企业并购视角下收益法在无形资产评估中的优势与难点［J］．财会学习，2018（21）：106，108．